HEYNE BÜCHER

RATGEBER ESOTERIK

Henry G. Tietze

DIE KUNST ZU ÜBERLEBEN

Krisensituationen besser bewältigen

Originalausgabe

WILHELM HEYNE VERLAG
MÜNCHEN

HEYNE RATGEBER ESOTERIK
08/9528

Printed in Germany 1989
Umschlagillustration: Marlene J. Distler, München
Umschlaggestaltung: Atelier Ingrid Schütz, München
Satz: Kort Satz GmbH, München
Druck und Bindung: Presse-Druck Augsburg

ISBN 3-453-03005-2

Inhaltsverzeichnis

Einführung

Viele Menschen sind durch ein heimtückisches Leiden an Händen und Füßen gebunden. Es ist die am wenigsten greifbare, verheerendste und am weitesten verbreitete aller Krankheiten. Es kann sich zu einem physiologischen, biologischen Leiden ausweiten, doch kann es nicht mit Diäten, Übungen, tugendhaftem Verhalten, Drogen, Arzneimitteln oder chirurgischen Eingriffen aus der Welt geschafft werden. Es läßt sich nicht an einer bestimmten Stelle lokalisieren. Es ist eine ›Krankheit‹, die wirklich überall im Körper und im Gehirn zu finden ist. Doch kaum jemand ist sich dessen bewußt. Ärzte, die dieses Leiden behandeln, wissen nicht, wie sie damit umgehen sollen. Es entfaltet dermaßen viele Symptome, daß es wie Hunderte von Krankheiten und nicht wie eine aussieht. Das Leiden heißt Krise!

Krise als Gefährdung und Chance zugleich – dieser Zusammenhang soll im Hinblick auf Möglichkeiten der Krisenbewältigung hier vorgestellt werden.

Krisen sind Phasen und Formen der Konfliktbewältigung auf psychischer und sozialer Ebene. Wir können Krisen nicht nur als eine unnötige Leidenszeit betrachten, die uns im Leben zurückwerfen, sozusagen als Bedrohung unseres ›normalen‹ Lebens und unserer Existenz. Sie bieten ebensosehr Chancen, durch das Erleben und bewußte Verarbeiten der Kriseninhalte zu einer neuen Standortbestimmung und Zukunftsperspektive zu gelangen. Es gibt nicht ein einziges Leben, das ohne Entwicklungskrisen und Anpassungsprobleme verläuft. Krisen sind nicht selten der Preis unseres persönlichen und sozialen Wachstums, das nicht nur Fortentwicklung von Selbstvertrauen, sozialer Kompetenz, Widerstandskraft und Lustfähigkeit bedeutet, sondern vor allem zu vertieften Einsichten in die Voraussetzungen und Bedingungen des Lebens, die Reichtümer und Begrenzungen unserer selbst wie der sozialen Umwelt führt: Wir erkennen, daß uns Grenzen gesetzt sind, erkennen ebenso, daß wir nicht unsterblich sind. Dabei entdecken und entwikkeln wir zugleich neue Möglichkeiten, zusammen mit anderen die Fähigkeit zur Freude, Gemeinschaft, Liebe und sozialem Handeln zu fördern. In Krisen wird uns die Dialektik des Lebens wie unter einem Brennglas deutlich: sich nach Geborgenheit und Beständigkeit zu sehnen, sich aber gleichzeitig Veränderung und Erneuerung zu wünschen, vorangehen zu wollen, damit aber anderes zurücklassen zu müssen, sich nach Ruhe zu sehnen und doch in der unruhigen Veränderung das Leben pulsieren zu sehen.

Es gibt eine ganze Reihe von Möglichkeiten, Krisen ausbrechen zu lassen. Das kann dadurch zum Beispiel passieren, daß wir uns durch die Anforderungen der Umwelt völlig überfordert fühlen. Ein anderes Mal fühlen wir, daß wir mit unserer Persönlichkeit in einem scheinbaren inneren Gefängnis stecken und gerne die Grenzen sprengen würden. Die durch solche Konflikte bewirkte Verunsicherung wächst, wenn durch das Hineinspüren in uns selbst uns zunächst noch unbewußte, bislang ungelöste Konflikte aus der Kindheit und Jugend aufgerührt werden. Wenn also eine schlafende Kobra irgendwann unters Bett gekehrt wurde und die Schlange nun erwacht und Unruhe und Leiden in unser Leben hineinträgt. Von einer Störung zu einer Krise und von dort zur Erkrankung gibt es fließende Übergänge, wobei wir herausfinden können, daß Krisen ebenso wie Erkrankungen von Menschen beeinflußte Ereignisse sind, deren Bedingungszusammenhang auf einer ganzen Reihe von ineinander verflochtenen Ebenen zu entdecken ist. Jeder braucht Krisen unterschiedlicher Dauer und Intensität, um sich weiterzuentwickeln, auch wenn die Krise uns bis an den Rand der ›Selbst‹-Vernichtung führen kann.

Ängste an sich herankommen zu lassen, sie auszuhalten, in einer Krise nicht zu verzweifeln, sich nicht selbst aufzugeben, sondern sie trotz aller existentiellen Bedrohung als Chance der Weiterentwicklung zu sehen, das können wir, das sollten wir lernen. Dieses Lernen unter Leidensdruck kann uns niemand abnehmen. Durch diese ›enge Gasse‹ müssen wir aus eigenen Kräften hindurch. Wer bewußt mit seiner Krise umgeht, kann am Ende mit gestärktem Selbstwertgefühl daraus hervorgehen, was bewirkt, daß die Lebensgestaltung weitaus bewußter und positiver verläuft als vorher. Nicht selten ist in einer Krise dieser Fortschritt verpaßt, weil die zerstörerischen Auswirkungen der Krise stärker sind als die verfügbaren Selbstheilungskräfte und weil im sozialen Umfeld keiner da ist, der stützend eingreifen kann.

Dieses Buch zeigt die einzelnen Stufen einer Krise auf und bietet Ihnen dann Möglichkeiten an, wie Sie sich lernend aus einer Krise herausentwickeln können.

Es geht um die Krise als unumgänglichen, die ganze Person und alle sozialen Beziehungen betreffenden Lernprozeß, in dem wir unter Leidensdruck, aber unterstützt durch andere Kräfte den Widerstand und das eigenständige Überleben entwickeln müssen. In aktiver Auseinandersetzung mit dem erlebten Konflikt sehe ich diesen als Interessenauseinandersetzung, in der es mir nur dann gelingt, mich zu behaupten, wenn ich die eigenen Interessen klar zum Ausdruck bringe und neue Ziele entwickele, die die Umgestaltung einengender Lebensbedingungen einschließen. Es wird sicherlich nicht gelingen, für morgen schon einen Neuanfang zu planen und dann auch einzulösen, aber schon die Überlegung und Auseinandersetzung damit sind erste Schritte der Krisenbewältigung. Wer selbstmitleidig sich immer wieder die Frage stellt: »Warum mußte gerade mir das passieren?«, kommt kaum weiter. Wer aber fragt: »Wozu ist mir das zugestoßen?«, fragt gleichzeitig: »Was soll ich daraus lernen, um nicht immer wieder in alte Verhaltensmuster zu fallen.« Krisen sind zwingende Sirenensignale dafür, daß unbedingt etwas in uns verändert werden sollte. Sie zeigen uns, daß wir, sobald wir in sie hineingeraten – schon die Bereitschaft zu einer Wandlung in uns tragen, daß aber die Ängste, die mit dem Loslassen des Althergebrachten und der Sicherheit immer verbunden sind, erst einmal noch überwiegen. Angst und Freude sind Bestandteile des Lebens. Ein Mittelmaß an Beunruhigung und Sorge angesichts ungewohnter Situationen hat eine stimulierende Wirkung – so zum Beispiel das Lampenfieber im Showgeschäft –, läßt uns wachsam werden und Vorsorge treffen. Bekanntlich macht Angst ›Beine‹.

Den Zusammenhang bestimmter Lebensumstände in Krisenzeiten mag das folgende Beispiel zeigen: Sylvia, eine dreißigjährige Frau, erzählte mir eines Tages: »Mein Mann und ich hatten uns gerade getrennt, als ich einen Artikel in einer Zeitschrift mit dem Titel ›Tod einer Beziehung‹ las. Das hat mich wirklich angerührt, als ich es gelesen habe. Ich saß den ganzen Morgen mit den Stellenanzeigen in der Küche, starrte auf einen ganzen Haufen schmutziger Wäsche und versuchte, mich zu entscheiden, ob ich waschen oder mich um eine Stelle umsehen sollte. Beides erschien mir gleich wichtig und gleich bedeutungslos. Ich konnte mich einfach nicht dazu aufraffen, entweder das eine oder das andere zu tun, und als ich die Worte ›Tod einer Beziehung‹ las, da war mir plötzlich klar, daß mir genauso zumute war, als sei ein Teil von mir tot. Seit Jochen weg ist, bin ich durchs Haus gelaufen wie ein willenloser Körper. Ich habe kaum geschlafen oder gegessen und das Haus nur verlassen, wenn es absolut nötig war. Außer, daß ich Magenschmerzen hatte, die nicht weggehen wollten, fühlte ich mich wie taub. So, als ob mich jemand mit Novocain vollgepumpt hätte. Ich konnte die wirkliche Welt zwar sehen, war aber weit weg, irgendwo in der Ferne.«

Es war für sie eine ungeheure Erleichterung zu erfahren, daß in Trennungskrisen auch andere Menschen Bilder und Gefühle von Tod, Gräbern und Leben im Schwebezustand haben, die ihre Gedanken beherrschen, und daß dies keine Zeichen höchster Morbidität, sondern eher typische Erscheinungen in derartigen Krisen sind.

»Ich habe gedacht, ich würde allmählich verrückt«, gestand mir einmal ein Mann in ähnlicher Situation. »Es war da eine ungeheure Schranke zwischen mir und dem Rest der Welt, und die konnte ich nicht durchbrechen. Nichts war mehr vertraut. Sogar die Gesichter alter Freunde kamen mir irgendwie anders vor. Ich fühlte mich von allem abgeschnitten.«

Diese und ähnliche Reaktionen sind Krisensymptome. Je länger ein derartiger Zustand angedauert hat, um so schwerer sind die Symptome und um so tiefer greifen sie in unser Leben ein. Wenn wir einen großen Teil unserer Zeit und unserer Kräfte in etwas investiert haben, kann das Loslassen Wellen von Niedergeschlagenheit, Feindseligkeit, Selbstmitleid, Schuld, Reue, Angst und Frust auslösen, die zu widersprüchlich sind, um sofort bekämpft zu werden. Die normale Arbeit übersteigt unsere Kräfte; überall tun sich neue Probleme auf; und wir fragen uns, warum wir am Morgen überhaupt aufstehen sollen.

Die meisten Menschen empfinden Krisen als erschütternde Zeiten. Krisen haben einen ›symbolischen Tod‹ in sich, wir sollen und wollen uns von etwas lösen. Und genauso wie der Tod eines Menschen, der uns nahesteht, eine Trauerzeit mit sich bringt, während der wir mit dem Verlust fertig werden, so folgt auf jeden Verlust eine Trauerphase. Wenn wir soweit kommen, die konflikthaften Gefühle zu erkennen, zu akzeptieren und auszuleben, die zu diesem Trauerprozeß gehören, kann dieser einen wesentlichen Schritt in der Entwicklung zu einer unabhängigen Persönlichkeit werden. Wenn wir aber nicht begreifen, was dieser Prozeß bedeutet, bleiben wir wahrscheinlich in der Vergangenheit wie im Schlamm stecken, wälzen uns in Selbstmitleid und laufen Gefahr, dauerhafte Narben zurückzubehalten.

Krisen gibt es so viele, wie es Menschen gibt. Es gibt Schwangerschafts- und Geburtskrisen. Es gibt Krisen der Entwicklung der Kinder, und es gibt ebenso eigene Entwicklungskrisen. Wir kennen die Krisen der Pubertät, der Partnerschaft oder während Scheidungen. Es gibt Berufsentscheidungskrisen so wie es Krisen im Berufsalltag gibt. Stellungswechsel, Berufswechsel oder das Ausscheiden aus dem Berufsleben können zu Krisen führen. Auch ein Umzug in einen anderen Stadtteil oder in eine andere Stadt kann eine Krise bringen. Das waren nur einige Beispiele. Es gibt unzählige mehr. Eines haben sie aber alle gemeinsam: Sie erfassen den ganzen Menschen, rütteln an ihm wie ein Sturmwind an den Bäumen. Und wie der Orkan Bäume entwurzeln kann, so passiert es auch, daß Menschen sich von einer Krise nicht mehr erholen.

Weil es so viele Krisen gibt, habe ich mich in diesem Buch hauptsächlich auf Partnerschafts- und Scheidungskrisen konzentriert. In der Familie laufen die Fäden fast aller Krisen zusammen. Die Familie ist der Austragungsort der meisten Krisen. Deshalb ist es naheliegend, sich auf die Familie zu konzentrieren.

Wer allerdings in diesem Buch nach einem fertigen ›Strickmuster‹ der Krisenbewältigung sucht, wird vergeblich danach Ausschau halten. So etwas gibt es nicht.

Hinter jeder Krise steht eine ganz persönliche Lebensgeschichte, und nur aus der Vorgeschichte eines Menschen ist seine Krise zu verstehen. Das Buch möchte helfen, diese ›Grundmuster‹ zu erkennen, möchte jene Fehlhaltungen aufzeigen, die häufig in eine Krise führen, und zeigt Möglichkeiten auf, da wieder herauszuwachsen. Wir erleben häufig, daß wir Krisen mit anderen haben. Tatsächlich ist jede Krise aber eine ›Krise mit mir selbst‹. Krisen, wodurch auch immer ausgelöst, sind ›ureigene Krisen‹. Es geht meistens darum, mit veränderten Lebensbedingungen fertig zu werden.

Außerdem ist zu beachten, daß Krisen immer in Übergangsphasen zwischen zwei stabilen Phasen auftreten. Mit einer Krise zu leben bedeutet daher auch immer in einem Umbruch zu stehen. Das bedeutet fast immer: Etwas Neues soll oder will in uns entstehen. Wenn wir das Wesen von Persönlichkeitskrisen erfaßt haben, können wir erkennen, daß sie uns einen Spiegel vors Gesicht halten. Es erfordert Mut und Gelassenheit, der Wahrheit ins Gesicht zu schauen.

Dieses Buch möchte Ihnen dabei helfen, sich selbst in Ihrer Krise zu erkennen, und Sie dazu anregen, sie zu meistern.

München, im September 1988 Henry G. Tietze

1

Bewältigte Krisen prägen die Persönlichkeit

Bei der Bewältigung von Krisen fragen wir uns am besten gleich am Anfang: »Welche Art von Vater oder Mutter bin ich mir selbst gegenüber? Setze ich mich herab, wie es möglicherweise die eigene Mutter oder der Vater einst mit mir taten? Bin ich zu nachgiebig? Erwarte oder fordere ich zuviel von mir? Behandle ich mich genauso, wie meine Eltern mich einst behandelt haben in einer ähnlichen Situation?«

Die Betrachtungsweise mag neu sein, aber sie ist nicht unstimmig. Im Verlauf unseres Erwachsenwerdens nehmen wir allmählich die Haltung uns selbst gegenüber ein, die die eigenen Eltern uns gegenüber hatten. Oder wir ›entlehnen‹ sie von ihnen. Ich sage bewußt entlehnen, weil es sich hier um Haltungen handelt, die ›fremd‹ sind, nämlich eigentlich nicht unsere eigenen. Viele erwachsene Menschen sind sich oft der Tatsache nicht bewußt, daß zahlreiche ihrer Haltungen sowohl gegenüber der Welt im allgemeinen wie auch gegenüber sich selbst im besonderen einfach Wiederholungen der Haltungen ihrer Eltern sind und abhängig von ihnen geformt wurden. Wenn wir einsehen, daß diese Haltungen nicht die unseren sind, dann können wir wirklich anfangen, Haltungen uns selbst gegenüber zu entwickeln, die unsere eigenen sind; damit tun wir Schritte auf uns selbst zu, und tun vor allem den ersten Schritt aus der Krise heraus. Die

Summe unserer frühkindlichen Gefühle formt sich zu einem lebendigen, aktiven Teil unseres Erwachsenen-Selbst heraus, zu unserem ›beständigen Kind von früher‹. Wenn wir uns so behandeln, wie es unsere Eltern getan haben, dann rufen wir auch die Reaktionen des ›Kindes von früher‹ auf diese Behandlung wieder hervor.

Wir mögen solche Reaktionen ›kindisch‹ nennen. Im allgemeinen versuchen wir, unser kindisches Verhalten vor anderen zu verbergen, damit wir reifer oder erwachsener erscheinen. Wir beschimpfen uns: »Wie kannst du bloß so kindisch sein und deine Gefühle zeigen, wenn du dich verletzt fühlst!«

Das Kind in uns veranlaßt uns, das Leben in einem gewissen Sinne auf zwei Weisen zu sehen. Der Erwachsene, der wir heute sind, hat seine Sehweise oder Ansicht – die intelligent, klarblickend und reif sein kann. Gleichzeitig sieht unser inneres Kind die gleiche Situation durch die gefühlsbetonte Brille der Vergangenheit. Diese beiden Betrachtungsweisen können so unterschiedlich sein, daß wir in zwei Richtungen gezogen werden. Wir spüren dann, unser Denken und unser Fühlen sind nicht gleich. Oder, warum handle ich so, wenn ich es gar nicht will?

Hier ringen das innere Kind und der erwachsene Mensch miteinander. Das Kind versucht in unserem Erwachsenenleben ständig, uns dazu zu bringen, so zu leben, wie wir es als Kind in unserem Elternhaus taten. Aufgrund dieses Einflusses verdrehen wir fortwährend unsere heutigen Umstände und Beziehungen so, daß sie jenen ähneln, die wir in der Vergangenheit kannten. Mit anderen Worten: Nicht selten leben wir nach einem alten Verhaltensmuster, das der Gegenwart überhaupt nicht mehr angepaßt ist.

Wir können, anstatt nur die Oberfläche des heutigen Tages zu sehen, eine dreidimensionale Einschätzung unserer Haltungen gewinnen. Einige Menschen scheinen sich durch die Kindheit mit Leichtigkeit hindurchbewegt zu haben. Sie wurden nicht in schwerwiegender Weise verletzt oder gebrandmarkt, da ihnen in jenen Jahren keine schädlichen elterlichen Haltungen vermittelt wurden; andere, die tief verwundende Haltungen zu ertragen hatten, haben große Schwierigkeiten damit, sich selbst gut zu behandeln.

Die psychotherapeutische Erfahrung lehrt, daß viele Menschen, die das Opfer anscheinend auswegloser Ängste und Befürchtungen sind, oft schon mit ein klein wenig Hilfe die wahren Gründe ihrer emotionalen Schwierigkeiten für sich herausfinden können, so daß diese Haltungen aus der Vergangenheit ihr Leben nicht mehr beherrschen.

Der erste Schritt besteht darin, diese störenden Gefühle und ihren Ursprung in der Kindheit zu erkennen. Der zweite Schritt ist, diese Gefühle als Teil der eigenen Person anzunehmen und zu achten – also unvermeidlich als die Kindheit selbst. Der dritte Schritt ist, Grenzen zu ziehen, damit diese alten Kindheitsgefühle die Handlungen und Lebensfähigkeit nicht lenken oder beherrschen. All dies kostet schwere, geduldige und kontinuierliche Arbeit.

Sich grämen, klagen oder schimpfen führt zu nichts. Aber wir können – indem wir den oben angegebenen Schritten folgen – anfangen, das Gefühl, das wir von uns selbst haben, zu ändern und durch unser früheres Kind heute mit der Gegenwart und der Zukunft fertig zu werden.

Der tiefere Sinn von ›Er-wachsen‹ bedeutet, daß wir aus der Kindheit herausgewachsen sind, es weist auf einen Abschluß hin, und ist zugleich ein Neuanfang. Das Erwachsenenalter ist in seinem ständigen Wechselspiel zwischen Stabilität und Veränderung von der plötzlichen Störung innerer Harmonie durch oft kaum zu bewältigende Situationen und Konflikte bestimmt. Werden solche Störungen nicht als etwas Krankhaftes angesehen, sondern als zum Leben gehörende, unausweichliche Entwicklungsphasen und bewußt dazu genutzt, etwas über sich selbst und über die Beziehungen zur Umwelt zu erfahren, können Wachstumsschritte eingeleitet werden, die ohne unseren inneren Leidensdruck nie zustande gekommen wären.

Unser ganzes Leben wird geprägt durch Höhepunkte und Tiefpunkte, weil sich jedes Lebensalter an einem bestimmten Zeitpunkt als verbraucht erweist. Daher müssen die Übergänge von einem zum nächsten Lebensalter krisenähnlich verlaufen. Psychologische Untersuchungen haben gezeigt, daß im Lebenszyklus auf stabile Phasen, die immer mit bestimmten Lebensaufgaben verbunden sind, krisenähnlich erlebte Übergangsphasen folgen, in denen durch neu auftauchende Aufgaben die bisherige Lebensstruktur in Frage gestellt und verändert wird. Ein solcher Umbruch in der Entwicklung gibt dem betroffenen Menschen gleich mehrere Aufgaben auf: Er muß eine Phase, ein Stück Lebenszeit ›beenden‹, die damit verbundenen Verluste akzeptieren, die Vergangenheit überprüfen und bewerten und entscheiden, welche Aspekte der Vergangenheit er behalten und welche er verwerfen soll. Innerhalb der Krise tauchen dann die Wünsche und Möglichkeiten für die Zukunft auf.

Wer sich weiterentwickeln will, muß zwangsläufig Krisen in seinem Leben in Kauf nehmen, weil die Weiterentwicklung ohne Krisen nicht möglich ist. So wie das Kind sich neue Entwicklungsschritte ›krisenhaft‹ erarbeitet, genauso geht es dem Erwachsenen. Die alten Ängste aus der Kindheit tauchen wieder auf. Die Vergangenheit, obwohl in vielem als ungut erlebt, gab aber doch genügend Sicherheit, uns darin bewegen zu können. Das Neue, die Zukunft, ist ungewiß, noch nicht vertraut und bringt ganz reale Ängste, die jeder Mensch vor dem verspürt, was er noch nicht kennt. Wie in der Kindheit bringt jede Stufe nicht nur neue Entwicklungsprobleme mit sich, sondern sie verlangt auch den bewußten Verzicht auf Verhaltensweisen, die bisher bestimmend gewesen sind. Jedes neue Stadium bedeutet den Verlust eines ›Zaubers‹, den Verzicht auf eine gehätschelte

Illusion von Sicherheit und ein angenehm vertrautes Selbstgefühl. Nur so kann unsere Persönlichkeit den bedingten Entwicklungsschritt vollziehen.

Die Hinwendung zu einer ungewohnten Handlungsweise, zu einem neuen Konzept bedeutet nicht die Entscheidung zwischen Gut und Böse, sondern sie weist auf mehrere Entwicklungsmöglichkeiten hin, zwischen denen wir dann entscheiden können.

Wer in einer Krise steckt, der spürt in sich den tiefen Schmerz seiner Seele. Und wären tausend Leute um so einen Menschen, so fühlte er sich doch allein: Und das ist ein Merkmal der Krise: der Mensch kann Hilfe annehmen, aber durchstehen muß er die Krise ganz allein. Der heilsame Prozeß findet in ihm statt. Die Psychologie hat des öfteren versucht, immer wiederkehrende Merkmale von Krisen zu bestimmen, um ihr Wesen besser verstehen zu lernen. Und es gibt tatsächlich, wenn während der Krise nichts verdrängt wird, so etwas wie ein Muster des Krisenverlaufs.

In krisenfreien Zeiten sind wir jeder Situation gewachsen, routiniert und werden mit den jeweiligen Anforderungen des Lebens fertig. Kommt es zu einem mittleren oder tiefen Lebenseinschnitt, sind die Anforderungen an uns größer und komplizierter geworden als wir es gewohnt waren, stellen sich die ersten Gefühle der Unsicherheit und Überforderung ein. In der ersten Phase einer zugespitzten Belastungssituation, ausgelöst durch bedrohliche Ereignisse, wenden wir erprobte und typische Problemstrategien an, solche, die uns in früheren Krisen schon geholfen haben. Wenn aber das Maß der zu bewältigenden Probleme größer ist als die Summe der uns zur Verfügung stehenden Kräfte, entstehen in uns Spannungen. Diese Spannungen bringen die ersten Krisenbotschaften mit sich: Es entstehen tiefe Ängste und die ersten Gefühle, daß wir in unserem Leben bedroht sind. Unser ganzes inneres System schaltet auf Alarm! Das innere Gleichgewicht, dieses Gefühl: ich fühle mich rundherum wohl – gerät durch den Druck, den ein bestimmtes Ereignis ausgelöst hat, in Gefahr. Wir geraten in einen Zustand der Verletzbarkeit, wir fühlen uns belastet, unser Seelenleben fühlt sich beladen an, alles wird schwer, bedrückend, ausweglos. Wir versuchen nun mit alten, uns aus der Erfahrung bekannten Strategien mit der Krise fertig zu werden. Mißlingt uns das, bekommen wir die Krise, das Problem nicht so schnell in den Griff, werden Spannung und Beunruhigung größer. Wir sehen vor lauter Bäumen den Wald nicht mehr, sind immer weniger in der Lage, eine Lösung zu finden, je öfter wir mit unseren herkömmlichen Methoden scheitern. So ist dann die zweite Phase eine Konzentration aller bedrohlichen Elemente der ersten Phase. Unser Widerstand gegen das, was unser Lebensschiff zum Kentern bringen will, reicht nicht aus. Wir gelangen an den Punkt der inneren Bankrotterklärung. Wir gestehen unseren Freunden und Bekannten ein, daß wir mit der Situation nicht mehr fertig werden. Die äußere Konfliktsituation hat sich nicht verändert. Obwohl wir immer neue Notbremsen ziehen, ist die zum Dauerzustand gewordene Angst nicht mehr beiseite zu schieben. Der innere Druck wird konstant: Nachts können wir nicht mehr schlafen, tagsüber ist uns hundeelend zumute, wir wissen nicht mehr aus und ein. Es ist, als lebten wir unter einer bedrohlichen Glasglocke, unter der wir zu ersticken scheinen. Die innere Belastung wächst. Wir erleben uns als hilflos und unfähig. Aufgrund der gefühlsmäßigen Verunsicherung sind kaum noch Perspektiven für uns erkennbar, wir haben irgendwie die Übersicht über unser geordnetes Leben verloren. Dabei werden wir immer mutloser und wissen nicht, was wir noch zur Lösung beitragen können.

Je länger uns diese Verwirrung lähmt, desto bedrohlicher werden die inneren Ängste. Immer mehr verbreitet sich das Gefühl, versagt zu haben, uns im Leben augenblicklich nicht mehr zurechtzufinden.

Zu diesem Zeitpunkt befinden wir uns bereits in der dritten Phase, wo wir das Gefühl haben, alle inneren Kraftreserven mobilisieren zu müssen, um nicht zusammenzubrechen.

Plötzlich ist die Angst vor Veränderung weniger groß als der Leidensdruck. Wir greifen zu ungewohnten Verhaltensweisen, um das Problem zu lösen. Wir beginnen das, was die Krise ausgelöst hat, unter neuen Gesichtspunkten zu betrachten. Die Bedrohung fundamentaler Bedürfnisse wie der Selbständigkeit und des Wohlergehens mobilisiert Widerstandskraft. Wir begreifen pötzlich, daß wir die Krise meistern müssen und daß nur wir selbst uns am Schopf wieder herausziehen können. Wir kommen zu immer neuen Versuchen im Sinne von ›Versuch und Irrtum‹ im Denken und Handeln. Auf diese Weise versuchen wir, die Problematik zu mildern oder zu beseitigen.

Manchen gelingt es, das Problem auf diese Weise zu lösen, und in diesem Fall erfährt der Betreffende einen ungeahnten Zuwachs an Stärke. Hoffnung und Erwartungen auf ein neues, besseres Leben kehren zurück. Allmählich entwickelt sich wieder ein emotionales Gleichgewicht, ein neues Selbstverständnis entsteht, verbunden mit einem neuen Rollenverständnis. Bestehen aber die bedrängenden Probleme weiter und lassen sich angstauslösende Situationen trotz aller Anstrengungen nicht vermeiden, verschlechtert sich das Wohlbefinden des Betreffenden massiv. Es kann zur völligen Rat- und Hilflosigkeit kommen, zu einem extrem bedrohlichen Ungleichgewicht; oft ist dieser Zustand verbunden mit Verschlossenheit, Erschöpfungszuständen und dem endgültigen Zusammenbruch der Persönlichkeit.

In dieser Phase gibt es nur noch die Hilfe durch gute Freunde, Verwandte, einen verständnisvollen Menschen oder von Psychologen. Manchmal ist der Vorrat an Eigenkräften derart verbraucht, daß von ihnen keine Unterstüt zung mehr zu erwarten ist. Das Leben wird dann von dem Gefühl bestimmt, daß nichts, aber auch gar nichts, was man unternimmt, noch eine Wirkung zeigt.

Hier kann nur noch fachmännische Hilfe den Weg aus dem Dilemma weisen, nämlich so, daß der Therapeut als Lotse das bedrohte Lebensschiff unbeschädigt durch die gefährlichen Klippen oder Stromschnellen bringt.

In der Krise geht es weder um Schuld noch um Unschuld, es geht nicht darum, Werturteile abzugeben, noch darum, Vergleiche anzustellen. Krisen erfordern reale Auseinandersetzung mit unserem Rollenverhalten, mit deren Veränderung und den überforderten Erwartungen, die die Umwelt an uns stellt. Zusätzlich werden in der Krise als einer Zeit starken emotionalen Drucks und gleichzeitig verminderter Kraft unerledigte oder unvollständig gelöste Konflikte aus früheren Entwicklungsphasen wieder auferweckt. Das Ereignis, das uns in die Krise führte, kann frühkindlichen Erlebnissen ähneln, die damals schon Angst ausgelöst haben. Das bedeutet, unsere aktuelle Angst wird verstärkt durch frühkindliche Ängste, durch Situationen, die als mißlungen in der Aufarbeitung zu betrachten sind. In dem nach außen autonom wirkenden Erwachsenen wohnt immer noch das Kind. Das heißt, jede Auseinandersetzung in der Krise ist auch immer zugleich eine Auseinandersetzung mit unerledigten frühkindlichen Erfahrungen. Sind die Erinnerungen an die Kindheit mit Liebesentzug, mittleren bis härteren Strafen verbunden, dann gehören diese Erfahrungen zu den festen Bestandteilen unserer Persönlichkeit. Sie werden durch bestimmte Erlebnisse in der Gegenwart solange wiederbelebt, bis wir das zugrunde liegende Muster erkannt und gewandelt haben. Unsere Masken, die wir nach außen tragen, sind Einkerbungen unserer Lebensgeschichte. Wer also zum Beispiel sehr unter Verletzungen leidet, sehr empfindlich und übersensibel ist, der hat möglicherweise als Kind ständig einen ›Belehrer‹, einen Moralapostel um sich gehabt. Ungelöste Konflikte aus der Vergangenheit kommen in bestimmten Zeitabständen in uns wieder hoch, erhalten einen festen Platz in unserem Leben und zwingen uns dann zu lebenslangen Auseinandersetzungen mit diesen zerstörerischen Erbteilen. Manchmal sieht es so aus, als würden wir in der Kindheit selbst unsere Muster schaffen, die uns ein Leben lang Schwierigkeiten bereiten, und wir es als unsere Aufgabe ansehen, sie zu lösen.

In unseren Lebenskrisen werden wir das unangenehme Gefühl nicht los, einem unabänderlichen Schicksal ausgeliefert zu sein. Tatsächlich aber kommt die Krise aus uns selbst, wir sind Quelle und Instrument der erlebten Veränderung im Fühlen, Denken und Verhalten. Es passiert nichts ohne unsere bewußte oder unbewußte Teilnahme an den Dingen der Welt, weder beim Entstehen der Krise noch bei der Aufarbeitung. Krisen lösen wir in der Auseinandersetzung mit uns selbst. Wir müssen uns, ob wir wollen oder nicht, mit den Inhalten der Krise auseinandersetzen. Mit etwas vertraut sein bedeutet etwas verstehen. »Ich verstehe dich, ich verstehe mich, ich verstehe, daß es so und nicht anders kommen mußte.« Verstehen heißt über etwas reden können, die Sache, von der wir reden, zu kennen und inhaltlich begriffen zu haben. Es sind unsere Erlebnisse und die daraus gewonnenen Erfahrungen, die das Verstehen ausmachen. Verstehen kann jeder nur für sich selbst. Aber jedes individuelle Verstehen setzt kollektive Lernprozesse in der Form voraus, daß wir uns mit gegensätzlichen Wahrnehmungen, Argumenten und abweichenden Einschätzungen des Wahrgenommenen auseinandersetzen. Das geschieht am besten im Gespräch. Über das Gespräch mit anderen lernen wir, reifen wir, können wir wachsen. Einer meiner Lehrer sagte einmal zu mir: »Ich bin nicht nur dein Lehrer. Spreche ich zu dir, bin ich dein Lehrer, sprichst du zu mir, dann bin ich dein Schüler mit offenem Ohr und offenem Herzen.«

Das ist es, was es zu begreifen gilt: Wir sind nicht nur Lehrer, nicht nur Schüler, wir sind immer zugleich beides. Im offenen Dialog, in der offenen Aussprache lernen wir etwas vom anderen, seine Ängste, seine Erfahrungen, seine Befürchtungen, das, was ihn erbaut hat, und das, was ihn blockiert. In der Krise stagniert der alltägliche Lernprozeß. Je nachdem, wie sich die Krise äußert, zum Beispiel in einer Partnerschaftskrise mit ihren bisher gültigen, fest eingefahrenen Verhaltensmustern ist vieles nicht mehr erfaßbar, erfahrbar, oder wir fassen Kritik an unserem Verhalten als Angriff auf und beantworten sie mit Unverständnis und Aggression. Der Konflikt verlangt uns schnelle Lernprozesse ab. Es gilt manchmal, schnell zu begreifen, wie die augenblicklich notwendige Anpassungsleistung auszusehen hat und wer sie jeweils zu erbringen hat. Wer zum Beispiel ständig die ›Treue‹ bricht, muß sich nicht wundern, wenn der andere ihm das Vertrauen entzieht und sich möglicherweise seinerseits nun einem anderen Menschen zuwendet. Denkt der ›Untreue‹ nicht über sein Verhalten nach, untersucht er nicht seine wahren Bedürfnisse und Wünsche und kommt er nicht zu einer Entscheidung zugunsten seines Partners, wird ihm die Entscheidung möglicherweise durch diesen abgenommen, und plötzlich sieht er sich der familiären Sicherheit und Geborgenheit beraubt.

Die starken Spannungen, die in uns während einer Krise aktiv sind, stören den Lernprozeß. Die zur gefühlsmäßigen und gedanklichen Verarbeitung des Konflikts benötigte Kraft ist dadurch gebunden, daß das Gleichgewicht körperlich wie seelisch erhalten werden muß. Die blockierten Energien stören, ja unterbrechen ganz selbstverständliche Wahrnehmungs-, Denk- und Veränderungsprozesse. Die Reaktionsfähigkeit scheint blockiert, und wir fühlen uns gelähmt und dadurch behindert. Selbst kleine Empfindungen fallen uns in solchen Situationen schwer. Unsere Gedanken kreisen ständig um das Zentrum des Konflikts, ohne daß diese gedankliche Aktivität zu einer Lösung führt und die erhoffte Wende zum Besseren eintritt. Wird der innere Druck immer intensiver, sehen wir uns gezwungen, unsere Lebenssituationen anders zu definieren. Wir sehen uns vor die Aufgabe gestellt, andere Verhaltensmuster anzunehmen.

Viele verwechseln Lernen in der Krise, vor allem wenn zwei oder mehrere aus der Krise lernen sollten, mit belehrt werden. In einer Krise ist jedoch jede Belehrung fehl am Platze. Niemand kann es uns in solchen Situationen abnehmen, selbst nach angemessenen Lösungsmöglichkeiten zu suchen. Nicht selten brauchen wir dazu Hilfe und Unterstützung von unseren Mitmenschen. Zu stark sind die verunsichernden Kräfte in uns, als daß wir immer und zu jeder Stunde allein mit der Krise fertig werden könnten.

Das Lernen, das uns in Krisenzeiten abverlangt wird, erschöpft sich nicht nur in der Abwehr aktueller Bedrohungen. Als erstes aktivieren die beunruhigenden neuen Anforderungen den Überlebenswillen und die bereits verfügbaren Bewältigungsprogramme im Fühlen, Denken, Wollen und Handeln. Da bei deren Versagen gänzlich neue realistische Seh- und Verhaltensweisen ausgebildet werden müssen, kommen intensivere Entwicklungsprozesse in Gang, die ohne die erschwerten Bedingungen der Krise nicht oder sehr viel zögernder zustande gekommen wären.

Viele der Methoden, die für den Umgang mit Konflikten gelehrt und empfohlen werden, funktionieren nur unter drei Bedingungen: Erstens müssen alle Beteiligten die Regeln der jeweiligen Methode kennen, zweitens müssen sie bereit und drittens in der Lage sein, sich auch an sie zu halten. Das spricht nicht grundsätzlich gegen die Methoden, es zeigt aber, daß ihr Anwendungsbereich eben auf die Fälle begrenzt ist, in denen die Regeln von sämtlichen Konfliktparteien akzeptiert werden. Das ist keineswegs so außergewöhnlich: Gemeinsam Fußball spielen kann man auch nur dann, wenn alle die Regeln akzeptieren und keiner der Mitspieler plötzlich den Ball unter den Arm klemmt und davonläuft.

Solange die Regeln beispielsweise für faires Streiten nicht ausreichend bekannt sind, eignen sich diese Konfliktbewältigungsmethoden in erster Linie für feste Gruppen, die zu einem gemeinsamen Umlernprozeß bereit sind: zum Beispiel für Paare, Familien, Jugend- und Freizeitgruppen, aber sehr wohl auch für Arbeitsteams, für ganze Firmen und Abteilungen. Das ist kein so enger Anwendungsbereich, wenn man bedenkt, daß sich im täglichen Leben ein Großteil aller Konflikte zwischen Personen abspielt, die sich lange kennen und öfters miteinander zu tun haben. Allerdings – bisher haben nur relativ wenige Familien, Gruppen und Abteilungen geschlossen an Gruppen teilgenommen, wo konstruktives Streiten geübt wird. Das führt zwangsläufig zu der Frage: Was tun, wenn der Konfliktpartner sich solchen Lernprozessen verschließt: etwa aufgeben? Oder, gibt es auch dann Möglichkeiten, Konflikte fairer, effektiver und menschlicher zu lösen, als es üblicherweise geschieht?

Ja, es gibt sie. Mittel, mit denen sich jeder Konflikt schnell, sicher und mühelos bereinigen läßt, gibt es allerdings nicht. Wer das Gegenteil behauptet, hat entweder eine revolutionierende Entdeckung gemacht, die alle bisherigen Erkenntnisse auf den Kopf stellt oder – und das ist wahrscheinlicher – er ist ein Scharlatan.

Das heißt: Bei manchen, besonders schwierigen Konfliktlagen wird es einem auch mit der besten und geschicktesten Vorgehensweise nicht gelingen, eine für alle Beteiligten befriedigende Einigung herbeizuführen. Die Gefahr, daß man mit seinen Bemühungen scheitert, ist um so größer, je mehr der Konfliktpartner zu eskalierenden Verhaltensweisen neigt, und je weniger er bereit oder fähig ist, auf konstruktive Ansätze einzugehen – je mehr der andere und auch wir selbst in Kategorien von Macht, Autorität und Hierarchie denken – besonders wenn man aus hierarchisch niedrigen, weniger mächtigen Positionen heraus agiert oder agieren muß: je ausgeprägter die Konfliktscheu des anderen und die eigene ist, je besser man den anderen kennt und je mehr sich bereits ein festes Ritual des Streitens eingespielt hat. Im Extremfall kann man das bei manchen alten Ehepaaren beobachten: Sobald ein bestimmtes ›Startsignal‹ gefallen ist, läuft der ganze Streit wie nach einem genau vorgezeichneten Drehbuch ab und endet auch immer auf fast identische Art und Weise, etwa mit Tränenausbrüchen, Türenknallen oder einer ›Frostperiode‹. Je angespannter und belasteter die Beziehung zwischen den Kontrahenten ist, je wichtiger der Streitgegenstand und je stärker das emotionale Engagement der Beteiligten, desto schwerer fällt es einem selbst, die richtige Mischung von Freundlichkeit, Bestimmtheit und Gelassenheit zu finden und durchzuhalten. Auf einen großen Teil dieser Handicaps haben wir keinen unmittelbaren Einfluß. Das besagt nicht, daß wir sie völlig vergessen können, aber sie bieten uns kaum Ansatzpunkte dafür, unsere Chancen, einen Konflikt trotz widriger Umstände zu einem guten Ende zu bringen, zu verbessern. Unser Hauptaugenmerk wird sich daher auf die Punkte richten müssen, die wir durch unser Handeln günstig beeinflussen können. Wenn man sich durch selbstbewußtes und zugleich beherrschtes Auftreten die Voraussetzung geschaffen hat, den Teufelskreis zu durchbrechen, dann ist der entscheidende Schritt zu konstruktivem Streiten getan.

Was also können psychologische Techniken und Methoden zur Konfliktbewältigung leisten?

Zweierlei: Erstens können sie die Aussichten dafür erhöhen, daß eine faire, für alle Beteiligten annehmbare Einigung erzielt wird. Zum anderen können sie dazu beitragen, daß der Weg zu dieser Einigung möglichst effektiv ist. Das heißt: Er soll mit möglichst wenigen Umwegen und emotionalen Strapazen verbunden sein. Wenn sich allerdings einer der Kontrahenten stur wie ein Büffel gegen jeden konstruktiven Ansatz sperrt, dann ist nicht viel zu machen, dann wird aus dem Konflikt fast zwangsläufig ein offener – oder schlimmer – ein versteckter Machtkampf.

Was stimmt an unserem normalen Umgang mit Konflikten nicht? Die meisten Menschen in unserem Kulturkreis haben eine negative Einstellung zu Konflikten. Konflikte sind für sie etwas, was es eigentlich gar nicht geben dürfte. Und wenn es sie ungehörigerweise doch gibt, kehrt man sie am besten unter den Teppich. Wenn dies aus irgendwelchen ärgerlichen Gründen nicht möglich ist, dann wird es kritisch: Dann muß man sie schnell und möglichst unauffällig aus der Welt schaffen. Dabei kommt es vielen darauf an, die eigenen Interessen mit List und Tücke durchzusetzen, ohne sie dabei beim Namen zu nennen. Statt dessen spricht man von Harmonie, Eintracht und Geschlossenheit – und besonders dann, wenn all das auf besonders wackligen Füßen steht. Meinungs- und Interessengegensätze werden geleugnet, indem sie zu etwas Negativem und Schädlichem erklärt werden, zu einem Verrat an den guten Beziehungen, am ›Gruppeninteresse‹ oder an einem angeblichen Gemeinwohl, das in vielen Fällen nur aus den Interessen eines mehr oder weniger großen Teils der Gruppe besteht.

Wird es trotz all dieser Abwiegelungs- und Unterdrükkungsversuche unvermeidlich, einen Konflikt offen auszutragen, so verschärft sich die Konfliktsituation: Vorwürfe, Schuldzuweisungen, Unterstellungen, Beleidigungen und aggressive Reaktionen, Beschimpfungen und andere ungünstige Verhaltensweisen führen rasch zu einer Verschärfung und Ausweitung des Streits. Für sämtliche Beteiligten wird es dabei immer schwerer, von einmal bezogenen Positionen wieder abzurücken und dem anderen entgegenzukommen. Vernünftige Vorschläge werden aus Verärgerung und ›Rachegelüsten‹ abgeblockt. Der Konflikt wird immer mehr zu einem Kampf um die Durchsetzung eigener Wünsche, Vorstellungen und Interessen gegen den anderen. Dabei spielt man sich gegenseitig aus, und benutzt alles, was an Machtmitteln und Beeinflussungsmöglichkeiten zur Verfügung steht: Charme, Versprechungen, Drohungen, Überredungsversuche, moralischen Druck, rhetorische Machtmittel und manchmal sogar unmittelbare Gewalt. Wenn Konflikte auf diese Weise ausgetragen werden, sind im Prinzip nur drei Ergebnisse möglich:

1. Sieg, Durchsetzung: Einer der Kontrahenten erweist sich als der Stärkere, Geschicktere, Klügere. Er oder sie setzt sich in allen wesentlichen Punkten durch. Der andere kassiert eine Niederlage; seine Bedürfnisse werden nicht befriedigt oder nur soweit, als es ihm vom Sieger zugestanden wird.

2. Trennung: Wenn es trotz aller Anstrengungen keinem der Kontrahenten gelingt, die Oberhand zu gewinnnen, endet die Auseinandersetzung nicht selten damit, daß die Gegner im Bösen auseinandergehen. Dieser Fall tritt häufig dann ein, wenn beide Parteien ungefähr gleich stark, geschickt oder klug sind, und wenn eine Trennung ohne tiefgreifende Nachteile möglich ist.

3. Gegenseitige Blockade, fauler Kompromiß: Wenn die Kontrahenten nach einiger Zeit feststellen, daß sich keiner von ihnen durchsetzen kann, und wenn sie ihren Konflikt auch nicht durch Trennung beenden können oder wollen, bleibt ihnen nichts anderes übrig als irgendwie zu einem ›Modus vivendi‹ zu kommen, also zu einer Regelung, mit der beide einigermaßen leben können, auch wenn sie unbefriedigend ist und möglicherweise neuen Konfliktstoff birgt. Das ist deshalb oft der Fall, weil der Weg zu einer befriedigenden Einigung durch die vorangegangene ›Schlägerei‹ und die dadurch entstandenen Verstimmungen, Verletzungen und Ressentiments blockiert ist. Denn zu diesem Zeitpunkt haben sich die Kontrahenten bereits einiges an den Kopf geworfen und sind stinksauer aufeinander. Und in die

ser Situation bringen sie es nicht mehr so ohne weiteres fertig, nach einer Lösung zu suchen, die auch den Interessen des anderen jeweils gerecht wird. Beide haben, im Gegenteil, große Lust dazu, dem anderen noch eins auszuwischen, und sie sind mißtrauisch darauf bedacht, daß der andere bei einer eventuellen Einigung nicht zu gut wegkommt und daß sie selber nicht zu kurz kommen. Dementsprechend sehen die Ergebnisse aus, die unter diesen Bedingungen zustande kommen: Keiner der Beteiligten ist so recht zufrieden, jeder glaubt, zu schlecht weggekommen zu sein.

Solange Konflikte nach der Methode Sieg oder Niederlage ausgetragen werden, hinterlassen sie also zwangsläufig bei allen Beteiligten einen schlechten Nachgeschmack – die Sieger haben nicht selten ein schlechtes Gewissen, weil sie sich auf Kosten des anderen durchgesetzt haben. Außerdem müssen sie sich darum bemühen, daß die von ihnen erzwungene Regelung auch verwirklicht wird, und sie können sich nie ganz sicher sein, ob es darüber nicht zu neuen Auseinandersetzungen kommen wird.

Da Konflikte in unserer Gesellschaft aber fast immer nach der Methode ›Sieg oder Niederlage‹ ausgetragen werden, ist es kein Wunder, daß jeder von uns negative Erfahrungen mit Konflikten hat. Das gilt besonders für Kinder und Jugendliche, die weniger Macht haben als Erwachsene und daher besonders viele Niederlagen einstecken müssen. Wo Menschen miteinander auskommen wollen, sollten sie kompromißbereit sein. Wer nur seine Bedürfnisse durchsetzen will, verletzt zwangsläufig die Territorien der anderen.

Es ist daher leider nur natürlich, daß die Angst vor Konflikten in unserer Gesellschaft sehr weit verbreitet ist. Damit jedoch schließt sich der Teufelskreis: Wer Angst vor Konflikten hat, geht ihnen am liebsten aus dem Weg. Und wenn sich Konflikt- und Kompromiß-Ungeübte doch einmal streiten wollen, entstehen daraus massive Auseinandersetzungen, die, egal wie sie ausgehen, einen emotionalen Scherbenhaufen hinterlassen. Diese Erfahrung trägt wiederum dazu bei, einerseits die Angst vor Konflikten zu verstärken, andererseits aber auch ein überhartes Konfliktverhalten zu fördern.

Ein Ausbruch aus diesem Teufelskreis ist nur möglich, wenn es gelingt, das traditionelle Sieg-Niederlagen-Schema zu durchbrechen und durch ein konstruktives Vorgehen abzulösen. Auch dann werden Konflikte kein Genuß für die Beteiligten sein, aber sie brauchen auch nicht in allgemeiner Verstimmung und Verärgerung zu enden. Statt dessen können sie Positives bewirken: Sie können zum einen dazu beitragen, sich gegenseitig besser kennen und verstehen zu lernen, zum anderen bieten sie die Chance, Formen des Zusammenlebens zu entwickeln, die allen Beteiligten optimale Möglichkeiten zur Verwirklichung ihrer Interessen, Wünsche und Vorstellungen bieten.

Nicht die beiden Kontrahenten stehen sich im Kampf gegenüber, vielmehr stehen sie gemeinsam einem Problem gegenüber, das sie am besten auch gemeinsam bewältigen können. Dieses Problem besteht darin, daß ihre individuellen Wünsche, Vorstellungen und Interessen in ihrer gegenwärtigen Form auseinanderklaffen. Geschieht daher eine Lösung, die für alle Beteiligten annehmbar ist und ihnen erlaubt, ihre Bedürfnisse so weit wie möglich zu befriedigen, tritt eine innere Beruhigung ein.

Hier muß einem möglichen Mißverständnis vorgebeugt werden: Der Vorschlag, Konflikte als das gemeinsame Problem aller Beteiligten aufzufassen, bedeutet keineswegs, daß Interessengegensätze mit einem falschen Schein von Harmonie und Gemeinsamkeit zugekleistert werden sollen. Das wäre widersinnig, denn diese Interessengegensätze sind es ja, um derentwegen ein Konfliktgespräch überhaupt erst nötig wird – andernfalls könnte man sich die ganze Mühe sparen. Es ist sogar ganz wichtig, daß sowohl übereinstim mende als auch gegensätzliche Interessen offen zum Ausdruck gebracht werden. Das soll jedoch mit dem Ziel geschehen, dieses Problem gemeinsam mit dem anderen zu lösen, nicht einen Krieg gegen ihn zu führen. Umgekehrt wäre es auch ein gefährlicher Irrtum zu glauben, das optimale Konfliktverhalten bestünde darin, daß man seine eigenen Bedürfnisse und Interessen von vornherein hinter denen der anderen oder hinter nicht näher bestimmtem ›Gemeinwohl‹ zurückstellt. Wer dies tut, kann die Entwicklung der Beziehung oder Gruppe ebensosehr blockieren wie jemand, der seine Interessen rücksichtslos auf Kosten der anderen durchzuboxen versucht. Denn diese ›Selbstaufopferung‹ führt natürlich dazu, daß das Geschehen sehr häufig an seinen Bedürfnissen vorbei oder ihnen gar zuwiderläuft. Das erzeugt Unzufriedenheit, Langeweile und Lustlosigkeit und schlägt auf die anderen zurück, verdirbt ihnen den Spaß und lähmt so ungewollt das gesamte Geschehen. Zum fairen Konfliktverhalten gehört daher nicht nur die Bereitschaft, die Bedürfnisse des anderen kennenzulernen und sich aufgeschlossen mit ihnen auseinanderzusetzen, sondern genauso die Bereitschaft, eigene Wünsche, Vorstellungen und Interessen zu entwickeln und offen zum Ausdruck zu bringen.

Faßt man Konflikte als das gemeinsame Problem aller auf, so hat das die logische Konsequenz, daß auf den Einsatz von Machtmitteln verzichtet und von dem ›Das-werden-wir-doch-mal-sehen‹-Standpunkt abgerückt wird. Ebenso verbietet es sich dann von vornherein, einseitig bestimmte Lösungen vorzugeben und sie durchzupauken. Denn ein gemeinsames Problem kann auch nur mit einer gemeinsamen Lösung abgeschlossen werden, die von allen Beteiligten mitgetragen wird.

An dieser Stelle liegt der Einwand nahe: »Ich bin durchaus bereit, auf Drohungen, Tricks und Machtmittel zu verzichten – aber nur unter der Voraussetzung, daß der andere ebenfalls darauf verzichtet und daß es bei einem Gespräch ›im Guten‹ möglich ist, eine angemessene Berücksichtigung meiner Wünsche und Interessen zu erreichen.« Diese Menschen fürchten, bei diesem totalen Gewaltverzicht zwangsläufig immer dann den kürzeren zu ziehen, wenn der andere einen harten Kurs einschlägt und kein Entgegenkommen zeigt. Deshalb wollen sie sich die Möglichkeit offenhalten, in solchen Fällen notfalls auch härtere Saiten aufzuziehen und ebenfalls Machtmittel einzusetzen.

Dieser Einwand ist nicht ohne weiteres von der Hand zu weisen. In der Tat ist das gewaltfreie Streiten auf Gegenseitigkeit angelegt. Wenn sich der Gegner stur stellt, sinken unvermeidlich die Chancen, auf diesem Weg zu einer befriedigenden Lösung zu kommen. Allerdings sollte man klar sehen, daß auch der Rückfall in die Methode ›Sieg oder Niederlage‹ in diesen Fällen keinen Erfolg garantiert. Da auf jeden Sieger – mindestens – ein Besiegter kommt, liegen die Erfolgschancen günstigenfalls bei fünfzig Prozent, wenn man weniger mächtig und weniger klug ist als der Gegner, noch wesentlich tiefer.

Hier darf nicht mit zweierlei Maß gemessen werden: Der Rückgriff auf Machtmittel garantiert ebensowenig einen Erfolg wie der totale Verzicht auf sie. Was einem das gewaltfreie Vorgehen so schwer macht, ist das Gefühl, die eigenen Möglichkeiten nicht voll ausgeschöpft und so vielleicht einen (Teil-)Erfolg verschenkt zu haben. Aber das ist durchaus ein zweischneidiges Schwert. Wer immer dann, wenn er ›im Guten‹ nicht weiterkommt, den großen Knüppel hervorholt, kann zwar kurzfristig vielleicht noch ein bißchen was herausholen, auf längere Sicht aber verhindert er ein gewaltfreies Vorgehen. Denn wer einige Male so gehandelt hat, der wagt entweder überhaupt nicht mehr, seine eigenen Wünsche offen auf den Tisch zu legen, oder er geht von vornherein in Drohstellung und signalisiert, daß er notfalls auch zu einer härteren Gangart bereit ist.

Letzten Endes ist das gewaltfreie Vorgehen im Gegensatz

zum Knüppel im Hintergrund doch die bessere Alternative. Auch dann ist man Leuten, die sich nicht gesprächsbereit zeigen und sofort Druck auszuüben versuchen, keineswegs wehrlos ausgeliefert. Denn drei Möglichkeiten zur Gegenwehr sind auch bei fairem Streiten berechtigt: Erstens das hartnäckige Beharren auf der Forderung, den Konflikt bis zu einer befriedigenden Einigung auszutragen; zweitens die Verweigerung der Zustimmung zu Lösungen, die als ungerecht und unfair empfunden werden, und drittens der gewaltfreie Widerstand, das heißt, der Boykott einseitig festgesetzter Lösungen und die konsequente Weigerung, sich nach ihnen zu richten.

Auch diese drei Möglichkeiten lassen sich zweifellos als Machtmittel einstufen, sie unterscheiden sich aber von den anderen in einem wesentlichen Punkt: Sie können nur genutzt werden, um aufgezwungene Lösungen abzuwehren, nicht aber, um selbst Macht auszuüben.

Kommen wir nach alledem zu unserer Kernfrage zurück: Wie kann dieses faire Streiten in der Praxis aussehen? Welche Mittel und Möglichkeiten gibt es, Konflikte mit der breiten Mehrheit der Zeitgenossen konstruktiv auszutragen, die das nicht in irgendeiner Gruppe gelernt haben? Gerade wenn es ›Nicht-Eingeweihte‹ sind, mit denen man einen Konflikt hat, muß man einiges tun, um zu verhindern, daß man in das alte Fahrwasser gerät. Das erfordert Selbstbeherrschung und Mut, aber auch Zielstrebigkeit und Übung. Man kann nicht auf einen Schlag zum ›fairen Streiter‹ werden, man kann das nur schrittweise lernen. Mit jedem Schritt erhöht man seine Chancen, eine aggressive Konfrontation zu vermeiden und den Konflikt statt dessen konstruktiv und ohne überflüssige Quälerei zu einem guten Ende zu bringen. Dabei sollten die folgenden Regeln eine Hilfe sein:

Überspitzt ausgedrückt heißt das, daß sich bei jedem Konflikt die simple Frage stellt: Wollen Sie Ihren angestauten Ärger abreagieren, oder wollen Sie eine Veränderung zum

Besseren erreichen. Bei allem Respekt vor Spontaneität als Leitlinie, wer fair streiten will, muß sich beherrschen können. Ausgangspunkt eines jeden Konflikts ist, daß einem etwas mißfällt. Wenn man frustriert ist, neigt man eher spontan zu aggressivem Verhalten, was wiederum für den Kontrahenten frustrierend ist. Eine Eskalation des Konflikts ist die unvermeidliche Folge, und je mehr sich die Fronten verhärten, um so ungünstiger werden die Aussichten auf eine befriedigende Einigung. Wenn wir unseren Konfliktpartner mit Vorwürfen überhäufen, ihn als Menschen angreifen (»Du bist rücksichtslos«) oder ihn beschimpfen und beleidigen, so entspricht das vielleicht unserer augenblicklichen Stimmung, blockiert aber den Weg zu einem konstruktiven Gespräch. Auch wenn der andere unsere sachliche Kritik im Kern als berechtigt empfindet, wird er kaum bereit sein, dies zuzugeben und darauf einzugehen, wenn wir ihn als Person angreifen und herabsetzen. Seine Selbstachtung zwingt ihn dann dazu, sich zu verteidigen und zu Gegenangriffen überzugehen. Die unvermeidliche Folge ist ein Rückfall in das alte Konfrontationsschema. Lassen Sie sich deshalb von Vorwürfen, Angriffen oder Beschimpfungen nicht in eine beleidigte Abwehrhaltung drängen oder zu Gegenangriffen provozieren. Bleiben Sie auch und gerade dann ruhig, gelassen und beherrscht.

Als ›Eingeweihter‹ sollten Sie stellenweise eine Art Gesprächsführung übernehmen, zum Beispiel mit Aussagen wie: »Ich schlage vor, wir versuchen erst einmal herauszufinden, wo unsere Vorstellungen eigentlich auseinandergehen!« Oder: »Können wir einfach mal sammeln, was uns an Lösungsmöglichkeiten einfällt, und erst nachher darüber reden, ob sie uns annehmbar und durchführbar erscheinen?«

Wenn Sie das Ping-Pong der Eskalation nicht mitspielen, kann sich die Auseinandersetzung nicht weiter hochschaukeln. Sicherlich fällt es einem manchmal schwer, dem Drang zum Dagegenhalten zu widerstehen – der Eingang zum Teufelskreis steht einladend weit offen. Wenn Sie an einem konstruktiven Verlauf interessiert sind, sollten Sie, wenn Sie sich persönlich angegriffen fühlen, eine von vier Alternativen wählen:

Sie gehen nur auf den sachlichen Kern des Vorwurfs ein und ›überhören‹ den persönlichen Angriff bewußt.

Sie wiederholen den Kern der Aussage noch einmal mit eigenen Worten und entschärfen dabei die persönliche Attacke. Zum Beispiel: »Du bist stocksauer auf mich, weil du meinst, daß ich ...«

Sie bitten Ihren Kontrahenten, seine pauschalen Angriffe oder Vorwürfe zu konkretisieren. Beispielsweise: »An welche Situation denkst du da, über die du dich so sehr geärgert hast?«

Sie teilen Ihre eigenen Reaktionen auf solche Angriffe mit. Zum Beispiel: »Wenn du mich so angreifst, fällt es mir unheimlich schwer, sachlich zu bleiben. Das bringt mich so in Rage, daß ich am liebsten zurückbrüllen möchte.«

Viele Leute machen den Fehler, daß sie die Schwelle, ab der sie ihr Mißbehagen zum Ausdruck bringen, viel zu hoch ansetzen. Wenn sie schließlich doch reagieren, hat sich oft schon soviel Ärger angestaut, daß ein konstruktives Gespräch nicht mehr möglich ist, weil ihr Zorn fast schon explosionsartig nach außen drängt. Lassen Sie es nicht so weit kommen, sondern melden Sie Ihr Mißbehagen schon zu einem Zeitpunkt an, zu dem Sie noch zu einem partnerschaftlichen Gespräch fähig sind!

Es gibt Situationen, in denen die Bedingungen für ein konstruktives Konfliktgespräch extrem ungünstig sind. Das kann an äußeren Umständen liegen, etwa an ständigen Störungen, Lärm, Durcheinander, Anwesenheit von Beobachtern, aber auch an der inneren Verfassung des Kontrahenten – oder der eigenen –, zum Beispiel an Streß, Angst, Ärger, Verstimmung. Allerdings muß man hier abwägen, ob es sinnvoll ist, ein Konfliktgespräch zu verschieben, denn die Verschiebung auf einen späteren Zeitpunkt bringt auch Nachteile mit sich. Sie sollten das Ansprechen eines Problems keinesfalls wegen jedes kleinen Störfaktors vertagen, sondern nur dann, wenn die Bedingungen im Augenblick wirklich extrem ungünstig sind. Der Konflikt besteht ja gerade darin, daß Wünsche, Vorstellungen oder Interessen aufeinandertreffen, die in ihrer gegenwärtigen Form nicht miteinander zu vereinbaren sind.

Stellen Sie also die unterschiedlichen Positionen erst einmal unbewertet und unkommentiert nebeneinander, bevor sie verhandelt werden! Etwa in der Art: »Ich habe diese Interessen, und du hast jene – das ist erst einmal eine Tatsache, mit der wir uns beide abfinden müssen!«

Eine gute Möglichkeit, dem anderen zu zeigen, daß man seine Bedürfnisse akzeptiert, ist, daß man die Aussage des anderen zuerst mit eigenen Worten wiedergibt, bevor man darauf antwortet. Nehmen Sie sich ruhig Zeit, die Wünsche und Vorstellungen des anderen genau kennen – und verstehen zu lernen! Das schafft klare Ausgangsverhältnisse, und der andere ist dann auch viel eher bereit, sich Ihre Wünsche anzuhören. Jeder Mensch kann Kritik dann am leichtesten annehmen, wenn er sich dabei als Person akzeptiert fühlt. Deshalb darf man niemals die ganze Person kritisieren, angreifen oder gar bedrohen, sondern nur ein begrenztes Verhalten.

Genau das Gegenteil tun wir gewöhnlich: Wir machen pauschale Vorwürfe oder unterstellen dem anderen negative Charakterzüge. Vielleicht weil wir glauben, daß unsere Kritik dadurch mehr Gewicht bekommt und nicht so leicht als einmalige Nörgelei abzutun ist. Damit erreichen wir jedoch in erster Linie, daß sich der andere in seinem Selbstwertgefühl mißachtet und verletzt fühlt – das konkrete Verhalten, das uns auf die Nerven geht, verlieren wir dabei leicht aus dem Blickwinkel. Deshalb kritisieren Sie so konkret wie möglich. Bei einem Konflikt geht es nicht darum, den anderen fertig zu machen, sondern um das genaue Gegenteil: Man möchte eine Verbesserung der Beziehung zu dem jeweiligen Konfliktpartner erreichen und zu diesem Zweck bestimmte Störungen aus dem Weg räumen. Der üblichen Art des Streitens ist dies freilich kaum anzumerken. Beschränken Sie sich deshalb nicht darauf, diese positive Art des Streitens irgendwo im Hinterkopf zu haben, sondern sprechen Sie sie deutlich aus! Sagen Sie dem anderen, worum es Ihnen eigentlich geht! Etwa so: »Ich mag dich und möchte gerne mit dir gut auskommen. Deshalb ist es mir wichtig, daß wir einen Weg finden, wie wir dieses Problem künftig besser handhaben.«

Bei manchen Konflikten möchten wir gern dem anderen beweisen, daß er sich objektiv falsch verhält. Selbst wenn dieser Beweis möglich sein sollte, wäre sein Verhalten aber kein Problem, wenn es uns nicht subjektiv stören würde. Stehen Sie zu diesem Gefühl, und sprechen Sie es auch aus! Verlagern Sie Ihr Mißbehagen, um das es Ihnen eigentlich geht, nicht auf eine objektive oder eine pseudo-objektive Ebene!

Nehmen Sie zum Beispiel einen Konflikt, der durch das Rauchen ausgelöst wurde. Wenn der Nichtraucher doziert: »Es ist wissenschaftlich erwiesen, daß das passive Mitrauchen die Gesundheit schädigt!«, wird der Raucher schwerlich gewillt sein, das Rauchen aufzugeben. Er wird viel eher bereit sein, das Rauchen einzustellen, wenn ihm gesagt wird: »Mich stört das Rauchen, denn ich bekomme dann nach einiger Zeit immer Kopfweh.« Oder auch: »Ich möchte nicht, daß in meiner Anwesenheit geraucht wird. Denn nach dem, was ich gelesen habe, bin ich fest davon überzeugt, daß auch das Mitrauchen schädlich ist, und ich habe Angst um meine Gesundheit!«

Es ist für das Gesprächsklima – und für das Ergebnis sehr günstig, zwei Schritte völlig voneinander zu trennen:

Zum einen die Suche nach möglichen Lösungen, zum anderen die Bewertung, Beurteilung und Diskussion der gesammelten Lösungsvorschläge. Deshalb schlagen Sie Ihrem Konfliktpartner vor, erst einmal eine Liste mit Lösungsvorschlägen ohne jede Diskussion zusammenzutragen, bevor Sie die Verhandlung darüber aufnehmen, welche Lösungen wirklich in Betracht kommen! Wenn dann eine Reihe von Vorschlägen vorliegt, werden als Nächstes diejenigen gestrichen, die für einen der beiden unannehmbar sind. Der Rest steht dann zur Verhandlung.

Das Konfliktgespräch sollte dann mit klaren Vereinbarungen abgeschlossen werden, denen alle Beteiligten zustimmen können. Es wäre jedoch ein Irrtum zu glauben, daß der Konflikt damit bereits gelöst sein könnte. Das hieße, den Bauplan mit dem fertigen Haus zu verwechseln. Dennoch tun das viele Leute, und sie fallen aus allen Wolken, wenn es dann doch anders kommt als vereinbart. Sie fühlen sich dann hintergangen und ausgenutzt und meinen, daß das faire Streiten doch zu nichts führt. Und fallen prompt in das alte Sieg-Niederlage-Schema zurück. Es kann sehr viele Gründe haben, warum eine getroffene Vereinbarung nicht funktioniert – von Anlaufschwierigkeiten über Durchhalteprobleme bis zur Undurchführbarkeit einer Regel. Doch worin die Gründe auch immer liegen, auf jeden Fall müssen dann neue Anstrengungen unternommen werden, um entweder die getroffene Vereinbarung zu verwirklichen oder eine neue zu treffen. Das ist manchmal ärgerlich, aber es gibt keine Alternative dazu – nicht jeder Plan läßt sich eben planmäßig verwirklichen. Deshalb behalten Sie das Problem auch nach Abschluß einer Einigung im Auge! Drängen Sie gegebenenfalls darauf, daß die Vereinbarung auch von dem anderen eingehalten wird, und bestehen Sie notfalls auf einem neuen Konfliktgespräch.

2

Der Wert einer Krise

Wir meinen immer, es sind die kritischen Lebensereignisse, die uns in Chaos und Krise führen. Entscheidend ist die Art und Weise, wie wir Erlebnisse wahrnehmen, welchen Stellenwert wir ihnen geben. Die Wahrnehmungs- und Wirkmechanismen, die hierbei zum Tragen kommen, sind in unserer Lebensgeschichte verankert. Was wir einst von den Eltern übernahmen und wie wir das Wahrgenommene verarbeitet haben, daraus hat sich unser Lebenskonzept entwickelt. Es besteht zum großen Teil in dem, was unsere Eltern, Großeltern, Geschwister, unsere Freunde und unsere Lehrer als Kind von uns erwarteten, und es hat uns derart geprägt, daß auch das, was heute die Menschen unserer Umwelt von uns erwarten, die gleichen Reaktionsmuster abruft.

Mit diesem grundlegenden Konzept meistern wir unser Alltagsleben. Werden wir nun in unserem Leben mit Dingen konfrontiert, die nicht alltäglich sind, die also in der Speicherung nicht enthalten sind, macht es einen großen Unterschied, ob wir uns grundsätzlich nicht in der Lage sehen, das Problem zu lösen (Defizit an Komponenten), oder ob wir nur momentan nicht fähig sind (Kompetenzstörung). In beiden Fällen sehen wir jedoch das Problem in ganz bestimmten, gewohnten Beurteilungskategorien als lösbar an, nur nicht durch uns selbst. Das bedingt dann ein Versagensgefühl. Sobald wir das Gefühl haben, eine bestimmte Aufgabe nicht lösen zu können, entsteht in uns

Verwirrung, Niedergeschlagenheit und schließlich sogar Resignation.

Eine kritische Lebenssituation kann aber auch unter anderen Bedingungen entstehen: Da ist beispielsweise jemand in ein Problem verstrickt, von dem er annehmen muß, daß er mit den eigenen, bisher erlernten Fähigkeiten, mit seinem Umgang mit der Umwelt, für die Entstehung und später auch Klärung des Problems verantwortlich ist. Es zu lösen übersteigt jedoch seine Möglichkeiten und Fähigkeiten. In diesem Fall entsteht eine Krise, es sei denn, daß derjenige erkennt, daß er das Problem lösen kann, wenn er es unter eine andere Betrachtungsweise stellt. Ist derjenige, der sich vor die Aufgabe gestellt sieht, überfordert, das Problem gedanklich anders einzuordnen, kommt ein zweiter Punkt für die Entstehung einer Krise hinzu. Zum dritten kann eine Krise entstehen, wenn wir ohnmächtig den Dingen gegenüberstehen, also im Augenblick nichts tun können, um das Problem zu lösen. Uns sind keine Mittel und Fähigkeiten gegeben, das Problem zu lösen. Wir müssen also entweder nachreifen, um Fähigkeiten zur Lösung des Problems zu erwerben, oder wir müssen uns eingestehen, hier alleine nicht weiterzukommen, und Hilfe bei anderen suchen. In allen drei Problemlagen entsteht für die betreffenden Menschen eine ausweglose Situation, die sich in seelischen und körperlichen Zeichen der Hilflosigkeit, des Ausgeliefertseins, darstellt. Der eigentliche Kern einer als Krise erlebten Situation wird von verschiedenen Betroffenen ganz unterschiedlich wahrgenommen und gedeutet, abhängig von ihren jeweiligen Erfahrungen mit sich und anderen, abhängig von den Bedürfnissen, Interessen und Lebenszielen und davon, wie sie die Handlungsspielräume hinsichtlich der Durchsetzung ihrer Interessen einschätzen.

Wie kommen diese unterschiedlichen sozialen Deutungsmuster zustande? Die Einschätzung einer erlebten Bedrohung, unserer Handlungsmöglichkeiten und die Aussicht, die Situation zu bewältigen, hängt von Perspektiven ab, die zu unserer Geschichte kollektiver Beeinflussungen durch ein bestimmtes, soziales und kulturelles Milieu, zum Beispiel wirtschaftliche Lebensumstände, Bildungsgrad der Eltern, Intensität anderer Einflüsse wie Schule, Freundeskreis und andere, gehören.

Die sozialen Deutungsmuster, derer wir uns bei unseren Wahrnehmungen und ihrer Interpretation bedienen, sind nicht in einem zweck- und interessenfreien Raum entstanden. Unser Bewußtsein hat sich herausgebildet im Hinblick auf ganz bestimmte gesellschaftliche Prozesse und Situationen in ganz bestimmten Zeiträumen. Bewußtseinsveränderung und Bewußtseinserweiterung haben sich immer in Auseinandersetzung mit schon gedeuteter Realität vollzogen.

Unsere Alltagsorientierung ergibt sich aus einem komplizierten Wechselspiel, in dem wir unaufhörlich unsere Bedürfnisse an den Anforderungen und Begrenzungen unserer Umwelt messen. Mit den meisten Anforderungen haben wir uns abgefunden. Es scheint uns fast selbstverständlich, daß auf unsere Bedürfnisse wenig Rücksicht genommen wird, wenn wir die Anforderungen im Beruf und im sozialen Umgang mit anderen zu erfüllen haben: »Mehr ist nun mal für mich nicht drin«, denken wir dann; Tag für Tag handeln wir in dem Bewußtsein, unser Verhalten und Denken seien richtig, auch dann, wenn wir etwas gegen unseren Willen und unsere Überzeugung tun oder hinnehmen müssen, daß andere eine von uns als notwendig angesehene Handlung verhindern.

Indem wir Selbstgespräche mit uns führen, indem wir uns gegen Dritte behaupten oder indem wir dem Partner, den Kollegen und Freunden gegenüber unser Handeln erläutern und verteidigen, betreiben wir Selbstreflexion. Wir sind ständig gezwungen, in einem Prozeß der Selbstregulation unsere innere und äußere Wirklichkeit in Beziehung zu setzen und diese Beziehung zu verarbeiten. Identitäts- und

Realitätsarbeit in Form der Selbstreflexion findet in der Gegenwart statt, oft genug dauert sie nur wenige Sekunden, die aber folgenreiche Wirkungen auf die Gestaltung unserer Zukunft haben können. Dabei beziehen wir immer die Vergangenheit mit ein, um die von jetzt ab zu bewältigenden Aufgaben lösen zu können. Mit unseren bislang erlernten und lebenslang verfeinerten Techniken der Selbstreflexion schaffen wir es zwar, mit der Realität außerhalb unseres Selbst und mit den vielen Rollenforderungen, die an uns gestellt werden, umzugehen, kommen aber im Alltagsgeschäft viel zu selten zur wirklich gründlichen Verarbeitung unseres Erlebens.

Entsteht nun in der Krise ein Problemdruck, kommen zunächst einmal erlernte Fähigkeiten zum Tragen. Es werden immer wieder die vertrauten ›Problemlösungen‹ abgespult, auch wenn diese längst ihre befreiende und erneuernde Kraft verloren haben. So kommt es zum Beispiel in einer Beziehungskrise zum gegenseitigen Austausch von Vorwürfen, die sich inhaltlich ständig wiederholen, vermischt mit Selbstvorwürfen, ohne daß der Aufwand an emotionaler und sozialer Energie verbesserte Bedingungen für die Beziehung schafft. Im Gegenteil: Die Basis des Miteinander wird noch weiter ausgehöhlt. Kränkungen schmälern den letzten Rest an Solidarität. Dies führt dann in die Resignation und zur scheinbar unausweichlichen Gewißheit, an dieser Beziehung sei wirklich ›nichts mehr zu retten‹.

Schließt sich dann der Kreislauf von Schuldzuweisungen und Resignation, bedarf es konstruktiver Maßnahmen von außen, um den sich selbst bestätigenden Regelkreis zu durchbrechen und den beiden Beteiligten auf der Suche nach neuen Formen der Gemeinsamkeit eine Richtung zu weisen. Erkennen sie, daß ihnen solch ein hilfreicher Dienst von außen, zum Beispiel durch einen Ehe- und Familientherapeuten, angeboten wird, und nehmen sie die Infragestellung ihres Beziehungskonzepts und ihres jeweiligen Verhaltens in Kauf, erwächst ihnen die Chance, aus dieser angeleiteten Auseinandersetzung mit sich selbst und mit ihren Umweltbedingungen verändert hervorzugehen. Sie lernen, den unbewußten Motiven, Wünschen und Phantasien hinter ihrem Verhalten, ihren Empfindungen und Denkweisen auf die Spur zu kommen und deren Bedeutung zu erkennen.

Der Ehe- und Familientherapeut soll die ›verkorkste‹ Beziehung retten, indem er sie als Experte auf wundersam magische Weise neu kräftigt und belebt. Doch die eigentliche Arbeit haben die beiden Ratsuchenden selbst zu leisten. Der Experte rät ihnen, die Krise bis zu ihrem Ende durchzuhalten und als Chance zur Fortentwicklung ihrer Beziehung zu verstehen. Er gibt lediglich Anregungen zu einer qualitativ anderen Form der Selbstreflexion und lädt dazu ein, den Sinn der Krise zu ermitteln und die sozialen Bedingungen des Handelns anders als bisher begreifen zu lernen. Dem alltäglichen Strom der Gedanken setzt er bestimmte Hindernisse in Form wissenschaftlich gewonnener Fragen und Einsichten entgegen, wodurch eine andere Dynamik, eine andere Fließrichtung entsteht. Um bei diesem Bild zu bleiben: Der Strom kann in dieser engen Führung eine unerwartete Kraft entwickeln.

Manchmal geht die Beziehung trotzdem auseinander. Zwei Punkte im All wanderten aufeinander zu, berührten sich, verschmolzen. Sie wurden einander so ähnlich, daß jeder vergaß, woher er eigentlich kam. Und jetzt entfernen sich die beiden Punkte wieder voneinander, gleichmäßig oder rascher der eine und langsamer der andere, auf einer geraden Linie oder im Zickzack. Der eine sucht verzweifelt die Bahn des anderen zu kreuzen, der andere taumelt richtungs- und ziellos in dunkel scheinende Weiten. Die Bilder aus dem All wollen wir als Symbol für eine sich auflösende Ehe oder Partnerschaft nehmen. So wie sich zwei Menschen unerklärbar – der Volksmund sagt: magisch anziehen – so rätselhaft ist es, warum zwei, die sich derart nahe waren, sich plötzlich wieder loslassen. Weshalb auch immer, die handfeste Lebenskrise ist da. Ich möchte Ihnen Mut machen, Ihre Situation – so unsicher und so elend Sie sich auch im Augenblick fühlen mögen – als eine besondere zu sehen. Wer jemanden verläßt – oder wer verlassen wird –, bei dem reißt etwas auf. Und dieses Aufreißen sollte eine neue Öffnung fürs Leben sein. Auch bei Ihnen!

Weinen Sie jede Träne, die in Ihnen aufsteigt! Schreien Sie Ihren Ärger, Ihre Wut, Ihre Verzweiflung heraus! Vielleicht nicht unbedingt dem Menschen gegenüber, um den es Ihnen dabei geht. Geben Sie zuerst und am allerwichtigsten sich selbst zu, daß Sie einsam sind. Die Einsamkeit des Verlassenen wie des Verlassenden, deren Träume zerrinnen, gehört zu den bittersten Erfahrungen im Leben. Doch um bittere Erfahrungen kommen wir nicht herum, auch wenn die modernen Marktschreier Werbung, politische sowie gesellschaftliche Ideologen und leider auch einige Lebenshilfe-Bücher den Anschein erwecken, als brauche man nur auf einen verborgenen Knopf zu drücken, damit das Leben wieder die gewünschte Richtung nimmt. Mit den Tränen, die Sie weinen, schwemmen Sie viel Staub von der Seele, mit dem Schrei öffnen Sie den Brustkorb zu einer frischen Atmung. Und in der Einsamkeit werden Sie bald merken, wie Sie Ihren Herzschlag wieder wahrnehmen. Und noch eines werden Sie bald merken, wenn Sie weinen, schreien, stille werden: Diese Krise ist Ihre Krise, auch wenn ein anderer Mensch – ein anderer Punkt im All – den Anstoß dazu gab. Sie enthält Ihre Gefährdungen und Ihre Chancen. Tun Sie die Dinge für sich, nicht gegen einen anderen. Wenn bei einem sich trennenden Paar noch das Gefühl vorherrscht: gegen dich!, ist das im Moment weiter nicht schlimm. Für die meisten Menschen ist es leichter, sich erst einmal einzugestehen, was sie ablehnen, was sie nicht mögen, bevor sie zu einer Formulierung der eigenen Ziele kommen. Diese Phase sollte jedoch nicht zu lange andauern. Sie sollten beständig daran arbeiten, ohne Prügelknaben oder Prügeldame auszukommen. Dann erst sind Sie frei. Frei auch für eine neue Begegnung in der Schwerelosigkeit der Liebe. Manche – aber wirklich auch nur ganz wenige – haben dann sogar irgendwann wieder mit ihrem früheren Stern die Bahn gekreuzt.

Der Wunsch nach Ich-Identität, das heißt die Wunschvorstellung, immer mit uns selbst übereinzustimmen, in welcher Situation und Auseinandersetzung auch immer, in Zustimmung und Ablehnung für andere interessant zu bleiben, ohne unsere ›Mitte‹ zu verlieren, dieses Idealbild unseres Selbst kann sich immer nur punktuell verwirklichen.

In der Krise scheinen uns diese kreativen Möglichkeiten der Selbstbestätigung vollends genommen zu sein. Die uns abverlangten Anpassungsleistungen überfordern uns, wir haben nicht mehr ein Gefühl von Kontinuität, sondern wir schwimmen. Alles in der Außenwelt wirkt bedrohlich auf uns und in der Innenwelt, in den dunklen Kanälen der Seele, wirken die verdrängten Gefühle ebenfalls depressiv. Unser Spielraum zu handeln, zu entscheiden, dem Druck zu widerstehen erscheint fast auf Null reduziert. Wie können wir es schaffen, unser Fühlen, Denken und Wollen wieder klarer zu erkennen? Gibt es eine Methode, uns mit garantiertem Erfolg von der Krise, die uns im Griff hat, zu befreien? Das Wort Methode ist griechisch und bedeutet: Weg. Wir wählen oder entwickeln Methoden, immer im Hinblick auf ein bestimmtes vorher definiertes Ziel. Das Ziel muß erreichbar sein. Der Weg muß zu dem angestrebten Ziel führen und für uns begehbar sein.

In Krisenzeiten kennen wir meistens nur ein einziges Ziel: die uns bedrängende Unruhe so schnell wie möglich und so tiefgreifend, wie es nur eben geht, wieder loszuwerden. Wir haben Sehnsucht nach unserer alten Entschlossenheit und Durchsetzungskraft. Dieser Wunsch ist begreiflich, aber wir kennen noch nicht die Bewältigungsstrategien, um das auch wirklich zu schaffen. Alle Formen, diesen Weg zu begehen, dieses Ziel zu erreichen, die in diesem Buch beschrieben werden, können nur Wege in eine unbestimmte Zukunft sein. Wege, die wir erst kennenlernen, wenn wir uns auf ihnen befinden.

Eines können wir gleich am Anfang feststellen: Versuchen Sie nicht, nur das Ziel im Auge zu haben; denn *der Weg ist das Ziel!* Schließlich geht es darum, Schritt um Schritt ein Mensch zu werden, der sein Wollen und Handeln klar im Griff hat. Alle Vorschläge, die Sie in diesem Buch finden werden, setzen auf Ihre eigene Kraft, verbunden mit emotionaler und sozialer Unterstützung durch andere. Wir können die Krise und ihren Bedingungszusammenhang lösen, wenn wir uns Fähigkeiten aneignen, um selbst wieder die Veränderungen zu bestimmen. Den Sinn der Krise für unseren Lebenszusammenhang kann uns kein Fremder nennen. Wir müssen ihn selbst herausarbeiten: Wir selbst müssen das Dunkel aufhellen und erforschen, was uns in der Krise widerfährt. In der Krise stehen wir sozusagen im Dunkeln. Es gelingt uns nicht, ohne weiteres aus der Dunkelheit herauszutreten. Wir müssen deshalb das Licht in die Dunkelheit bringen, um dann einen kleineren oder größeren Erleuchtungseffekt zu bekommen. Von klein auf sind fast alle Deutungsvorgänge in unserem Leben sprachlicher Art. Kinder erwerben mit der Sprache auch ein System von Namen und Begriffen. Sie eignen sich mit der Sprache gegenständliche Vorstellungen und soziale Deutungsmuster an, erleben die Anforderungen der Umwelt in sprachlicher Form und gestalten durch ihre inneren und äußeren Anschauungen ein Weltbild, das zwar ständigen Veränderungen unterliegt, aber in sich immer abgeschlossen ist. Die Zuwendung der Mutter und anderer Personen, die uns lieben und ärgern wollen, uns bewußt oder unbewußt fördern, strafen und behindern, ist zum größten Teil sprachlicher Art. Sprache gehört ebenso zum Menschen wie die Vernunft. Sie können gar nicht voneinander getrennt werden. Alles Sprechen setzt einen verstehenden Zuhörer voraus. Mit der Sprache ›versprechen‹ wir etwas, damit werden Befehle erteilt, über die Sprache äußern wir unsere Wünsche und Bitten. Mit der Sprache lügen wir und täuschen wir – auch uns selbst. Anhand der Sprache teilen wir uns anderen mit, über die Sprache vermitteln wir, wie es in unserem Inneren aussieht. Die Schrift steigert die Möglichkeiten der Sprache noch. Wenn wir schweigen, also das, was in uns während der Krise lebt, nicht zum Ausdruck bringen, wenn wir nicht artikulieren, was in uns lebt, machen wir unser Innerstes zu einem Grab, in dem die Krisenelemente eingeschlossen sind.

Vielleicht denken Sie jetzt an mögliche Gesprächspartner. Aus Erfahrung wissen Sie, daß Ihnen einige nur mit halbem Herzen zuhören. Sie sind nicht offen für Sie. Aber sind Sie selbst offen? Gerade in der Krise neigen wir dazu, uns zu verschließen, uns in uns selbst zurückzuziehen. Wenn wir wollen, daß unsere Mitmenschen an unserem Mißgeschick teilhaben, ist es wichtig, daß wir ihnen offen und ehrlich begegnen. Nur dann ist der andere auch bereit, sich in unseren Konflikt einzufühlen und geduldig und doch aktiv zuzuhören, wenn wir über unsere Probleme sprechen.

Meistens entwickeln sich die Mitmenschen erst in dem Augenblick zu guten Gesprächspartnern, wenn wir den Mut haben, uns dem anderen in einem spontan zustande gekommenen Gespräch über unsere Krise zu öffnen und offen mitzuteilen. Schon im Aussprechen von Erlebnissen und Erfahrungen, die uns belasten, trennen wir uns von ihnen, verringern den Druck. Wir fühlen uns augenblicklich erleichtert. Im Gespräch akzeptieren wir die eigene Erfahrung als zu uns gehörig und distanzieren uns gleichzeitig von ihr. Durch unsere Offenheit entsteht ein Klima von Vertrauen und Nähe. Wir gewinnen durch Selbstöffnung die Achtung und deutliche Zuneigung des anderen, da er auf uns und die geschilderten Probleme eingehen kann. Dem heutigen Menschen erscheint aber nichts so schwierig wie der Umgang mit anderen Menschen. Immer wieder entsteht das Gefühl, nicht den richtigen Kontakt mit jemandem zu finden, mit ihm nicht zurechtzukommen, von ihm nicht anerkannt oder verstanden zu werden oder ihn selbst nicht zu verstehen. Und gar nicht selten wird dieses Gefühl noch verstärkt: Wir finden uns von überhaupt niemandem verstanden, wir fühlen uns verlassen und einsam. Wenn wir nach den Wünschen unserer Mitmenschen forschen, die für uns am wichtigsten und wesentlichsten sind, dann finden wir immer die Wünsche nach Begegnung und echter Gemeinschaft. Es hat zu allen Zeiten Menschen gegeben, die sich einsam fühlten. Der Mensch in der Krise aber braucht andere Menschen ganz besonders. Häufig kommt gerade er mit ihnen nicht zurecht, oder umgekehrt, sie nicht mit ihm.

Was bedeutet das eigentlich: Mit diesem Menschen komme ich nicht zurecht? Mit dem kann ich nichts anfangen. Der ist mir einfach zu schwierig? Wir drücken damit ja nur aus, daß wir irgend etwas nicht können, was wir gerade in der Begegnung mit diesem Menschen gekonnt hätten. Es muß sich da wohl um irgendeine Leistung handeln, die von uns gefordert war oder die wir selbst von uns fordern wollten. Aber, was hätten wir denn wirklich leisten sollen? Was heißt es, mit einem Menschen zurechtzukommen? Was würden wir mit ihm tun, wenn er nicht so schwierig wäre? So ohne weiteres haben wir darauf keine Antworten parat. Machen wir uns einige Gedanken darüber, was wir denn eigentlich überhaupt wollen, erstreben, suchen, wünschen, ersehnen, verlangen, erwarten, begehren, hoffen oder fordern können, wenn wir einem Menschen begegnen. Schon eine einzige kurze Überlegung zeigt uns, daß es hier nicht etwa nur ein einziges mögliches Ziel gibt, das jeder von uns haben müßte, sondern unbegrenzt vielfältige, grundverschiedene und oft sogar gegensätzliche Ziele. Wir können uns von einem Menschen, der uns begegnet, irgendwelche Vorteile versprechen. Wir können bei ihm Hilfe, Schutz und Rat suchen. Umgekehrt können wir unsererseits ihm helfen, ihm Rat und Schutz geben. Wir können wünschen, von ihm anerkannt, respektiert, vielleicht sogar bewundert, verehrt oder umschwärmt zu werden, ihm zu imponieren, Eindruck auf ihn zu machen. Umgekehrt können wir nach jemandem suchen, den wir selbst anerkennen oder gar bewundern können, jemanden, der für uns eine Persönlichkeit darstellt. Wir können Macht über den anderen oder Einfluß auf ihn zu gewinnen versuchen, können ihn führen und beherrschen wollen. Ebenso können wir auch bereit sein, uns seiner Führung unterzuordnen bis hin zur völligen Ergebenheit und Hörigkeit. Es kann unser Wunsch sein, den anderen zu bekehren oder zu erziehen, ihn zu betreuen, zu bemuttern oder für ihn zu sorgen. Wir können aber auch wünschen, selbst belehrt, betreut oder umsorgt zu werden. Wir können um Vertrauen, Wohlwollen, Gunst, Sympathie, Freundschaft oder gar Liebe werben. Das Angebot und das Verlangen ist vielfältig. Aber: Kann man Vertrauen, Sympathie, Freundschaft, Kontakt einfach nur wollen? Führt das bewußte Verlangen nach ihnen und das willentliche Bemühen um sie nicht eher dazu, daß man sie verliert?

Manch einer mag an dieser Stelle denken: »Ich erwarte gar nichts von anderen!« Aber was bedeutet das? Das heißt doch nur soviel wie: »Die anderen haben mir nichts zu geben. Sie sind für mich uninteressant. Ihnen zu begegnen hätte keinen Wert für mich. Darum bleibe ich lieber allein.« Wenn wir nichts, gar nichts vom anderen erwarten dürften oder könnten, dann wäre ja wirklich nicht einzusehen, warum diese Begegnungen überhaupt stattfinden sollten. Wir erkennen daraus, daß es unsere Einstellungen, Gedanken sind, die uns vom anderen fernhalten. Vielleicht sucht der eine oder andere gerade den Kontakt zu uns. Wir verhindern das aber mit der inneren Einstellung, die anderen hätten uns nichts zu geben.

Kommen wir wieder zum Thema Dialog und Gespräch zurück. Jeder hat schon einmal ein echtes gutes Gespräch gehabt. Ein Gespräch, bei dem nicht nur der eine Partner den anderen belehrt, sondern in dem beide einander etwas zu sagen hatten. Solch ein Gespräch kann manchmal eine ganze Nacht lang dauern, ohne daß wir merken, wie die Stunden vergangen sind. Es führt dazu, daß wir in einem gemeinsamen Spaziergang immer weiter kommen, ohne zu merken, wie die Zeit vergeht. Ein anderes Mal müssen wir uns aus äußeren Gründen schnell wieder trennen; aber wir behalten die wenigen Worte, die wir miteinander gewechselt haben, als besonders inhaltsreich und wertvoll in Erinnerung. Immer ist es so, daß beide Partner, wenn ihr Gespräch zu Ende ist, etwas erlebt, etwas Neues erfahren, etwas gewonnen haben. Man braucht nicht begrifflich auszudrükken, was eigentlich das Entscheidende an dieser Begegnung war; aber man spürt ganz deutlich, wie man durch diese Begegnung bereichert wurde. Wir fühlen: Wir haben uns gut verstanden, und das heißt: Ich habe dich verstanden und weiß, daß auch du mich verstanden hast. Jeder von uns hat dem anderen etwas gegeben und zugleich von ihm empfangen. Wir haben beide gefragt, und wir haben beide geantwortet. Keiner hat ins Leere geredet oder nur teilnahmslos zugehört. Keiner ist peinlich verhört und zu ungewollten Bekenntnissen genötigt worden. Keiner hat sich dem Gespräch entzogen; wir waren beide ganz zugegen und konnten uns so geben, wie wir wirklich waren. Nun brauchen wir einander nicht nachzurechnen, wer etwa sein Gegenüber an Klugheit der Gedanken oder an Herzenswärme übertroffen hat. Es genügt, daß jeder Partner zur Begegnung beigetragen hat, was er beitragen konnte, und daß er darum auch seinerseits beschenkt wurde. Dieses Verstehen ist beiderseitig, nicht einseitig. Es ist nicht damit getan, wenn jemand sagt: »Ich verstehe dich. Ich kann dich sogar sehr gut verstehen!« Worauf jedoch ausgesprochen oder unausgesprochen der Nachsatz folgt: »..., aber du verstehst mich leider gar nicht.« Wenn einer von zwei Menschen den anderen immer besser, der andere ihn aber immer weniger verstünde, wäre damit keinem von beiden geholfen. Das einseitige Verstehen ist ganz anders als das gegenseitige, und bedeutet entweder, daß man den anderen durchschaut ohne selbst von ihm durchschaut zu werden oder daß man sich gefühlsmäßig ganz mit ihm identifiziert, so daß man gleichsam eins mit ihm wird. In beiden Fällen ist ein gemeinsames Gespräch nicht mehr möglich.

Der falsche Umgang im Gespräch führt nicht selten gerade erst in Krisen hinein. Wer beispielsweise seinen Partner mit der Schärfe eines Röntgenapparates zu durchschauen sucht und ihm die treffendsten psychologischen Diagnosen stellen kann, hat den anderen doch nur getroffen, ihn betroffen gemacht, und für ein wirkliches Verständnis wurde nichts getan. Der andere fühlt sich in solchen Situationen nicht verstanden, sondern angegriffen, herabgesetzt, entwertet, beschämt, gedemütigt. Und er muß sich wehren, so fühlt er, er muß abwehren. Wobei in dem Wort wehren schon die Kampfsituation enthalten ist. Er beginnt nun seinerseits, den anderen zu analysieren, zu demütigen, zu treffen. So entsteht ein dauerhafter Konflikt, aber kein wirkliches Miteinander. Es wäre also ein Irrtum zu glauben, man müßte nur möglichst viele psychologische Kenntnisse erwerben, um auch mit seinen Mitmenschen besser auszukommen. Wenn man, wie es Anfänger meist tun, diese Kenntnisse vor allem dazu verwenden würde, um bei allen anderen Leuten ungebetenerweise schlechte Charaktereigenschaften oder seelische Störungen zu diagnostizieren, hätte man höchstwahrscheinlich schon sehr bald den entgegengesetzten Effekt erreicht. Selbst wenn man mit seinen Feststellungen recht hätte, also jeden Menschen – einseitig – verstehen könnte, würde man sich doch nur sehr unbeliebt machen.

Auch das einseitige Verstehen im Sinne einer Identifikation mit dem Partner ist nicht das, was wir meinen. Wenn jemand vom Schmerz oder von der Freude eines anderen nur angesteckt wird oder wenn er sich so völlig in die Lage des anderen hineinversetzt, daß er sie wie seine eigene empfindet, so fühlt sich dieser Partner allerdings ›verstanden‹. Er hat die mitfühlende Seele gefunden, die mit ihm trauert oder jubelt, ganz wie er selbst. Aber von einer Gegenseitigkeit können wir hier nicht reden. Denn nun ist es ja wieder nur einer, der versteht, und einer, der sich passiv verstehen läßt.

Der Verstehende hat seine Eigenständigkeit aufgegeben und fühlt nur so, wie der Verstandene fühlt. Dieser braucht aber den anderen seinerseits nicht zu verstehen, er braucht überhaupt nichts Neues von ihm zu erfahren, sondern erlebt nur eine Wiederholung seines eigenen Gefühls. In einer solchen Begegnung geschieht eigentlich gar nichts. Die beiden, so gleichgestimmten Seelen, suchen ganz so zu bleiben, wie sie sind. Sie baden sich gleichsam in der Übereinstimmung ihrer Gefühle; denn wären sie nicht mehr so gleichgestimmt, dann wäre ja auch das Verstehen dahin. Keiner kann so dem anderen weiterhelfen, ihm etwas geben, ihm einen neuen Weg weisen oder ihn zu neuen Gedanken anregen. Ein derart einseitiges Verstehen muß schließlich zur Stagnation führen.

Bei einem gegenseitigen Verstehen heißt es dagegen nicht: »Ich verstehe dich!«, sondern: »Wir verstehen uns!« Es gibt dann nicht mehr den einen Partner, der nur versteht, und den anderen, der nur verstanden wird, und deshalb auch auf einer Seite das Gefühl unbedingter Überlegenheit oder völliger Abhängigkeit. Vielmehr stehen beide Partner in einem ›Wir‹-Bezug zueinander, der ein bloßes Ich-Denken unmöglich macht. Ein wirkliches Verstehen zweier Menschen kommt nur zustande, wenn die folgenden Voraussetzungen gegeben sind:

- die Eigenständigkeit beider Partner
- ihre Bereitschaft, sich füreinander zu öffnen, einander zu geben und voneinander zu empfangen
- eine gemeinsame Basis der Verständigung.

Die Partner müssen eigenständig sein, weil sie sonst einander nichts zu sagen hätten. Wer immer nur seinem Gegenüber nachplappert oder wer ohne eigenes Besinnen wiederholt, was ihm von anderer Seite gesagt wird, kann nicht eigenständig sein. Wer immer nur eine bestimmte Rolle spielen will, ist zu sehr mit seinem Ich beschäftigt, um an der Begegnung wirklichen Anteil nehmen zu können. Er ist dann nicht eigenständig und echt, sondern wird in seinen Äußerungen ganz von der angenommenen Rolle bestimmt. Ebensowenig nützt es dem Gespräch, wenn ein Partner sich vom anderen zur bedingungslosen Kapitulation zwingen oder in eine Opposition um jeden Preis hineintreiben läßt. Er gibt dann wieder nicht sein Eigenes, sondern ist davon abhängig, was ihm gesagt wird und kann darauf nur in einer gleichsam mechanischen Weise reagieren. So muß die Begegnung für beide Partner unergiebig werden. Sie verläuft entweder als ein leeres Gerede, das sich für niemanden lohnt, oder artet zu einem heftigen, aber fruchtlosen Konflikt aus, der nur zur beiderseitigen Verbitterung führt.

Die Bereitschaft, sich füreinander zu öffnen – unsere zweite Bedingung –, ist im doppelten Sinne nötig: Man muß ebenso bereit sein, von sich aus zu geben, was man zu geben hat, als auch aufzunehmen, was der Partner geben kann. Wer immer nur der Gebende oder der Empfangende sein will, hat den Sinn des gegenseitigen Verstehens nicht erfaßt. Es heißt oft, daß die Kunst des Gesprächs vor allem im richtigen Zuhören liegt, und das ist sicher richtig. Aber es genügt auch nicht, daß man nur zuhört. Ein geduldiger Hörer, der rein passiv bleibt und nichts von seinem eigenen Erleben preisgibt, kann vielleicht einseitig sein Gegenüber verstehen; aber mit ihm kommt kein echtes, wechselseitiges Gespräch zustande. Er verhält sich im Grunde ebenso falsch wie jemand, der immer nur selbst redet und keinen anderen zu Wort kommen läßt.

Das gegenseitige Verstehen ist häufiger möglich als gemeinhin angenommen wird, und es macht immer den fundamentalen Wert einer Begegnung aus. Wo es fehlt, da kann überhaupt nicht von einer Begegnung gesprochen werden. Alles, was weiterhin zwischen den Menschen geschehen kann, wird erst möglich durch das gegenseitige Verstehen. Das läßt sich in bezug auf alle Wünsche, Ziele und Werte nachweisen, die ich vorhin nannte. Wer einen positiven Einfluß auf andere Menschen ausüben will, kann dieses Ziel nur erreichen, wenn er zum gegenseitigen Verstehen mit ihnen gelangt ist. Wer Rat, Trost oder Hilfe sucht, kann dies nur auf der Basis gegenseitigen Verstehens finden. Und auch jeder zwischenmenschliche Kontakt, sei es nun eine Freundschaft, eine Liebe oder eine Ehe, kann nur von Dauer sein, solange die Partner einander verstehen. Nichts ist gefährlicher, als wenn man eine Liebe, die verlorenzugehen droht, durch eine gesteigerte Menge von Gefühl, Affekt oder Leidenschaft wieder herbeizuzwingen sucht. Wenn Liebe nämlich einseitig wird, wenn sie nicht mehr im rechten Maße Erwiderung findet, dann ist die Liebe aufgrund des fehlenden gegenseitigen Verstehens gestört. Und nicht die Liebe, sondern das gegenseitige Verstehen muß zuerst wieder hergestellt werden.

Liebe, die auf gegenseitiges Verstehen verzichten müßte oder wollte, wäre gar keine Liebe mehr, sondern höchstens noch Liebesanspruch, Liebesverlangen oder leere Träumerei. Wer seinen Partner aber mit Liebesanspruch bedrängt, wird von diesem nicht als Liebender oder liebenswerter Mensch empfunden, sondern er wirkt abschreckend, man empfindet ihn als Quälgeist. Das Herbeizwingenwollen von Liebe ohne gegenseitiges Verstehen kann so gewaltsam werden, daß es zur Vernichtung treibt. Wenn es beide Partner sind, die sich noch zu ›lieben‹ glauben, aber keinen Weg zum gegenseitigen Verstehen finden, können sie sich durch ihre jeweiligen aggressiven Liebesforderungen das Leben zur Hölle machen, ohne jedoch zu merken, woran es ihrer Liebe eigentlich fehlt. Sollte es aber einmal geschehen, daß sie einander wieder verstehen lernen, dann wäre auch die Liebe zwischen ihnen zurückgekehrt, ohne daß noch irgend etwas Besonderes dafür getan werden müßte.

Gegenseitiges Verstehen ist etwas, worum man sich ganz bewußt, willentlich und methodisch bemühen kann. Man muß nur wissen, wie wichtig es für jede Begegnung ist, was seine Hauptkennzeichen und was seine wichtigsten Voraussetzungen sind. Man kann sich darin üben, Verstehen und Nichtverstehen im praktischen Einzelfall zu unterscheiden, die auftretenden Störungen als solche rechtzeitig zu erkennen und immer wieder Mittel und Wege zu finden, um sie zu überwinden. Das alles ist möglich, wenn es auch nicht immer einfach ist. Wir vollbringen das um so leichter, je öfter wir erfahren haben, daß es ein gegenseitiges Verstehen immer und überall geben kann, und je mehr wir mit unserer eigenen Fähigkeit, es herbeizuführen, vertraut geworden sind.

Über das gegenseitige Verstehen hinaus dürfen wir nichts Bestimmtes mehr wollen, fordern oder erzwingen. Wenn zwei Menschen einander wirklich verstehen, wird sich ganz von selbst zwischen ihnen eine persönliche Beziehung von dieser Art entwickeln, wie sie nach dem Wesen der beiden Partner und nach der Situation, in der sie miteinander stehen, eben möglich ist. Ob das nun Freundschaft oder Liebe, Annäherung der Standpunkte oder klärende kritische Auseinandersetzung, intime Nähe oder respektvolle Distanz, Gedankenaustausch oder Zusammenarbeit in praktischen Dingen sein wird, das kann man nicht wissen; und man soll es auch weder wissen noch beeinflussen wollen. Wenn man nur immer wieder imstande ist, einander zu verstehen, wird alles übrige sich schon finden.

Gegenseitiges Verstehen ist nichts, was man ein für allemal besäße und dann nicht mehr verlieren könnte. Es besteht ja gerade darin, daß man immer wieder Neues aneinander erfährt, also nicht einen gegebenen Zustand auf unbegrenzte Zeit hin festhält. Zu gegenseitigem Verstehen kommt man nur in der unmittelbaren Gegenwart. Daß man sich früher einmal verstanden hat oder daß man später einmal vielleicht lernen könnte, einander zu verstehen, spielt im Vergleich damit kaum eine Rolle. Aus einem früheren Verstehen heraus läßt sich kein Anspruch darauf und keine Gewähr dafür ableiten, daß man einander auch in aller Zukunft verstehen müßte. Es hat darum keinen Sinn, einem Partner Vorwürfe zu machen, weil man sich von ihm nicht mehr verstanden fühlt wie einst. Nur die eigene aktive Bemühung um neues Verstehen hat praktischen Wert. Nur sie kann verhindern, daß man sich noch mehr voneinander entfernt.

Die Frage danach, was wir im Umgang mit Menschen eigentlich wollen, können und dürfen – was uns da einmal leichter und ein andermal schwerer gelingt –, ist nun beantwortet. Es geht um dieses elementarste aller Ziele: das gegenseitige Verstehen. Wenn wir es mit einem Menschen erreichen, dann ist unsere Beziehung zu diesem Menschen in Ordnung, wie immer sie in anderer Hinsicht auch noch verlaufen mag.

Der Psychoanalytiker Otto Rank schildert das menschliche Leben als eine lose Kette von Trennungen, die ständig neue Verwundungen erzeugen. Immer wieder muß sich der einzelne Mensch von Anschauungen, Werten, Normen und von den Menschen, die sie repräsentieren, befreien. In diesem ständigen Prozeß der Auseinandersetzung und des Kampfes ist er immer wieder gezwungen, bestehende Bindungen aufzulösen. Aus der Abhängigkeit von überwunde nen Entwicklungsphasen muß er immer wieder die Freiheit zu neuen Entscheidungen, neuen Bindungen, neuen Handlungskonzepten gewinnen. Der Grundkonflikt ist bei jedem dieser Schritte der gleiche: Entsprechend dem Grad unserer Entwicklung lösen wir uns von Personen, Einstellungen und Verhaltensmaßstäben, die uns früher Halt gegeben haben. Die Trennung fällt uns schwer: Das Neue liegt immer in weiter Ferne, wir können es nur unter Preisgabe eigener Persönlichkeitsanteile erreichen. Es fällt uns nicht einfach zu, sondern wir müssen es uns in mühevoller Lernarbeit aneignen. Das, was wir zunächst als Überforderung und Bedrohung erleben, stellt sich bei günstigem Verlauf als Chance der Selbstprüfung, als Quelle für neue Erfahrungen, für Neubewertungen, als Eröffnung einer befriedigenden Lebensgestaltung und einer Neuorientierung in Zielen und Planungen dar.

Wenn wir mit einer Krise fertig werden wollen, dann müssen wir sie schwerpunktmäßig ergründen, mit dem Ziel, eine lebensgeschichtliche Ermittlung anzustellen, um so zu neuem Selbstverständnis zu kommen. Wie schon an anderer Stelle gesagt, bestimmen frühkindliche Prägungen unser Fühlen, Denken und Handeln ein Leben lang. Um Distanz zu ihnen zu gewinnen, müssen wir unsere Geschichte aufarbeiten. Es geht darum, die soziale Entstehungsgeschichte eines als belastend empfundenen Konfliktthemas zu rekonstruieren.

Versuchen Sie, sich zu erinnern, wann ein bestimmtes Thema in Ihrer Kindheit zum ersten Mal wichtig wurde. Darauf aufbauend verfolgen Sie dieses Thema chronologisch in allen Lebensstufen bis zum heutigen Tag weiter. Notieren Sie die entsprechenden Erlebnisse, und geben Sie Ihren Kommentar dazu ab, was Sie darauf taten, dachten und fühlten. Versuchen Sie vor allem, sich in die unterschiedlichen Interessen und Bedürfnisse einzufühlen, die an diesem Erleben beteiligt waren oder es immer noch sind.

Wie haben Sie und diese Menschen in den vergangenen Konflikten Bedürfnisse vertreten, beziehungsweise zurückgehalten? Gehen Sie auch der Frage nach, welche gleichbleibenden Tendenzen Sie in allen notierten Erlebnissen durchgängig feststellen können.

Wenn Sie alles aufgeschrieben haben, führen Sie Gespräche mit vertrauten Personen über die neugewonnenen Erkenntnisse. Das führt dazu, daß Sie möglicherweise noch weitere Erkenntnisse haben werden. Mit Hilfe des täglich praktizierten assoziativen Aufschreibens sollen Ängste und Depressionen abgebaut werden. Wir gehen davon aus, daß der menschliche Geist ein geschlossenes System ist, in dem nichts Wichtiges verschwindet und alles Wesentliche früher oder später zur Sprache kommt. Wer seinen freien Einfällen nachgibt, schreibt sich gesund. Wenn Sie also schreiben, lassen Sie alle Gedanken, so wie sie kommen, aufsteigen, und schreiben Sie sie auf. Auch dann, wenn diese Gedanken sie noch so schmerzlich sind, auch dann, wenn sie uns widersinnig erscheinen. Unwillkürliche Gedanken geben wertfreie Auskunft über uns. Damit entrümpeln wir den Keller des Unbewußten.

Wir werden in diesem Buch noch andere Aufarbeitungsmöglichkeiten anbieten, damit Sie wählen können, welche Art Ihnen liegt oder nicht. Bei der Aufarbeitung der Krise gilt es zunächst einmal, das Grundmuster zu erkennen, das der Krise zugrunde liegt.

Vorüberlegungen sind: Denken Sie an einen Konflikt und seine damit verbundenen Bedürfnisse, und den gesellschaftlichen Zwang, diese Wünsche und Bedürfnisse zu unterdrücken. Zu einem Konflikt gehört, daß wir eine Entscheidung für eine bestimmte Lösung des Konflikts treffen müssen. Wir nehmen also Papier und Stift und machen uns einen sogenannten ›Arbeitsbogen‹. Wir erstellen einen Fragenkatalog und lassen genügend Raum, um die einzelnen Fragen ausreichend zu beantworten.

Das sind die einzelnen Fragen:

1. Was hat die Krise ausgelöst? War es ein Verlust? Hat mir jemand wehgetan?
2. Eine Krise ist so etwas wie ein ›Psychodrama‹, das sich auf einer bestimmten Bühne abspielt. Zu einem Drama gehören meist mehrere Personen. Wer also waren die Akteure?
3. Die Krise ist nicht sofort sichtbar. Sie schaukelt sich sozusagen allmählich hoch. Der erste Punkt ist eine Art Betäubung. Dann setzen die unterschiedlichsten Gefühle ein. Die Frage lautet also, welche Gefühle bestimmen mich im Augenblick? Wovon oder von wem fühle ich mich bedroht?
4. Welche Lebensphase muß ich jetzt als abgeschlossen ansehen?
5. Welche Verluste, die mit dieser Einsicht verbunden sind, muß ich jetzt akzeptieren?
6. Krise heißt Entwicklung, die archetypischen Grundmuster wollen uns zu einem unbestimmten Ziel hintreiben. Also heißt die Frage: Wo soll und will ich mich hinentwickeln? Was ist zwingend notwendig? Was muß als erstes getan werden?
7. Es gilt ja nicht den ganzen Menschen umzukrempeln. Bestimmte Kriterien unserer bisherigen Entwicklung haben immer noch ihre Geltung. Die Frage heißt also: Welche Charakterzüge, Einstellungen und Verhaltensweisen haben sich als brauchbar erwiesen und sollen weiterhin ihre Bedeutung behalten?
8. Die Zukunft beginnt heute. Der Augenblick ist Gegenwart, alles andere ist Vergangenheit. Welche Wünsche, Bedürfnisse, Interessen will ich in Zukunft leben?
9. Machen Sie sich einen Zettelkasten. Auf jedem der Zettel notieren Sie je eins Ihrer wichtigsten emotionalen und sozialen Bedürfnisse. Etwa so: Anerkennung – Zu-

wendung – Sexualität – Bedürfnisse im Hinblick auf die familiären Beziehungen – den Erfolg im Berufsleben – und so weiter. Legen Sie die Zettel vor sich auf den Tisch, in der Reihenfolge vom wichtigsten zum unwichtigsten Bedürfnis.

10. Jetzt notieren Sie auf jedem Zettel den Mangelzustand, den Sie dazu in sich verspüren.
11. Wenn Sie sich nun Ihre Wünsche und Bedürfnisse immer mehr klar vor Augen holen, beantworten Sie die Frage, was der Befriedigung dieser Wünsche und Bedürfnisse entgegensteht. Wer oder was behindert Sie im Augenblick, das zu verwirklichen?
12. Welche Personen und Erfahrungen aus Ihrer Kindheit stehen in Ihrem Fühlen und Denken diesen Bedürfnissen ablehnend und kritisch gegenüber? Warum wirken sich Erziehungseinflüsse aus Ihrer Kindheit und Jugend, Familie und sozialem Milieu noch immer so bindend aus, daß Sie sich bis heute nicht darüber klargeworden sind, ob und wie Sie Ihren Wünschen Rechnung tragen dürfen oder nicht?
13. Versuchen Sie nun, den ihre Krise verursachenden Grundkonflikt oder den Zusammenhang verschiedener Konflikte, alle bestimmt durch die Auseinandersetzung zwischen unterschiedlichen Interessen und Positionen, auf einem großen Blatt aufzuzeichnen.
14. Wir neigen allzu gerne und allzu leicht dazu, die Verantwortung anderen zuzuschreiben. Die Frage lautet jetzt also: »Wo ist der Teil Verantwortung, den ich selbst tragen muß?«
15. Was sind die äußeren Umstände, die ich gegenwärtig akzeptieren muß?
16. Notieren Sie auf einem großen Blatt, welche verschiedenen Problemlösungen möglich sind. Ordnen Sie diesen mögliche neue Verhaltensweisen zu. Notieren Sie die Personen und Gruppen, die Ihnen dabei helfen könnten.

17. Sie haben sich bis hierher schon eine Menge erarbeitet. Sie wissen schon viel, haben sich einiges ins Bewußtsein gerufen. Wählen Sie also jetzt aus den denkbaren Wegen, das Problem zu lösen, einen aus. Beantworten Sie sich auch die Frage, warum Ihnen gerade diese Lösung am ehesten realisierbar erscheint.
18. Wo muß ich mein Verhalten ändern, wenn ich diesem neuen Weg folgen will?
19. Auf jedem Weg gibt es Barrieren und Hindernisse, das wissen Sie aus Erfahrung. Was sind also die Hindernisse auf meinem neuen Weg, die ich so ohne weiteres nicht überwinden kann?
20. Notieren Sie auf einem weiteren Blatt Papier, welche Entscheidungen zwingend anstehen. Notieren Sie Pro und Contra, die zu den Entscheidungen führen werden.
21. Krise und Konflikt bedeuten Entscheidungszwiespalt. Formulieren Sie also schriftlich den Vorsatz, aus dem Zwiespalt der widersprüchlichen Stimmen in Ihnen eine Entscheidung zu treffen. Es geht darum, daß Sie die Entscheidung treffen, aus der Entscheidungsunfähigkeit auszubrechen. Beantworten Sie sich auch die Frage, welche Menschen von der Entscheidung betroffen sein werden.
22. Sie haben eine Grundentscheidung getroffen. Notieren Sie also die daraus resultierenden Verpflichtungen und Konsequenzen für Ihr Handeln. Ordnen Sie sie nach ihrer Dringlichkeit. Beschließen Sie, die wichtigste Aufgabe als erste anzupacken.
23. Wieviel Zeit steht mir zur Lösung des Problems zur Verfügung?
24. Was könnte der erste Erfolg auf dem neuen Weg sein? Welche meiner Fähigkeiten muß ich einsetzen, um diesen ersten Erfolg zu erzielen?
25. Was müßte das nächste Zwischenergebnis sein? Wer könnte mir dabei helfen, es zu erreichen?

Für die Beantwortung dieser Fragen brauchen Sie Zeit. Sie werden, wenn Sie ehrlich mit sich umgehen, neue Erfahrungen machen können, neue Erkenntnisse gewinnen. Sie werden merken, daß, wenn alles gelaufen ist, die Krise bereits entschärft ist. Ich sage bewußt entschärft, denn vorüber ist sie erst, wenn Sie alle Gefühle ausgelebt haben, neue Entscheidungen getroffen und nach diesen Entscheidungen zu leben begonnen haben.

Es ist nicht das Ziel dieses Fragenkatalogs, Ihnen eine Patentlösung anzubieten. Die Konfrontation mit diesen Fragen führt Sie dazu, sich mit sich selbst in einer konstruktiven Weise zu beschäftigen. So wie eine Krise in Ihrem Inneren entsteht, genauso kommt auch die Lösung aus Ihnen selbst. Durch Selbstreflexion beginnen Sie in sich hineinzuhorchen und erfahren, was wirklich in Ihnen leben möchte. Das braucht alles seine Zeit. Krisen lassen sich nicht per ›Knopfdruck‹ abstellen.

3

Die Psychodynamik der Krise

Unsere Gefühle während der Krise spiegeln unsere Einstellung zur Umwelt wider. Gerade in der Krise sind unsere Gefühle den Gedanken um einiges voraus. Wir sind empfindlich, verletzlich, aufbrausend, Tränen überschwemmen uns, ein Sack voll Traurigkeit scheint sich uns übergestülpt zu haben. Erst wenn das innere Gleichgewicht wieder hergestellt ist, werden die Emotionen ruhiger, schwingen aus, wir sind wieder bei uns. Unsere Gefühlserlebnisse sind ebensowenig wie die Denk- und Handlungsweisen ursprünglich, sondern sie müssen als erlernte soziale Phänomene verstanden werden, gerichtet auf die erlebte Mitwelt und geprägt durch Sozialisierungsprozesse. Das heißt, Gefühle haben ihre Lebensgeschichte.

In unserer Berufswelt scheinen Gefühle ebenso wie Spontaneität und Eigensinn störend. Der Arbeitsprozeß muß geordnet ablaufen, er muß in seinen technischen wie sozialen Anteilen plan- und kalkulierbar sein. Es darf keine Schwankungen und Störungen geben. Verliebtheit, Trauer, Krankheit, Konflikte stören im Getriebe einer Gesellschaft, in der das Leben auf Knopfdruck funktionieren soll. Gefühle lassen sich aber vor allem in Konflikten nicht einfach ignorieren und unterdrücken. Sie entfalten ihr Eigenleben, da sie ebenso wie die Phantasie nicht verwaltbar sind und schon gar nicht bis ins einzelne kalkulierbar und planbar sind. Wie sehr zur Bewältigung menschlicher Aufgaben und letztlich zur Arterhaltung Gefühlserlebnisse die Grundlage bilden, beweisen die Harlowschen Affenversuche. Durch sie wird nachgewiesen, daß das pflegerische, beschützende Verhalten gegenüber dem Jungen kein hormongebundenes oder instinktives Verhalten ist. Dies war lange Zeit angenommen worden, obwohl keinerlei Beweise dafür vorlagen. Da solche Erklärungsweisen dem allgemeinen Denkschema entsprachen, war kein Grund zu weiteren Nachforschungen gegeben. Darum wurden auch keine entsprechenden Untersuchungen vorgenommen. Harlows Versuche beweisen, daß weder instinktives Verhalten noch hormonales Geschehen zum richtigen Reagieren gegenüber den Jungen führt, wenn ein Tier nicht an sich selbst das Beschützt- und Umsorgtsein erlebt hat. Das eigene Gefühlserlebnis, bemuttert zu werden, ist ausschlaggebend. Weibchen, die ohne solche Grunderlebnisse großgeworden waren, lehnten die Männchen zur Paarung ab und verweigerten sozialen Kontakt. Sie lebten völlig auf sich bezogen und wirkten in ihrem Verhalten krank und schwer gestört. Ähnliche Abläufe und Zusammenhänge lassen sich im menschlichen Bereich beobachten. Die gesamte seelische Entwicklung des Menschen erfolgt mit Hilfe seines Fühlens. Das Leben des Säuglings in der Dualunion mit der Mutter, die Kontakt- und Verbundenheitserlebnisse der ersten Wochen nach der Geburt, sind die elementaren Voraussetzungen zur Sozialisation, weshalb Narzißmus und Sozialisation in enger Verbindung zu sehen sind. Je früher wir in unserem Fühlen und Erleben gestört werden, um so nachhaltiger und grundlegender sind die daraus resultierenden Defekte. Gefühlsverkrüppelungen und psychische Entwicklungsstörungen der frühen Phasen führen in den Bereich der Psychose und ins Asoziale.

Ich-Findung und Identitätserlebnisse können sich nur mit Hilfe des Fühlens ereignen. Fühlen bezieht sich nicht nur auf das, was ich von der Außenwelt erfühle und/oder erlebe, sondern ebensosehr auf die Begegnungen mit der Innenwelt. Um Ich zu werden, um zu mir selbst stehen zu können, müssen intrapsychische Prozesse aufsteigen, erfühlt werden und sich zum Ereignis gestalten. Wie weit solche intrapsychischen Entwicklungen sich vollziehen, ist nicht daran abzulesen, ob dies in Worte gefaßt werden kann. Wer nicht zu fühlen vermag, kann kein Ich-Ideal entwickeln. Hierzu gehört ein Minimum an Liebesfähigkeit, an Ergriffenwerden-können und an Hingabefähigkeit an ein Liebesobjekt.

Für Sigmund Freud und viele seiner Nachfolger gilt die ödipale Liebe als die Voraussetzung zur Gewissensbildung. In diesem Zusammenhang wie auch in der Behandlung vieler psychischer Störungen und Krankheiten spielt das Schuldgefühl eine außerordentliche Rolle. Dabei muß das Gefühl der Schuld nicht allein im moralischen und in den vom Zeitgeist geprägten Maßstäben gründen. Es entstehen auch Schuldgefühle, wenn Aufgaben nicht erfüllt oder Ordnungen verletzt werden, die vom bestehenden Sittenkodex nicht gefordert sind. Manche erkranken, weil sie im Konflikt mit ihrem Über-Ich stehen und ihre gültige Moral verletzt haben, während andere dann in eine Krise geraten, wenn sie in übermäßiger Anpassung eigene Wünsche und Bedürfnisse nicht mehr vertreten können und zu wenig sie selbst sind. Neben solchen Konflikten gibt es ein jenseits von Moral und Über-Ich gelegenes Sich-selbst-Verfehlen, an dem man auch in eine Krise geraten kann.

Durch die Verdrängung notwendiger Reifeschritte, etwa wenn wir uns von infantilen Bedürfnissen trennen sollten, entstehen immer wieder Konflikte in der Gegenwart. Wenn wir Grundfunktionen abwehren, wie etwa in der Sexualität, spalten wir damit Persönlichkeitsanteile von uns ab. Das, was wir nicht wahrhaben wollen, bedrängt uns vielleicht in Form von moralischen Wertungen, möglicherweise in Ekelgefühlen, oder, wie es bei einigen jungen Frauen vorkommt, in Form von Magersucht. Der Konflikt hat sich hinter Symptomen versteckt, die schwer erkennbar sind. Derartige Konflikte können weder durch ›guten Willen‹ noch ›Einsicht‹ gelöst werden, solange die Ursachen früherer Konflikte nicht aufgedeckt wurden.

Wenn wir also unsere Krise aufarbeiten wollen, dann geht es darum, den lebensgeschichtlichen Zusammenhang zwischen früheren Zuwendungen und Versagungen und den heute an uns selbst feststellbaren Mechanismen herauszufinden und bestimmte Gefühle auszuleben.

Die Psychodynamik der Familie im Zusammenhang gesellschaftlicher Machtkonstellationen spielt in der Vorgeschichte von Krisen und Krankheiten eine nicht zu unterschätzende Rolle. Die Gesellschaft und die Eltern können mit dem zu führenden Kind nicht machen, was sie wollen, ohne daß dieses sich – sei es in Form körperlicher und/oder seelischer Krankheit – dagegen wehrt.

Machen Sie sich einen Arbeitsbogen:

Aufarbeitung der Grundgefühle in der Krise

1. Notieren Sie ein Grundgefühl, z. B. Ärger, Trauer, Angst auf einem Blatt Papier. Horchen Sie jetzt in sich hinein. Welche Botschaften bekommen Sie nun aus Ihrem Körper auf dieses Gefühl? In welchen Körperpartien bemerken Sie das Gefühl besonders? Spüren Sie einmal hinein, was dort passiert? Wie atmen Sie, während Sie dieses Gefühl wahrnehmen? Beschreiben Sie möglichst detailliert alle Körperempfindungen im Zusammenhang mit diesem Gefühl.

2. In welchen Lebenssituationen spüren Sie dieses Gefühl besonders stark? Bringen Sie einmal haargenau eine solche Situation zu Papier. Versuchen Sie herauszufinden, was jeweils vorausgeht. Was hoffen Sie, wovor fürchten Sie sich? Sind Sie allein? Oder sind andere Leute beteiligt? Was tun die Beteiligten in solchen Situationen?

3. Wie gehen Sie mit Ihren Gefühlen um? Können Sie Ihre Gefühle klar und deutlich oder nur dumpf wahrnehmen? Sind Sie in der Lage, mit einem Freund, dem Partner oder anderen Menschen Ihres Vertrauens über diese Gefühle zu sprechen? Überlegen Sie einmal, mit wem Sie am liebsten über alles reden möchten. Drücken Sie in solchen Situationen das Gefühl körperlich aus? Können andere Ihre Gefühle wahrnehmen?

4. Fragen Sie sich: Habe ich ein Gefühl ausgeklammert, es bewußt nicht gewählt, weil ich dieses Gefühl lieber nicht wahrhaben möchte?

5. In welchen Situationen sprechen Sie über Ihre Gefühle und mit welchen Menschen? In welchen Situationen sprechen Sie grundsätzlich nicht über Gefühle?

6. Was glauben Sie, würde mit Ihnen geschehen, wenn Sie häufiger über Gefühle sprechen würden und sie stärker zum Ausdruck bringen würden?

7. Wie geht es Ihnen, wenn Sie Ihre Gefühle unterdrükken? Diese nicht zum Ausdruck bringen?

8. Wer ist der Vertrauensmensch in Ihrem Leben, mit dem Sie am ehesten offen über Ihre Gefühle sprechen würden? Warum gerade mit diesem Menschen?

9. Denken Sie einmal an Ihre Mutter. Wie ging die mit ihren Gefühlen um? Und der Vater? War bei ihnen ein bestimmtes Konzept mit Gefühlen umzugehen erkennbar?

10. Ihre Eltern hatten ein ganz bestimmtes Verhalten, mit ihren Gefühlen umzugehen. Was haben Sie diesbezüglich von Ihren Eltern übernommen und von wem der beiden haben Sie mehr übernommen? Achten Sie einmal auf Ihre eigenen Gefühle, während Sie diese Fragen durcharbeiten und sich damit auseinandersetzen.

Sie werden sich sicher schon gefragt haben, warum wir diese Form der Selbstreflexion betreiben. Es geht darum, in der eigenen Lebensgeschichte danach zu suchen, unter welchen gesellschaftlichen und historischen Bedingungen die sozialen Deutungsmuster und Verhaltensformen entstanden sind, die zur Entstehung Ihrer jetzigen Krise beigetragen haben. Bei allem, was Sie herausfinden, sind folgende Gesichtspunkte zu bedenken:

Die Selbstanalyse ist kein Ziel für sich, sondern sie ermöglicht es Ihnen, Gefühle, Erfahrungen und Verhaltensweisen, die für die Krise von Bedeutung sind, im Entstehungszusammenhang der Lebensgeschichte aufzudecken. Sie versuchen herauszufinden, welche Wirkungen und Beeinflussungsprozesse zwischen bestimmten Situationen, Ereignissen und Ihren Reaktionen bestehen.

Identität summiert sich nicht einfach aus Erlebnissen und Erfahrungen, sondern jede neue Handlungssituation greift auf die scheinbar unveränderte Vergangenheit des Selbst zurück und verändert sie. Tatsächlich gemachte Erfahrungen und bewältigte Erlebnisse bekommen angesichts neuer Erfahrungen einen veränderten Stellenwert in der Gesamtbiographie. Die Lebensgeschichte ist ein jeweils aktuell hergestelltes Konstrukt, eine von vielen Lebensgeschichten, die als Interpretation möglich ist. Das aber bedeutet, daß alle Rückblicke auf Erlebnisse und prägende Erfahrungen perspektivisch verschoben sind und Wahrheit und Dichtung enthalten.

Die biographisch orientierte Selbstreflexion bleibt in ihren Ergebnissen unbefriedigend, wenn sie nicht die gesellschaftlichen Strukturen als Bedingungszusammenhang der persönlichen und sozialen Identität einbezieht: die soziale Lage der Eltern, deren Beruf, die Deutungsmuster der sozialen Klasse und des kulturellen Milieus Ihrer Kindheit und Jugend, wirtschaftliche und politische Rahmenbedingungen, Schulbesuch, Berufsausbildung, den Eintritt in den

Beruf und die beruflichen Mißerfolge, die eigene Lebensperspektive im Vergleich zu Ihren Eltern.

Dabei werden Sie die Erfahrung machen, daß immer wieder Hoffnungen und Träume in der Erinnerung aufscheinen, die Sie in der Vergangenheit aufgrund sozialer Zwänge nicht verwirklichen konnten, die heute aber die Richtung für eine Veränderung Ihres Alltagslebens angeben könnten. Wenn sich bei der Rückschau die Frage: »Ist mein Leben gelungen oder mißlungen?« aufdrängt, sollten Sie sich davor hüten, Ihr Leben als mißlungen zu bezeichnen. Damit jemand seinen Lebensplan realisieren kann, müssen viele günstige Faktoren und soziale Chancen zusammenkommen.

Die Ergebnisse Ihrer Erkundungen erklären vieles, entlasten Sie aber nicht, unaufhörlich selbstverantwortlich für Ihre Handlungen, für Ihr Verhalten zu sein, die ihrerseits Ihre Umwelt beeinflussen, bestätigen oder verändern, zum Guten wie zum Schlechten. Wird in der angeleiteten Selbstreflexion deutlich, daß verdrängte Erlebnisse und Konflikte aus der Kindheit in der aktuellen Krise so stark nach oben drängen, daß sie ihre Bewältigung massiv erschweren, empfiehlt es sich, psychotherapeutische Hilfe in Anspruch zu nehmen.

Die wohl am häufigsten auftretenden Lebenskrisen sind Partnerschaftskonflikte. Die Impulse, die verlorene Partnerschaft aufzuwerten, sind für Frischgetrennte oder -geschiedene typisch. Ihre Versuche, ihre Beziehung objektiv zu überprüfen, können ein erster Schritt zu steigendem Selbstbewußtsein sein und obendrein noch eine gesunde Übung für die Fähigkeit, Probleme zu lösen. Die meisten Menschen sind immer noch so stark gefühlsmäßig an die Partnerschaft gebunden, daß sie die Objektivität sehr schnell entweder in Selbstrechtfertigungen oder in Selbstbestrafungen verkehren. Sie denken in den Begriffen einer Gerichtsverhandlung, und in ihrem emotionalen Bedürfnis, einen Urteilsspruch zu finden, spielen sie dann alle Rollen selber, den Richter, die

Geschworenen, das Opfer, den Beklagten und die Zeugen. Und trotz des Bemühens, die Gerechtigkeit triumphieren zu sehen, ist das Verfahren doch Schwindel: Die Jahre der Partnerschaft haben beide Partner auf die gewohnten Rollen des Anklägers und des Märtyrers festgelegt, auf die des Leidenden und die des Peinigers, die des Aufwieglers und die des Besänftigers. Solche nachehelichen Bewertungen halten die alte Anklagemaschinerie in Gang, weil sie die Antwort auf die falsche Frage suchen: »Wer ist schuld?« Darauf gibt es die klassischen Antworten, die beide gleichermaßen falsch sind – ›ich‹ oder ›mein Partner‹.

Es ergeben sich dann Sichtweisen, wie etwa: »Ich bin unzulänglich. Nichts was ich tue, ist gut genug. Immer wenn etwas schiefgeht, bin ich schuld daran.« Die andere Sichtweise: »Es ist alles sein oder ihr Verschulden. Es wäre nicht passiert, wenn da nicht immer sein/ihr Gezänke gewesen wäre – die Verantwortungslosigkeit – der Egoismus – die Rumtreiberei.« Sie wirken sich auf die Selbsteinschätzung beider Partner genauso zerstörerisch aus wie die Schnelligkeit, mit der die Ehe gesetzlich und gefühlsmäßig zu Ende gebracht werden kann.

Sobald wir uns aber auf die Frage konzentrieren können: »Was ist mit der Ehe schiefgegangen?« und nicht darauf: »Wer ist schuld?«, finden wir wahrscheinlich eher eine Antwort, die der Wahrheit nahekommt, als wenn wir in die Falle des Selbstschuldzuschreibens, Anklageerhebens und Racheübens tappen. Zugegeben, die Versuchung, Helden und Schurken zu kennzeichnen, ist groß. Es gibt Situationen, in denen wir den Menschen in unserer Umgebung gerne die Schuld zuteilen würden. Aber wenn wir ehrlich mit uns sind, dann werden wir früher oder später aufhören, Schwarz-Weiß-Urteile über Dinge abzugeben.

Aber die Gesellschaft zwingt geschiedene Menschen dazu, ihr Erleben in Begriffen von Tadel, Versagen und Schuld zu empfinden. Fast alle von uns sind in dem Glauben aufgewachsen, daß die Ehe das endgültige Ziel, der letzte Problemlöser, die vorbestimmte Institution ist, in der wir unser Leben lang verharren und in der jeder Partner für den anderen alles ist. Die Gesellschaft sorgt dafür, daß wir unseren Preis zahlen, weil wir die Wahrheit dieses Idealbildes in Frage gestellt haben. Wenn wir die gesunden Impulse, die verflossene Partnerschaft von Schuldfrage und Versagen zu trennen, richtig kanalisieren, so wird das Antworten einbringen, die sich für ein neues Leben nutzbringend einsetzen lassen: »Was für ein Mensch bin ich – und ist mein früherer Partner – geworden, daß sich unsere Partnerschaft so unbefriedigend entwickelt hat? Was waren unsere wirklichen Bedürfnisse, die die Partnerschaft voll befriedigt hat. Welche dieser Bedürfnisse basieren auf unrealistischen Erwartungen darüber, was eine Ehe bieten muß? Welche für mich akzeptablen Alternativen gibt es zu der gesellschaftlich anerkannten Vorstellung, daß mein Partner nichts anderes als eine Erweiterung meines Selbst ist? Wie kann ich den Unterschied zwischen einer erwachsenen Beziehung, in der Gefühle geteilt werden, und einer Vereinigung erkennen, in der die Bedürfnisse des einen Partners nur auf Kosten des anderen befriedigt werden?«

Diese Fragen sind nicht leicht zu beantworten. Sie werden nicht sofort und auch nicht allein durch die eheliche Vergangenheit zu klären sein. Die Antworten darauf finden Sie in Ihrer ehrlichen Selbstreflexion.

Unter allen Lebewesen nimmt der Mensch eine einmalige Stellung ein. Er ist, wenn er geboren wird, ein hilfloses Geschöpf, in allem angewiesen auf andere Menschen. Das Neugeborene hat ein unvollständiges Wahrnehmungssystem. Es kann noch nicht sehen, nur unvollständig hören, sein Bewegungssystem beginnt sich erst allmählich zu entwickeln und braucht dann viele Jahre zur Vollendung. Über sehr lange Zeit braucht ein Kind die Eltern oder andere Pflegepersonen, ohne sie muß es erfrieren, verhungern, verdursten. Es stürbe sogar dann noch, wenn es alles bekäme, aber auf den Hautkontakt zu einem anderen Menschen verzichten müßte. Das Kind ist also viele Jahre lang zur Befriedigung seiner Bedürfnisse auf Gedeih und Verderb den Eltern ausgeliefert. Das Kind fühlt das. Das Kind macht Erfahrungen mit seinen Bedürfnissen. Es hat Hunger, es hat ein Bedürfnis nach Nahrung. Wenn sich dieses Bedürfnis meldet, entstehen unangenehme Körperempfindungen. Die Intensität dieser Empfindungen steigt, je länger die Befriedigung auf sich warten läßt. Der entscheidende Punkt aber ist, daß das Kind sich selbst nur als bedürftig, die anderen nur als befriedigend erlebt. Wenn ein erwachsener Mensch Durst hat, geht er an den Kühlschrank. Wenn er friert, schaltet er die Heizung ein, zieht sich einen Pullover über oder macht zehn Kniebeugen. Wenn ihm die Situation unangenehm ist, verändert er sie oder verläßt sie. Kurz, ein erwachsener Mensch erkennt seine Bedürfnisse, und er hat Mittel und Wege, sie zu befriedigen. Er erlebt sich als bedürftig und fähig, sich zu befriedigen. Sicher weiß sich auch der Erwachsene zur Befriedigung vieler seiner Bedürfnisse von anderen Menschen abhängig, etwa in seinem Bedürfnis nach mitmenschlichem Kontakt, seinen Liebes- und Sexualregungen; doch die anderen sind auch abhängig von ihm. In bezug auf sie ist er bedürftig und befriedigend zugleich.

Kleine Kinder jedoch erleben sich als bedürftig und fühlen sich entsprechend unwohl, wenn ihre Bedürfnisse nicht befriedigt werden. Abstraktes Denken ist ihnen noch fremd, sie sind ganz auf ihre Empfindungen angewiesen. Wenn beispielsweise ein vierjähriges Kind sich ständig in seinen Bedürfnissen abgewiesen fühlt, entsteht die dumpfe Empfindung, von dem betreffenden Elternteil nicht angenommen zu sein, weil es sich nicht so verhält, wie scheinbar erwartet wird. Kinder empfinden nicht in Begriffen von Schuld oder Unschuld, aber sie spüren zumindest, daß die Ursache der scheinbaren Ablehnung in ihnen liegen könnte. Kleine Kinder sind abhängig von ihren Eltern. Durch das Erleben dieser Abhängigkeit lernen sie blind zu vertrauen. Durch die Zurückweisung ihrer Bedürfnisse vertrauen sie nicht mehr auf Sicherheit und Geborgenheit. Hier haben wir die Wurzel für Schuldgefühle, aber auch für Ängste.

Diese unter Lebewesen einmalige Abhängigkeitssituation hat erhebliche Folgen für das menschliche Leben. Das Kind ist vertrauensvoll bereit, sich den Geboten und Verboten der Eltern zu unterwerfen. Es tut dies auf mehreren Ebenen:

Es unterwirft sich, weil es keine andere Wahl hat. Auf dieser Ebene muß das Kind befürchten, unbefriedigt zu bleiben, wenn es sich nicht fügt. Es fügt sich auch, weil es sich selbst für schlimm und die anderen für gut hält. Schließlich ist es dazu bereit, weil es fürchtet, alleingelassen zu werden, wenn es den Wünschen der Eltern nicht entspricht.

Diese drei Ebenen durchdringen und verstärken sich gegenseitig. Die frühkindliche Erfahrungswelt ist die Grundlage unseres Seelenlebens auch im Erwachsenenalter. Würde man die kindlichen Erfahrungen in Worte fassen, könnten diese etwa lauten: »Ich allein bin böse. Ich allein bin unfähig. Du bist gut und fähig. Mit dir zusammen kann auch ich mich gut und fähig fühlen. Wenn du von mir gehst, werde ich sterben.« In Lebenskrisen wird diese Urerfahrung wiedererlebt. Bis zu einem gewissen Grade haben alle Menschen unterschwellige Minderwertigkeitsgefühle, deren Ursachen in den Erfahrungen der frühen Kindheit liegen. Wir alle waren tatsächlich einmal unfähig und haben um so mehr darunter gelitten, je mehr unsere Umwelt uns das hat fühlen lassen.

Die am weitesten verbreitete Weise der Erwachsenen, mit ihren Minderwertigkeitsgefühlen umzugehen, ist die Leugnung. Da diese Gefühle bedrückend sind, will man mit ihnen nichts zu tun haben. Man versucht sich abzulenken, vor dem Fernseher, mit einem Drink, einem Flirt, oder man versucht, sich und anderen die eigene Fähigkeit zu beweisen. All diesen Reaktionen liegt der gleiche Irrtum zugrunde, nämlich der, man könnte Gefühle durch Nichtbeachtung aus der Welt schaffen. Die einzige Möglichkeit, das Minderwertigkeitsgefühl zu überwinden, besteht aber darin, sich darauf einzulassen, es zu erleben, zu durchleiden und seine Inhalte kennenzulernen.

Das Kind macht auch positive Erfahrungen. Es entwikkelt sich, wird fähiger, es erlebt sein Wachstum. Dieses Erleben ist für das Kind lustvoll. Die Lust, die das Kind erlebt, wenn es fähig wird, spielerisch und zugleich zielgerichtet Bewegungen auszuführen, seinen Blick auf verschiedene Gegenstände zu richten oder Laute zu modellieren, ist unmittelbar und nicht abhängig von der Bestätigung durch andere. Es ist die reine Lust am Funktionieren. Der Säugling erlebt diese Funktionslust zum ersten Mal, wenn er ›Könnerschaft‹ im Saugen erworben hat. In diesem Lebensalter ist das Saugen die einzige Fähigkeit, die das Kind beherrscht. Wenn der Säugling auch noch nicht denken kann, erfahren kann er vollständig. Im Saugen erlebt er Lust, nicht nur durch die Nahrungsaufnahme, sondern auch durch die Erfahrung seiner Fähigkeiten. Wieder in Sprache übersetzt, würde die Erfahrung des Säuglings lauten: »Ich werde immer fähiger, ich werde immer besser.« Diese Erfahrung kann der Säugling nur dann machen, wenn er lange genug gestillt wird, um Könner- und Meisterschaft im Saugen zu erlangen. Die erste Erfahrung, etwas Selbständiges zustande zu bringen, macht das Kind mit seinem Kot. Es ist eine grandiose Erfahrung, wenn es zum ersten Mal bemerkt, daß es selbst etwas zustande gebracht hat, was nun außerhalb seiner Person in der Welt existiert. Es ist die erste Erfahrung, die der Mensch mit seinen eigenen schöpferischen Kräften machen kann.

Eltern wären gut beraten, ihren Kindern bei ihrem Wachstum eine bestmögliche Umwelt zu schaffen. Tatsächlich scheinen Eltern auch heute noch davon überzeugt zu sein, daß ein Kind nicht wachsen und gedeihen kann, wenn sie dieses Wachsen nicht in die Hand nehmen. Auch heute noch glauben viele Mütter, sie müßten ihre Kinder an einen festen Rhythmus beim Füttern gewöhnen. Ist ihnen dieser Dressurakt endlich geglückt, glauben sie ernstlich, sie hätten ihren Kindern einen Gefallen getan. Was geschieht aber wirklich während dieses Dressuraktes? Und was hat das Kind tatsächlich gelernt, wenn es sich an den Rhythmus der Mutter gewöhnt hat? Das Kind hat Hunger. Es erlebt Unlustgefühle. Es schreit, die Mutter kommt aber nicht mit Nahrung. Im besten Fall kommt sie, um das Kind zu besänftigen. Im schlechtesten, um es zu bestrafen. Aber das Kind hat Vertrauen. Es ist sicher, daß sein Bedürfnis befriedigt werden wird, wenn es sich nur verständlich macht. Es versucht weiter und weiter, sein Bedürfnis zu artikulieren. Und irgendwann begreift das Kind. Es hört auf zu schreien. Was hat es begriffen? Es hat begriffen, daß es nicht verstanden wird, es hat begriffen, daß es keinen Einfluß auf das eigene Leben nehmen kann, es hat begriffen, daß nichts einen Sinn hat.

Eine ganz andere Erfahrung macht das Kind, das gefüttert wird, wann immer es Hunger hat. Es erfährt, daß es verstanden wird, es erfährt, daß es durch Verständigung Einfluß auf sein Befinden nehmen kann, es lernt, daß es sinnvoll ist, etwas zu unternehmen.

Das dressierte Kind lernt niemals Ordnung. Es lernt lediglich, daß die Befriedigung seiner Bedürfnisse von seinem Tun unabhängig ist, also zufällig ist. Es gewinnt kein Vertrauen in sich und die Welt. Das Kind, das gefüttert wird, wann immer es Hunger hat, lernt, daß es Ordnung gibt, daß sein zielgerichtetes Tun ein wesentlicher Bestandteil seiner Ordnung ist. Es gewinnt Vertrauen in sich und die Welt.

Die Befriedigung kindlicher Bedürfnisse hat nichts mit Verwöhnen zu tun. Von Verwöhnen kann nur dann gesprochen werden, wenn Eltern das Kind mit Befriedigungen überschütten.

Eine Mutter zum Beispiel, die ihr Kind zwar nicht füttert, wenn es Hunger hat, es aber ständig besänftigt, erschafft beim Kind erst das Ersatzbedürfnis nach vermehrtem Kontakt, wonach das Kind ursprünglich nicht verlangt hat. Wahrscheinlich sind es die Mütter, die diese übertriebene Anhänglichkeit ihrer Kinder brauchen.

Wo immer Kinder die Möglichkeit haben, Freude am eigenen Wachstum zu empfinden, entsteht eine gefestigte Erfahrung des Fähigseins, des Werthabens, des Hervorbringenkönnens, des Zurückhaltenkönnens. Diese positiven Erfahrungen halten den negativen des Unfähigseins und Böseseins die Waage. Wo das eigene Wachstum nicht mit Freude und Lust erlebt wird, verstärkt sich das ursprüngliche Gefühl des Böse- und Schlimmseins.

Diese Erfahrungen bilden das Material zur Weltanschauung des Kindes und später des Erwachsenen. Sie lautet in unsere Sprache übersetzt: »Ich bin unfähig und wertlos, die anderen sind fähig und wertvoll.« Oder: »Ich bin fähig und wertvoll, und auch die anderen sind fähig und wertvoll.« Ein Mensch mit der ersten Weltanschauung verbringt die meiste Zeit seines Lebens damit, sein Lebensgefühl der Unfähigkeit zu betäuben. Er tut dies entweder, indem er den Beweis seines Wertes und seiner Fähigkeiten zu erbringen versucht, oder, indem er den Unwert und die Unfähigkeit der anderen zu entlarven trachtet. Was immer er aber tun mag, seine Erfolge oder Mißerfolge beeindrucken ihn nur für kurze Zeit, ohne die frühkindliche Erfahrung seines Unwertes außer Kraft setzen zu können.

Wir alle haben als Kinder Erfahrungen unseres Unwertes gemacht. Je weniger lustvolle Erfahrungen wir mit unserem Wachstum machen konnten, um so überzeugter werden wir im Grunde unseres Herzens als Erwachsene von unserem Unwert sein. Je stärker das Gefühl des Unwertes ist, desto begieriger greifen wir nach Ersatzwerten wie Besitz, Status, Erfolg. Sie können als Ersatz nur dienen, solange man nach ihnen strebt. Sind Besitz, Status und Erfolg erreicht, wird deutlich, daß das Gefühl des Unwertes bleibt.

Es ist eine Tatsache, daß Menschen Anerkennung brauchen, um glücklich zu sein. Sie brauchen sie um so mehr, je weniger Liebe, Achtung und Selbstachtung sie haben. Um es noch einmal ganz deutlich zu sagen: Nicht die Selbstzweifel, sondern die Unterdrückung dieses Zweifels führt zu Anerkennungssucht. Deshalb kann keine Anerkennung der Welt auch dauerhaft beruhigen. Anerkennungssüchtige Menschen brechen zusammen, wenn ihnen die Anerkennung entzogen wird, ein Mißerfolg ist eine Katastrophe, aber Erfolge vergessen sie schon nach wenigen Minuten. Dieses Vergessen ist keine Bescheidenheit, sondern die Unfähigkeit, einen Erfolg wirklich zu erleben. Die Anerkennungssucht ist so zerstörerisch, weil sie alle Lebensbereiche des ihr Ausgelieferten bedeutsam mitbestimmt.

Der Anerkennungssüchtige sucht Anerkennung überall, auch in der Liebe. Er muß sich in solche Partner verlieben, die ihm soziale Anerkennung verschaffen, nicht etwa nur, daß diese Partner ihm direkt Bestätigung geben, sondern die anderen sollen ihm für seinen Partner Anerkennung zollen. Damit ist seine Partnerwahl nicht durch seine Bedürfnisse sondern durch den Publikumsgeschmack bestimmt. Der Partner muß die Rolle eines Statussymbols spielen. Dabei müssen die Bedürfnisse nach Liebe und gegenseitiger Achtung unbefriedigt bleiben. Und die Befriedigung dieser Bedürfnisse kann durch nichts ersetzt werden. Aus dieser Sackgasse gibt es nur einen Ausweg: Man muß mit den wirklichen eigenen Bedürfnissen in Kontakt treten und den Schmerz des Mangels fühlen.

Eine der bedeutsamsten Krisen ist meist die Krise um die

Lebensmitte. Zwischen 40 und 55 Jahren erhält ein bis dahin gradliniger Lebenslauf einen Knick. Eine steil aufsteigende Karriere bricht plötzlich ab. Aus der sicheren Bahn eines erfolgreichen Berufes bricht einer plötzlich aus, um, für alle unverständlich, auf einem fremden Gebiet wie ein Lehrling von vorne zu beginnen.

Das Merkwürdige an solchen Krisenverläufen ist die Plötzlichkeit, mit der Menschen ihre Lebenssituation verändern, dann aber auch die Entschiedenheit und Sicherheit, mit der sie die gewohnte Lebensbahn verlassen, scheinbar rücksichtslos gegenüber Familienangehörigen, Freunden und Geschäftspartnern. Es hat den Anschein, als hätte da plötzlich eine Wahnidee von ihnen Besitz ergriffen, mit unglaublicher Intensität und Faszination, die alle Vorstellungen und Werte des bisherigen Lebens als unbedeutend und unverbindlich hinter sich läßt.

Bei allem Unverständnis, Hohn, Spott, bei aller Bitterkeit, Ablehnung und Verurteilung kann die Umwelt doch selten umhin, fasziniert und bewundernd den Mut und die Entschlossenheit der Akteure zu bemerken. Das außerordentliche Interesse, mit dem das Problem der Krise der Lebensmitte verfolgt wird, weist darauf hin, daß hier Bedürfnisse und Bestrebungen am Werk sind, nicht nur bei denen, die radikal Ernst damit machen, den gewohnten Lebensformen und Wertvorstellungen den Rücken zu kehren, um neue, wie sie meinen, gültigere zu erproben, sondern auch bei denen, die interessiert und mit Faszination und Angst zuschauen. Sollte dieses Interesse an den exponiertesten Vertretern der von der Krise der Lebensmitte Betroffenen mehr sein als nur Sensationslust, dann sind das Interesse und der Interessent für das Verständnis dieser Krise mindestens ebenso wichtig. Könnte es sein, daß hier einige etwas realisieren, wovon insgeheim die anderen träumen, angstvoll und angezogen zugleich, und wenn dies so wäre, um welche Wunschvorstellungen handelt es sich dann? Ganz offenkundig ist, daß die Menschen, die das Interesse so vieler anderer auf sich ziehen, wenn sie die verbindlichen Ordnungen des Lebens und Zusammenlebens sprengen, nicht leichthin als Spinner und Verrückte abgetan werden können. Sie leiden nicht unter Waschzwang oder Platzangst, halten sich nicht für Weltverbesserer, sie zeigen keine Spur von Verfolgungs- oder Größenwahn. Das einzig Auffällige an ihnen ist, daß sie die Werte, auf die sich unser Leben und Zusammenleben gründet, die sie selbst bis dahin verbindlich gelebt haben, plötzlich nicht mehr für verbindlich halten. Wovor sie und alle anderen sich stets ängstigten, einem Verlust an Sicherheit, Geborgenheit, Besitz, sozialer Anerkennung und beruflichem Erfolg, hat für sie urplötzlich nichts Bedrohliches mehr an sich, ja es scheint so, als würden Besitz, Erfolg und Status als hinderlich empfunden werden. Als hinderlich wofür? Anscheinend verstellen ihnen diese Werte das Streben nach Selbstverwirklichung und Glück, denn das scheint sie alle zu bewegen, und eben nicht mehr nur als Wunschvorstellung, sondern als aktives Tun mit allen Konsequenzen und einer kaum verständlichen Kompromißlosigkeit. Und worin suchen sie ihr Glück? Jedenfalls nicht mehr in der Anhäufung von Besitz, im Erwerb von immer mehr sozialem Prestige, im beruflichen Erfolg, in der Absicherung des Erreichten, im Hoffen auf die Zukunft, in der Geborgenheit einer konfliktfreien und doch nicht beglückenden Partnerbeziehung, auch nicht mehr in den Sonderinteressen des Freizeitlebens oder in den Genüssen des Konsums. Betrachtet man, wohin sie sich wenden, dann wird eine Wertstruktur erkennbar, die alles andere als fremd ist, die als religiös, moralisch, philosophisch, pädagogisch in keiner Festrede fehlt, die jedoch in unserem real gelebten Leben nicht die geringste Verbindlichkeit hat. Was da fremd anmutet bei denen, die radikal Ernst machen mit ihrer Suche nach dem Glück, im Streben nach dem Wahren, dem Schönen, der Liebe, dem Sinn oder auch dem Göttlichen, sind nicht die

Werte an sich, sondern daß einige sie für wirklich und verbindlich halten.

Auffällig ist, daß am entscheidensten der Bruch mit den allgemein akzeptierten Lebensnormen von denen vollzogen wird, die mit überdurchschnittlichem Erfolg in Beruf, Familie und Gesellschaft den Forderungen gerecht und entsprechend mit materiellem Gewinn und sozialer Anerkennung belohnt wurden. Daß gerade sie es sind, die nicht länger bereit sind, den gängigen Normen entsprechend zu leben, die bereitwillig auf die gegenwärtigen und zukünftigen Belohnungen verzichten, das läßt vermuten, daß Unfähigkeit, Faulheit, Uneinsichtigkeit oder Verschrobenheit als Ursache ihres Verhaltens nicht in Betracht kommen. Es handelt sich in der Regel um jene, die bislang in Fähigkeit, Fleiß und Disziplin den anderen als Vorbilder erschienen waren. Unwahrscheinlich ist, daß außerordentliche Fähigkeiten und Eigenschaften bei so vielen urplötzlich in einem bestimmten Lebensalter aufhören sollten zu existieren. Wahrscheinlicher ist, daß jene, die die Erfahrung des Erfolges, Besitzes, der Anerkennung gemacht haben, besser beurteilen können, was ihnen trotz allem zu einem würdigen, erfüllten Leben fehlt als jene, die nach Besitz, Erfolg und Anerkennung noch streben.

Die Krise der Lebensmitte nur als bedauerliche Entgleisung, als Versagen, Scheitern, Krankheit, moralischen Verfall, die von ihr am auffälligsten Betroffenen als krank, neurotisch, verrückt und rücksichtslos und verantwortungslos hinzustellen, wäre nichts anderes als ein Akt der Leugnung und Abwehr. Zweifellos ist die Krise der Lebensmitte für alle Beteiligten eine zutiefst leid- und schmerzvolle Erfahrung, die ebensogut ein Befreiungsakt zu einer höheren Stufe von Bewußtheit und Verantwortlichkeit ist und zu einer Neubestimmung des Lebenssinns führen kann.

Die Krise der Lebensmitte wird oft gedeutet als unangemessene Reaktion auf die Erfahrung des beginnenden Alterns. Es wird unterstellt, die Betreffenden würden nicht fertig werden mit der Vorstellung, daß der Höhepunkt ihres Lebens überschritten sei, daß es nun nicht mehr aufwärts, sondern abwärts ginge; daß sie sich der Realität ihres Alterns nicht stellen wollten, daß sie der Abnahme der Liebesfähigkeit und der Arbeitskraft nicht ins Auge schauen wollten, daß sie in Verblendung und Illusionen Jugendträumen nachliefen und dem Traum ewiger Jugend mit einem um Jahrzehnte jüngeren Partner. Indes beruhen alle diese Deutungen darauf, daß man den Betreffenden Erlebnisse unterschiebt, von denen man selbst nichts weiß. Die Betreffenden erleben sich selbst jedoch gar nicht so. Sie selbst erleben sich als außerordentlich frisch und begabt, in ganz neuer gefestigter Weise, von ihren Sinnen, Vorstellungen und Fähigkeiten Gebrauch zu machen. Dies alles für Selbsttäuschung und Illusion zu halten, bedarf möglicherweise selbst der Deutung. Keineswegs ist ja ausgemacht, daß das Leben in einer Kurvenbahn verlaufen muß, mit aufsteigenden Kräften und Erfolgen bis zu seiner Mitte und dann abnehmend zum Tode hin. Vieles spricht dafür, daß Wachstum, Reifung, Expansion ein lebenslanger Prozeß sein kann. Die geistige, seelische und sinnliche Frische dieser Menschen, ihre jugendliche Ausstrahlung im hohen Alter widerspricht so deutlich der Auffassung vom Aufsteigen, Gipfelerreichen und Zurückfallen, daß es im Hinblick auf sie geradezu unverständlich ist, wie sich die Vorstellung vom Höhepunkt des Lebens in seiner Mitte überhaupt halten kann. Freilich, es gibt diese Lebensbahn und statistisch gesehen ist sie die Norm. Die jugendlich sprühenden Alten sind die Ausnahme. Nichts aber spricht dafür, daß sie nicht doch die Regel sind, die sich in diesen Ausnahmen kundtut, wozu alle Menschen grundsätzlich befähigt und ihrer wahren Natur nach berufen sind.

Abgesehen von der hier beschriebenen Lebensform haben unbewältigte Krisen etwas Selbstzerstörerisches an sich.

Ohne Zweifel möchten wir alle ohne Selbstzerstörung leben. Mehr als in früheren Zeiten tun wir etwas für unsere Selbstentfaltung. Wir streben immer längere Erholungspausen zwischen den Arbeitszeiten an. Häufige Kurzferien sollen die Fristen zwischen den eigentlichen Ferien erträglicher machen. Therapiegruppen zur kreativen Selbstverwirklichung haben seit Jahren Hochkonjunktur. Sport fördert die körperliche und Fortbildung die geistige Kondition. Auch politisch wurde noch nie soviel unternommen, um die Menschen vor der drohenden kollektiven Selbstzerstörung zu bewahren. Könnte diese doch in einer atomaren Katastrophe oder einer kaum mehr zu heilenden Umweltpest globale Ausmaße annehmen.

Viele von uns haben das Gefühl, mit alledem das Richtige und gleichzeitig das Verkehrte zu tun, nicht zuwenig zu unternehmen, sondern alles irgendwie falsch anzugehen, auf der Stelle zu treten, so zu tun, als ob sie unehrlich seien, obwohl sie sich ehrlich bemühen, unecht, weil die Not sie drängt, am falschen Ort zu strampeln, statt auf der richtigen Spur vorwärts zu gehen. Sie ahnen, daß der Rummel um die Selbstverwirklichung wenig mit Selbstschöpfung, Neuschöpfung des eigenen Lebens zu tun hat.

Wollen wir wirklich ohne Selbstzerstörung leben?

Viel Widersprüchliches ist in unserem Drang nach Selbstverwirklichung. Indem wir in kürzeren Arbeitszeiten ebenso viel leisten möchten wie früher in längeren, fallen wir aus unserem natürlichen Rhythmus heraus und machen uns genußunfähig. Indem wir immer mehr Wissen speichern, geraten wir in seelische Unbeweglichkeit. Wir trimmen unseren Körper in sportlichen Techniken, fördern aber dabei statt Lockerung und Wohlgefühl Zwang und Disziplin.

Leben, das sich im eigenen Vollzug verzehrt, ist keine Selbstzerstörung. Diese hat mit unserer Anfälligkeit zu tun, den Tod vom Leben zu isolieren, also Leben zu zerstören, das Leben zu verweigern, statt es zu fördern. Daher grenze ich die Frage so ein: Warum artet Aggression oft in blindwütige Destruktivität aus? Warum entartet Lebenslust oft zur Todessucht, Selbstschöpfung zur Selbstzerstörung? Die negative Dynamik, die in diesen Fragen zutage tritt, ist die tiefste Ursache aller Krisen. Unsere Bereitschaft zu selbstzerstörerischen Reaktionen hat mit verkehrten, unrealistischen Vorstellungen zu tun. Wir neigen dazu, in leidvollen Wechselfällen des Lebens eine unheimliche, sinnlose, isolierte, zerstörerische Kraft am Werk zu sehen. Und da wir sie so sehen, steigern sich auch erträgliche Übel ins Unerträgliche: Grübelzwang macht das Kopfweh schlimmer, als es ursprünglich war. Und harmloser Streit wird zum bösartigen Zwist für uns, da der Übergang von lebensfördernder Aggression zu lebensfeindlicher Destruktivität, von der natürlichen Dämpfung unseres Lebensgefühls bei Schicksalsschlägen und Krankheit zur aktiv angestrebten Selbstzerstörung oft fließend ist. Es scheint unmöglich, alles Selbstzerstörerische in der Hingabe an das Leben zu binden. Es bleibt ein entscheidender Rest, ein entscheidendes Übermaß an unnützer Zerstörung, die wir nicht in den Dienst einer Wandlung stellen können: Jeder Mensch, der einmal schwer krank war, weiß um den gefährlichen Hang, im Leiden schon den Tod und nicht mehr das Leben zu sehen, sich von einem ›bösen‹ Organ abzuspalten, statt mit ihm Freundschaft zu schließen.

Unsere Verwundbarkeit und Sterblichkeit kann uns in solche Panik treiben, daß wir uns selbst und anderen gegenüber bösartig werden. Die unvermeidbaren Abweichungen vom unwirklichen Ideal einer perfekten Gesundheit, einer perfekten Partnerschaft verführen uns zu unruhiger Spannung und halluzinatorischer Vorwegnahme der totalen Katastrophe. Wir werden zu Soldaten, die panisch in den feindlichen Kugelhagel hineinlaufen. Wenn die Spannung zwischen Lebenswunsch und Todesbedrohung zu groß wird, überlassen wir uns leicht der gefürchteten Gefahr.

Die Ursache für Zerstörung und Selbstzerstörung des Menschen ist nicht allein im pathologischen Befund einer destruktiven und todessüchtigen Gesellschaft und einiger Zeitgenossen zu sehen, die durch entsprechende Kindheitserfahrungen besonders verdorben wurden. Die Antwort auf die Frage nach der Ursache der Zerstörung muß umfassender angesetzt werden. Was ist es, was den Menschen seit eh und je immer wieder dafür anfällig macht, in entscheidenden Momenten selbstzerstörerisch zu reagieren? Warum sind nicht nur einige auffällige Psychopathen, die wir gerne als seelisch krank abtun möchten, sondern wir alle davon betroffen? Warum tritt die Selbstzerstörung nicht nur in besonders auffälligen Symptomen einiger weniger zutage, sondern auch in den schleichenden Gefühlen der Langeweile, Unruhe, Sinnlosigkeit und Angst vieler? Wie können wir unseren negativen Vorstellungen entfliehen und das Zerstörerische da klar erkennen, wo es wirklich am Werk ist?

Die Antwort soll Ihnen die Selbstreflexion ›Lebenslinie‹ geben. Diese Anleitung ermöglicht Ihnen eine Selbstvergewisserung im Hinblick auf wichtige Ereignisse, Dinge, die Ihnen passiert sind, und auf Erfahrungen, Zäsuren und Lebensabschnitte, die Ihre Entwicklung entscheidend geprägt und beeinflußt haben. Indem Sie Ihren Lebensweg in vereinfachter Form als in Zeitabschnitte unterteilte Linien zeichnen, kommt eine recht deutliche, wenn auch grobe Strukturierung Ihres Lebens zustande.

So gehen Sie vor: Auf einem querliegenden Blatt Papier, möglichst DIN A4 oder größer, zeichnen Sie eine waagerechte Linie, die Ihren Lebenslauf symbolisiert. Sie tragen die wichtigsten Perioden und Ereignisse, die Ihre Entwicklung geprägt haben, als Zeitabschnitte ein. Darüber kennzeichnen Sie mit kleinen Symbolen, Skizzen und Situationsbildern die Eigenarten dieser Erlebnisse. Sie können jedem Erlebnis eine Anmerkungsnummer beigeben und auf einem anderen Blatt jeweils ein Motto dazuschreiben. Wichtig ist vor allem, daß Sie die Situationen eintragen, die für Sie negativ oder positiv erlebte Wendepunkte, prägende Erlebnisse waren und denen Sie einen entscheidenden Einfluß auf Ihre heutige Lebenssituation und die Krise zuschreiben.

Sie können zusätzlich vermerken, wie Sie sich in den einzelnen Lebensabschnitten den einzelnen Ereignissen gegenüber gefühlt haben. Zeichnen Sie dazu links eine Skala ein, die von −3 (ganz unten) bis +3 (ganz oben) reicht, und tragen Sie bei jedem Ereignis einen entsprechenden dicken Punkt in dieses Koordinatensystem ein. Sie können die Punkte abschließend durch eine Linie verbinden und erhalten so ein Gefühlsbarometer.

Auf einem Zusatzblatt können Sie die Lebenslinie in die Zukunft hinein verlängern – in einer Mischung von weiterer Lebensplanung und Erwartungen, beziehungsweise Hoffnungen. In der Auswertung könnten Sie sich mit dem Partner, der ebenfalls diese Übung durchgeführt hat, oder mit mehreren Personen in einer Gruppe über Ihre jeweiligen Lebenslinien im Hinblick auf Ähnlichkeiten und Unterschiede unterhalten. Zum Beispiel könnten Sie sich im Vergleich der Lebenslinien damit beschäftigen, welche der markanten Lebensabschnitte körperlich bedingt waren. Welche dem familiären bzw. privaten, welche dem schulischen und beruflichen Bereich zugeordnet werden müssen und welche nur im Zusammenhang mit gesellschaftlichen Ereignissen und Umbrüchen verstanden werden können. Sprechen Sie darüber, welche Wendepunkte in Ihrem Leben auch von Ihnen nahestehenden Personen wahrgenommen wurden und welche Ereignisse ganz Ihrem subjektiven Erleben vorbehalten blieben. Sie können sich darüber unterhalten, ob Sie selbst und der/die andere vorwiegend positiv erlebte oder nur krisenhafte Übergänge eingezeichnet hat, und ob alle an dieser Situation beteiligten Personen die sich jetzt aufdrängende positive oder negative Würdigung einzelner Entwicklungen teilen würden.

4

Alarm und Erschöpfung

Unsere Museen sind angefüllt mit den Wunderwerken der Menschen aller Jahrhunderte. Aber sie bergen auch die Skelette prähistorischer Saurier, die durch die einseitige Entwicklung eines zu großen Körpers lebensunfähig wurden. Sie erinnern uns daran, daß auch wir vergänglich sind; bei uns ist es vielleicht das Gehirn, das sich ungezügelt entwikkelt. Verdienen nicht unsere Kinder, daß sie sich mit strahlenden Augen zu einer herrlichen Zukunft bekennen und wir uns ernsthaft darum bemühen, sie ihnen zu sichern? Wir fangen gerade an zu begreifen, daß unser Fortbestand nicht durch die Werkzeuge der Macht, sondern durch unsere Lebensweisheit gesichert werden kann – nicht nur durch die Technologie, sondern durch unsere menschliche Fähigkeit, uns Ziele zu setzen, die diese Welt mit Liebe, Schönheit und Freude erfüllen.

Zugegeben, auch in Zukunft wird menschliches Handeln – wie zu allen Zeiten – von persönlichen Interessen bestimmt bleiben. Die Vernunft und unser Selbsterhaltungstrieb sagen uns jedoch, daß ungezügelter Egoismus nicht nur die anderen, sondern auch uns selbst zerstören wird. Kein Mensch lebt allein auf einer Insel; er braucht seinen Nächsten, besonders sein Wohlwollen. In früheren Jahrhunderten war es hauptsächlich die Religion, die den brutalen Egoismus durch das Gebot: »Du sollst deinen Nächsten lieben wie dich selbst« in die Schranken gewiesen hat. Wenn auch der Einzelne selbstbeschuldigend feststellen mußte, daß die Einhaltung dieses Gebots unmöglich ist, so gestattete ihm sein Glaube an die ›Vergebung der Sünden‹ und die Hoffnung auf ein ewiges Leben der Seele doch wenigstens, es immer wieder zu versuchen. Unser Zeitalter der wissenschaftlichen Logik hat vielen Menschen diesen Glauben genommen, diese Richtschnur und Hoffnung vernichtet, ohne jedoch das entstandene Vakuum mit einem anderen erstrebenswerten Ziel auszufüllen. Blinder Glaube oder beweisbare Tatsachen – darin liegt der wesentliche Unterschied zwischen früheren und unserem jetzigen Zeitalter.

Ich glaube, wir müssen der ›guten alten Zeit‹ nicht hoffnungslos nachtrauern. Der scheinheilige Altruismus und die Furcht vor dem Teufel, was beides die Menschen davon abhalten sollte, in rücksichtslosem Egoismus gegeneinander vorzugehen, haben versagt. Auch heute in der Gegenwart macht sich wieder eine neue Form von Positivismus breit, der, wäre er ein Spiegel, nur blinde Flecken hätte. Man kann nicht so tun, als sei die Welt in Ordnung, wenn es bei uns oder beim Nachbarn gerade brennt. Ich kann mich nicht dafür erwärmen, demjenigen, der mir eine Ohrfeige verpaßt hat, die andere Seite ebenfalls hinzuhalten und dann auch noch ›Dankeschön‹ zu sagen. Das ist gegen die Natur. Wenn irgendein Organ in uns ›beleidigt‹ wird, schlägt der von der Natur dafür vorgesehene Abwehrmechanismus zurück. Wenn mir einer eine ›klebt‹, dann ärgere ich mich. Wenn ich ihm dann noch freundlich zulächle und eine Faust in der Tasche mache, gerate ich innerlich in eine Streßsituation. Streß ist nicht bloß nervöse Spannung. Streß ist die Aktivierung des psychologischen Apparates, der bei Gefühlsregungen oder Erregungszuständen beteiligt ist, die als unangenehme Gegebenheiten in der Lebenssituation im ganzen genommen auftreten.

Hans Selye, der die Streßphasen erforscht hat, meint, daß die Anpassungsregie des Körpers begrenzt ist. Tierversuche haben gezeigt, daß zum Beispiel Kälteeinwirkungen, Muskelarbeit, Blutungen und andere Streßfaktoren nur für eine bestimmte Zeit ertragen werden können. Von der Alarmreaktion des Körpers bis hin zur Erschöpfung ist der Weg nicht weit. Dazu muß man heutzutage nicht Wissenschaftler sein, das kann jeder, der in eine größere Krise gerät, am eigenen Körper erfahren. Viele sprechen in der Streßsituation von der Alarmsituation, die vermehrt Adrenalin ins Blut schickt, eine Reaktion, die uns entweder Kraft zum Weglaufen oder Kämpfen gibt. Der stressende Prozeß in unserem Körper ist aber viel umfassender. Die Hypothalamus-Hypophysen-Nebennierenachse ist wichtig für die Aufrechterhaltung unseres inneren Gleichgewichts. Diese Kettenreaktion ist bei der Regulierung vieler Krankheitserscheinungen beteiligt. Wenn Sie Genaueres darüber lesen möchten, empfehle ich Ihnen mein Buch: *Kräfte der Hypnose* (ebenfalls im Heyne Verlag erschienen). Dort sind diese Prozesse genau aufgezeichnet.

Der Hypothalamus (eine Hirnregion an der Schädelbasis) ist mit der Hirnanhangdrüse (Hypophyse) verbunden, die ihrerseits die Aktivität der Nebennierenrinde reguliert. Das, was uns streßt (die Krise), regt den Hypothalamus dazu an, eine Substanz zu erzeugen, die die Hirnanhangdrüse dazu stimuliert, ihrerseits das Hormon ACTH (adrenokortikotropes Hormon) in das Blut abzusondern. Das ACTH wiederum veranlaßt die äußere Rindenportion der Nebennieren, ihre Kortikoide auszuschütten. Das verursacht ein Schrumpfen der Thymusdrüse und gleichzeitig viele andere Veränderungen in unserem Körper. Der Streßfaktor Krise hat also eine Alarmreaktion in unserem Körper bewirkt, die zu einem ›Daueralarm‹ werden kann, wenn die Auslöser der Krise verdrängt werden und es zu keiner Aufarbeitung kommt. Dann führt uns der Weg in die Krankheit, dann sind wir eben eines Tages nicht mehr in der Krise sondern ›einfach nur‹ krank, und der Arzt soll uns heraushelfen.

Ich habe schon in meinem Buch *Die entschlüsselte Organsprache* darauf hingewiesen, daß verschiedene Menschen auf die gleiche Streßsituation verschieden reagieren. Wie kann nun ein und dieselbe Situation unterschiedliche Schädigungen verursachen? Qualitativ verschiedene Stressor-Wirkungen verursachen nicht in allen Menschen genau dasselbe Syndrom. Sogar Streß von gleicher Art und Stärke kann bei verschiedenen Menschen unterschiedliche Schäden verursachen. Das hat etwas mit der Erlebnisbreite, mit den frühkindlichen Erfahrungen, zu tun und mit der Art und Weise, wie er in früheren Situationen auf eine Krise reagierte. Wenn wir durch eine Krise erkranken, dann ist es nicht zufällig, wenn Herz, Magen oder Niere erkranken. Genau wie bei einer Kette zerbricht auch im Körper das schwächste Glied unter Streß, obwohl der ganze Körper dem Streß gleichermaßen ausgeliefert ist.

Wir müssen uns das noch genauer ansehen. Denn schließlich sind es nicht wenige Menschen, die in einer Krisensituation erkranken. Die Homöostase, unser inneres Gleichgewicht, hängt weitgehend davon ab, ob im Körper bestimmte Stoffe in ausreichender Menge erzeugt werden, mit denen er auf die bedrohende Krise reagieren kann. Die Ärzte machen heutzutage nichts anderes, als das stoffliche Gleichgewicht wiederherzustellen, indem sie uns ein synthetisch hergestelltes Medikament verabreichen. Mit anderen Worten: die Erhaltung des inneren Gleichgewichts hängt entweder von der ausreichenden spontanen Erzeugung dieser Substanzen durch den Körper selbst ab oder, wenn diese unzureichend ist, von der ausgleichenden Zufuhr ähnlich wirkender Mittel durch den Arzt.

Im allgemeinen ist ein natürlicher Mechanismus der Aufgabe gewachsen, eine normale Widerstandsfähigkeit aufrechtzuerhalten; bei außerordentlich schweren Anforderungen aber reicht die übliche Homöostase nicht aus. Der Abwehrregler muß höher eingestellt werden. Dafür gibt es den

Ausdruck Heterostase, mit der die Neuerstellung eines beständigen Gleichgewichts durch eine Behandlung mit entsprechenden Substanzen bezeichnet werden soll, die körpereigene Anpassungsmechanismen durch die Entwicklung von normalerweise schlummernden Gewebereaktionen anregen.

Es gibt viele Menschen, die sich dagegen wehren, ihrem Körper etwas zuzuführen, was er eigentlich selbst erzeugen könnte. Und das, meiner Meinung nach, zu Recht. Denn es gibt eine ganze Reihe von psychologischen Trainingsmöglichkeiten, die das innere Gleichgewicht wiederherstellen helfen. Eine davon ist das von mir praktizierte und gelehrte Alpha-Training (*Der Alpha Mensch,* Heyne Verlag). Alpha-Training ist eine geistig-psychologische Entwicklungsmethode mit dem Ziel, uns mit unseren Problemen besser fertig werden zu lassen und den inneren Prozeß des Reifens und Wachsens wieder in Gang zu setzen. Tiefenentspannung über die Energiefelder der Chakren, Umstrukturierung der ›inneren Störfelder‹ in Stufenfolge schaffen eine gezielte Wirkung auf das Unbewußte und den Körper. Alpha-Training ist ein Schlüssel zu den tiefen geistig-seelischen Bereichen, in denen unser Ich, unsere wahre Persönlichkeit, eingelagert ist. Der auffallendste Unterschied zwischen Homöostase und Heterostase besteht darin, daß im ersten Fall ein normaler Gleichstand durch körpereigene Funktionen aufrechterhalten wird, während im zweiten Fall der ›Widerstandsregler‹ auf eine höhere Abwehrkapazität ›nachgestellt‹ wird. Das kann durch Medikamente geschehen, aber auch durch geistig-seelische Möglichkeiten. Dies alles läuft darauf hinaus, den Körper dazu zu erziehen, die Produktion seiner eigenen natürlichen und unspezifischen (für alle Zwecke geeigneten) Mittel zu steigern. Alle Lebewesen werden von einer Reihe von Trieben motiviert, unter denen das eigennützige Verlangen der Selbsterhaltung, also am Leben und glücklich zu bleiben, eines der wichtigsten ist.

Die Befriedigung unserer instinktmäßigen Triebe, das Bedürfnis nach Selbstverwirklichung, der Impuls, Reichtümer zu sammeln, und die Macht zu erlangen oder etwas Konstruktives zu leisten, zu vollbringen, was wir für unseren Lebenszweck halten, und noch viele andere Beweggründe sind gemeinsam für unser Handeln verantwortlich. Es ist deshalb ganz gesund, sich über diese Begierden klarzuwerden und ihre Berechtigung zu prüfen, sowie ihren biologischen Wert zu analysieren, die sie für die Aufrechterhaltung unserer Homöostase in uns selbst wie um uns herum innerhalb der menschlichen Gesellschaft haben.

Egoismus oder Selbstsucht zum Beispiel ist das urälteste Charakteristikum des Lebens. Alle Lebewesen, vom einfachen Mikroorganismus bis hinauf zum Menschen, müssen in erster Linie die eigenen Interessen schützen. Wir können kaum erwarten, daß sich jemand gewissenhafter um uns kümmert als um sich selbst. Selbstsucht ist ganz natürlich; da sie aber als unfein gilt, versuchen wir, ihr Vorhandensein in uns wegzuleugnen. Außerdem ist sie eine Gefahr für die menschliche Gesellschaft. Wir fürchten sie, weil sie die Saat für Streit und Rache in sich trägt. Hinzu kommt, daß sonderbarerweise viele von uns trotz ihrer angeborenen Selbstsucht von altruistischen Motiven geleitet werden. Diese beiden anscheinend entgegengesetzten Veranlagungen sind jedoch durchaus miteinander vereinbar; der Selbsterhaltungstrieb muß nicht mit dem Wunsch, anderen zu helfen, im Widerstreit liegen. Altruismus kann als eine abgewandelte Form des Egoismus betrachtet werden, eine Art kollektiver Selbstsucht, die der Gemeinschaft dient und gleichzeitig Dankbarkeit erzeugt. Wenn wir anderen durch das, was wir für sie tun und getan haben, Anlaß geben, uns nur Gutes zu wünschen, weil sie ja nun solche Taten auch in Zukunft von uns wünschen, umgeben wir uns mit Wohlwollen. Das ist vielleicht der menschlichste Weg, unsere Sicherheit (Homöostase) innerhalb der Gemeinschaft zu festigen. Er beseitigt den Konflikt zwischen unseren selbstsüchtigen und selbstlosen Neigungen. Indem wir in anderen Dankbarkeit und Vertrauen erwecken, veranlassen wir sie, unser natürliches Verlangen nach unserem eigenen Wohlergehen mit uns zu teilen. Je weniger jemand über die Beziehungen der Menschen zu ihrer Umwelt weiß, desto mehr stößt ihn diese Philosophie ab. Die meisten Menschen haben den aufrichtigen Wunsch, ihrer Umwelt, ihren Mitmenschen nützlich zu sein.

Anpassungsfähigkeit ist wahrscheinlich die hervorstechendste Eigenschaft des Lebens. Bei der Aufrechterhaltung der Unabhängigkeit und Individualität natürlicher Einheiten ist keine der gewaltigen Reaktionen der Materie so erfolgreich wie jene wachsame Anpassungsfähigkeit, die wir schlechthin als Leben bezeichnen und deren Verlust den Tod bedeutet.

Das Überleben läßt sich auf zwei Wegen anstreben: Kampf und Anpassung. Der erfolgversprechendste Weg ist in den meisten Fällen die Anpassung. Selbst bei der Anpassung lassen sich verschiedene Grade der Vollendung erreichen. Die primitivste Form ist die gegenseitige Indifferenz, bei der die Zellen einander einfach aus dem Wege gehen. Bis zu einem gewissen Punkt genügt das. Gegenseitige Indifferenz gestattet ein Nebeneinanderleben, aber kein Zusammenleben. Sie verhindert Krieg, bringt aber dem einzelnen keinen Gewinn, wie etwa Nachbarn, die in der Not tatsächlich eine Hilfe sein könnten; andererseits bietet sie auch keinen Schutz gegen Übervölkerung mit der sich daraus ergebenden Verknappung des Lebensraumes und der lebensnotwendigen Vorräte.

Dies ist wahrscheinlich auch der Grund, warum sich im Laufe der Evolution Einzelzellen zu Kolonien, also zu einer Interessengemeinschaft zusammengeschlossen haben, in der das Wetteifern weitgehend von gegenseitigen Hilfeleistungen überkompensiert wurde, da jedes Mitglied der Gruppe sich auf die Unterstützung der anderen verlassen konnte. Verschiedene Zellen spezialisierten sich, indem jede eine andere Funktion übernahm. Einige sorgten für die Nahrungsaufnahme und Verdauung, andere ermöglichten die Atmung, Fortbewegung oder Verteidigung, während wieder andere das Verhalten der gesamten Kolonie koordinierten. Für die einzelnen Zellen einer so eng verknüpften komplexen Körperschaft wurden Egoismus und Altruismus sozusagen gleichbedeutend. Bei Zellen, die voneinander abhängen, und alles – selbst das Leben schlechthin – miteinander teilen, kann kein Grund für Konkurrenzkampf aufkommen. Tatsächlich hing die Evolution verschiedener Arten weitgehend von der Entwicklung von Mechanismen ab, die es gestatteten, daß bei einem Mindestmaß an Streß viele Zellen miteinander in Harmonie leben und den eigenen Vorteilen dadurch dienen konnten, daß sie das Überleben der ganzen komplexen Struktur sicherten. Die Entwicklung eines so verfeinerten Systems gegenseitiger Hilfeleistung zwischen den einzelnen Teilen eines Organismus verringerte den internen Streß, das heißt, sie reduzierten die Anforderungen, die zur Vermeidung interner Reibungen an den Organismus gestellt werden, um eine harmonische Koexistenz aller Teile der Einheit zu ermöglichen.

Wie unentbehrlich diese disziplinierte, geordnet aufeinander abgestimmte Zusammenarbeit ist, wird am besten durch ihr Gegenteil veranschaulicht: die Entwicklung von Krebs, dessen charakteristische Eigenschaft darin besteht, daß er nur sich selbst erkennt. Folglich ernährt er sich von den anderen Teilen des Körpers, in dem er ein ungebetener Gast ist, bis er diesen umbringt – womit er jedoch biologischen Selbstmord begeht, da eine Krebszelle nur leben kann, solange der Körper lebt, in dem sie ihre rücksichtslose, eigensüchtige Entwicklung angefangen hat.

Noch später in der Evolution des Lebens entwickelte sich auch eine gegenseitige Abhängigkeit (Symbiose, Nutzgemeinschaft) zwischen zwei oder mehreren artfremden Einzelwesen. Diese Form des gegenseitig nutzbringenden, altruistischen Egoismus ist in der Natur außerordentlich weit verbreitet. Man könnte zahlreiche Beispiele dafür aufzählen, wenige sollen genügen. Beispiele einer Symbiose sind uns sowohl bei verschiedenen Mikroorganismen als auch bei Bakterien und höheren Tieren bekannt. Die normale Bakterie, die in den Eingeweiden eines Säugetieres lebt, verwandelt nicht nur die toten Zellen verzehrter Pflanzen und Tiere in eine für den Wirt brauchbare Form, sondern gibt ihm auch die Immunität gegenüber krankheitserregenden Bakterien. Jedoch ist, von unserem Standpunkt aus betrachtet, die interessanteste Form gegenseitiger Abhängigkeit, die sich im Laufe der Evolution ergeben hat, natürlich die zwischen Menschen. Jeder von uns hat seine eigenen Ambitionen und Bedürfnisse, die sich oft nicht mit denen der anderen vertragen und damit zur Hauptquelle von zwischenmenschlichen Krisen werden. Die beste Lösung eines solchen Problems läge natürlich in vollendeter Teamarbeit und gegenseitigem Verständnis; doch bleiben die zwischenmenschlichen Beziehungen trotz aller von den verschiedenen Religionen, Philosophien und politischen Systemen angebotenen Verhaltensmaßregeln äußerst unbefriedigend. Der Streß des Miteinanderlebens ist nach wie vor eine der häufigen Ursachen für Krisen.

Das Zentralnervensystem des Menschen, insbesondere sein Gehirn, ist besser enwickelt als das irgendeines anderen Lebewesens. Das hat wesentlich dazu beigetragen, daß viele Probleme des Fortbestandes nun durch die Logik des Intellekts gelöst werden. Allerdings sind wir geneigt, uns bei zwischenmenschlichen Beziehungen längst nicht so bereitwillig von der Logik wie von Gefühlsregungen leiten zu lassen. Obwohl auf Logik basierende Entscheidungen sicherer sind, ist es das Gefühl, das einen Menschen veranlaßt, sein Leben für irgend etwas zu opfern, aus Liebe zu heiraten, schlimme

Verbrechen zu begehen oder einer religiösen Sekte beizutreten. Logik wendet er, wenn überhaupt, erst nachträglich an, um die gefühlsmäßige Handlung rational zu erklären und seinen Lebensweg erfolgreicher zu gestalten. Starke Gefühlsregungen hängen mit den ›bedingten Reflexen‹ zusammen. Im Gegensatz zu den angeborenen natürlichen Reflexen werden bedingte Reflexe als das Resultat von wiederholten Erfahrungen und durch Training erworben. Erfahrung lehrt uns, alles zu vermeiden, was negative Gefühle wachruft oder Strafe nach sich zieht, und statt dessen ein Verhalten anzunehmen, das positive Gefühle weckt und Belohnung fördert. Herausforderung kann zu einem Gewinn oder zu einem Verlust beitragen. Krisen sind immer Herausforderungen, und wenn wir die Spielregeln kennen, liegt es weitgehend in unserer Macht, konstruktiv zu reagieren.

Die Art und Weise, wie wir mit den Anforderungen zwischenmenschlicher Beziehungen fertig werden, beruht im wesentlichen auf Erinnerungen an frühere Erlebnisse, auf einem ›Vorurteil‹ gegenüber dem zukünftigen Verhalten, wie es sich aufgrund vorangegangener Erlebnisse voraussagen läßt. Das Wort Vorurteil hat seinen ursprünglichen Sinn längst verloren. Im heutigen Sprachgebrauch hat es eine wohlverdiente schlechte Bedeutung, denn es bezeichnet eine vorgefaßte Meinung, die sich nicht auf Erfahrung sondern auf Unwissenheit stützt. Genaugenommen ist jedoch jede Weisheit, die der Erfahrung entspringt, ein ›Vorurteil‹ im ursprünglichen Sinn des Wortes. Der Geübte kann bei seinen Zukunftsplänen viel vernünftigere Voraussagen machen, weil er ja dabei berücksichtigt, was er aus dem Ablauf vergleichbarer Ergebnisse in der Vergangenheit gelernt hat. Solche Erfahrungen können zu dreierlei Gefühlen oder Einstellungen führen: positiven, negativen und gleichgültigen.

Positive Gefühle lassen sich im großen und ganzen als ›Liebe‹ in dem allumfassenden Sinn des Wortes umschreiben. Sie schließen Dankbarkeit, Achtung, Vertrauen und auch die Bewunderung ein, die wir für die Großartigkeit hervorragender Leistungen empfinden, und alle zusammen summieren sich zu Wohlwollen und Freundschaft. Wenn wir Liebe in diesem allgemeinen Sinne verstehen, kann es unser höchstes Lebensziel werden, sie zu sammeln. Denn, soweit wissenschaftlich festgestellt werden kann, ist dieses Höchstziel mit der Erhaltung und der Freude am Leben schlechthin verbunden. Unsere ausgewogene Sicherheit innerhalb der menschlichen Gesellschaft ist am besten dadurch gewährleistet, daß wir in möglichst vielen Menschen positive Gefühle für uns wachrufen, denn niemand hätte einen persönlichen Grund, einen Menschen anzugreifen, den er liebt, achtet und dem er vertraut, für den er Dankbarkeit empfindet oder dessen hervorragende Leistungen auf irgendeinem Gebiet beweisen, daß sie sich vollbringen lassen und daß sie der Nachahmung wert sind.

Negative Gefühle schließen Haß, Mißtrauen, Verachtung, Feindseligkeit, Eifersucht und Rachsucht, kurz alle Regungen ein, die dazu angetan sind, unsere Sicherheit dadurch zu gefährden, daß sie in anderen, die sich nun vor uns fürchten, Aggressivität hervorrufen.

Gleichgültigkeit kann bestenfalls zu einer toleranten Einstellung führen und vielleicht ein friedliches Nebeneinanderleben ermöglichen – mehr aber auch nicht. Alles in allem ist das Wachrufen dieser drei Gefühlsarten der wichtigste Faktor bei der Regelung menschlichen Verhaltens im Alltagsleben. Es sind diese Gefühlsregungen, die an erster Stelle für unsere Ängste oder unseren Seelenfrieden verantwortlich sind, für unsere Empfindungen der Sicherheit oder Unsicherheit, Erfüllung oder Enttäuschung – kurz, sie bestimmen, ob es uns gelingt, unser Leben erfolgreich zu gestalten, indem wir uns von herausforderndem Streß freudig beleben lassen, ohne negativen Streß zu erleiden.

Wir müssen uns vollkommen klar darüber sein, daß diese

positiven, negativen und gleichgültigen Einstellungen zutiefst im Wesen alles Lebenden verankert sind. Sie steuern die homöostatische Anpassung auf allen Stufen gegenseitiger Beeinflussung zwischen Zelle und Zelle, Mensch und Mensch, Nation und Nation. Erst wenn wir das wirklich begreifen und vollkommen akzeptieren, werden wir besser dafür ausgerüstet sein, den Teil unseres Verhaltens zu lenken, der unter freiwilliger Kontrolle steht oder ihr unterworfen werden kann. Das schließt buchstäblich jede Entscheidung ein, von der das gegenseitige Verhalten zwischen Familienmitgliedern, zwischen einem Team von Mitarbeitern oder gar einer Gruppe von Völkern abhängt.

Die zwingenden biologischen Gesetze kybernetischer Selbstverteidigung machen es uns schwer, Liebe dadurch zu verdienen, daß wir ständig nur altruistische Entscheidungen treffen. Es ist dagegen leicht, altruistischen Egoismus zu betreiben, bei dem wir anderen zugegebenermaßen aus dem selbstsüchtigen Beweggrund helfen, uns damit ihre Gegendienste zu sichern. Es ist auch schwierig, den Impuls der Rache zu unterdrücken, wenn wir ungerechterweise angegriffen werden, denn er entspringt dem natürlichen Verlangen, anderen beizubringen, daß es sich nicht auszahlt, uns zu verletzen. Wenn wir ein unartiges Kind bestrafen, kommen wir ungewollt der Rache sehr nahe, selbst wenn wir uns von elterlicher Liebe leiten lassen. Bestrafung bezweckt, das Kind mittels der Furcht vor Vergeltung für ein korrektes Benehmen in der Zukunft zu konditionieren. Leider ist es oft schwer, die Grenzen zwischen konstruktiver Erziehung durch geeignete Bestrafung und einer sinnlosen, ausschließlich rachsüchtigen Vergeltung oder bloßem Geltungsbedürfnis zu ziehen. Wir müssen jedoch lernen, sie ganz klar zu erkennen, wenn wir nach der Ethik unseres Verhaltens leben wollen.

Unsere zwischenmenschlichen Beziehungen im alltäglichen Leben sollten sämtlich von dem Wunsch geleitet werden zu helfen, und zwar unter Anwendung nützlicher Rückbeeinflussungssysteme von bedingten Reflexen, die deutlich zeigen, was aller Wahrscheinlichkeit nach Belohnung oder Bestrafung nach sich zieht. Dabei müssen wir jedoch auch die mildesten Formen einer sinnlosen, von blindem Haß inspirierten Vendetta vermeiden, die nur eine grausame Vergeltung herausfordert. Da das Böse immer da ist, das uns daran hindert, am Guten teilzuhaben, ist es nicht nur in der Außenwelt, sondern auch im eigenen Innern des Menschen zu finden.

Die Angst vor dem Bösen ist im Grunde nichts als die Angst vor unserer eigenen Unzulänglichkeit, Unvollkommenheit und Schwäche, die uns befürchten läßt, nicht immer in der Lage zu sein, darüber hinauszuwachsen. Man kann Menschen in eine Krankheit oder in andere pathologische Abwehrmechanismen treiben, wenn man sie mit der Angst vor dem Bösen in der Welt und in sich selbst antreibt oder in irgendeiner Form manipuliert. Es genügt darum nicht, nur das Gewissen des Menschen zu sensibilisieren, sondern es sind Lebens- und Entwicklungshilfen im Umgang mit dem Unvollkommenen, mit der Tatsache des Menschen zu gestalten. Keine Lösung des Konflikts ist erreicht, wenn wir die Realität der Welt und unser eigenes So-Sein verleugnen und uns mit dem positiven Wert identifizieren. Wer sich gebärdet, als wäre er ein Heiliger und seine eigene menschliche, unzulängliche Seite nicht erkennt, oder sie verleugnet, lebt in einer gefährlichen Inflation der Seele. Er ist dem Guten entfernter als all die anderen, die in der Mühsal der menschlichen Auseinandersetzung in der Erkenntnis leben, daß auch sie selbst ein unvollkommener Teil dieser unserer Welt sind.

Der konstruktive Anteil und die Einsicht in das, was realisierbar ist, fehlen häufig in Krisenzeiten. Und nicht selten besteht die Gefahr, daß viel Geschrei um nichts ist, wenn sinnvolle, erste kleine Schritte zu Lösungen nicht gefunden werden und übertriebene radikale Forderungen nicht Einsichten fördern, sondern in anderen Menschen nur Sündenbockverhalten provozieren. Dann ist die traurige Situation erreicht, daß beide Parteien sich gegenseitig als Sündenböcke bekämpfen und keine Seite lernbereit und wandlungsfähig sich dem stellt, was im Augenblick dringend notwendig ist. Dann bleibt es dabei, daß jeder sich im Recht glaubt und auf das Unrecht des anderen hinweist, um sich selbst damit besser zu fühlen.

Die Chance einer Erneuerung wird in solchen Abläufen immer versäumt. Wir müssen darum hellhörig werden, wenn Menschen auftreten, die sich immer sehr im Recht, immer mit dem Guten identisch fühlen.

Dieses uralte menschliche Problem wurde schon in der Bibel deutlich formuliert: Der Sünder ist Gott näher als der Pharisäer, weil dieser sich seiner Menschlichkeit und seiner verdrängten Probleme nicht bewußt ist und in Selbsttäuschung lebt. Es ist eine alte Tatsache, daß man mit dem Sünder im eigenen Innern leichter zurechtkommen kann als mit dem Pharisäer in sich. Wer bei sich selbst gewahr wird, daß er trotz all seiner Bemühungen in sich doch viel Ungereimtes, Unvollkommenes, Unausgereiftes, Unbewältigtes trägt, wird zwar immer wieder zum Nachdenken gezwungen, er erlebt sich aber auch positiv auf dem Weg zum Menschsein.

Wer sich allzusehr mit dem Gutsein, dem Besserwissen, dem absoluten Rechtmachen identisch weiß, ist auf sich selbst meist so sehr bedacht, daß er wenig Zuwendung für den anderen hat und kein Verständnis für die Unzulänglichkeit und Andersartigkeit des anderen aufbringt, auch nicht gegenüber seinem Partner und seinen Kindern. Die Gefahr verborgener narzißtischer Selbsterhöhung ist dann allzu groß. Der Genuß des eigenen Erfolges wird geliebt und die eigene Tüchtigkeit zelebriert ohne das Gefühl der Dankbarkeit gegenüber einer günstigen Lebenssituation, ohne die

Fröhlichkeit über ein gütiges Schicksal, das einem manches Bemühen gelingen ließ und einem auf die Sonnenseite des Daseins verhalf.

Die Selbstgefälligen vergöttern sich und setzen sich selbst auf einen Thron. Solche Menschen sind in vielen Bereichen unsozial. Sie verstehen nicht das menschliche Leiden um sich herum, haben kein Gefühl für den anderen und anders gelagerte Probleme als die eigenen. Der Bezug zum Mitmenschen ist gering. Aber auch dann, wenn wir imstande sind, ohne Übermut das Rechte zu tun, sind wir damit nie vollkommen identisch. Denn der Mensch ist nie absolut gut, das würde Vollkommenheit bedeuten. Wir sind es auch dann nicht, wenn wir danach handeln, denken, fühlen und wirklich das Richtige und Gute leben. Immer müssen wir Menschen mit all dem in der eigenen Psyche zurechtkommen und uns mit jenem Inneren auseinandersetzen oder es gar verdrängen, was unsere primitive Seite ist, was uns von früheren Entwicklungsstufen der Menschheitsgeschichte noch anhängt, was mit sich widersprechenden elementaren Verhaltensweisen und Triebbedürfnissen zusammenhängt. Auch wenn das Naturhafte durch den einzelnen zur Kultur geformt wird, bleibt die Konfrontation zwischen Kultur und Natur und das Suchen nach sinnvoller Ausgewogenheit ein steter Prozeß.

Jeder, der einmal eine Krise erlebt hat, erinnert sich, daß er das Gefühl hatte, kaum noch Energie zur Verfügung zu haben. Es gibt Zeiten, in denen die Lebensenergie wie durch die Finger rinnt, etwa in einer zerbrechenden Beziehung oder in einer Krankheit, in der das Leben ›zunehmend verfällt‹ und sich ›verzehrt‹. Dann fällt es uns besonders schwer, mit einem schwächeren Lebensrhythmus, einem geringeren seelischen Magnetfeld, einem herabgesetzten Tonus im Einklang zu bleiben und unter der Eisschicht unserer Stockung das lebendige Plätschern des Wassers zu vernehmen, und so lebendig zu bleiben.

Besonders bedroht ist unsere Lebendigkeit bei unumkehrbaren Minderungen des Lebens. Dann neigen wir dazu, einen festen, aber künstlichen Standpunkt außerhalb dessen, was jetzt an Traurigem mit uns geschieht, zu suchen, einen festen Pflock in den morastig nachgebenden Grund zu schlagen, uns an ihn zu krallen. Doch eben dadurch verlieren wir den Zugang zu dem rätselhaften Leben, das sich gerade jetzt bei uns ereignet. Könnten wir doch gerade jetzt am Ball bleiben, statt Hilfe bei den Phantomen von festen unbeweglichen Götzen zu suchen! Die unerschrockene, nicht störbare Aufmerksamkeit für das, was jetzt lebendige, wenn auch schmerzhafte Realität ist, kann uns als einziges Halt geben: den Bodenhalt eines breiträdrigen Fahrzeugs.

Solange wir uns nicht stören lassen, können wir nicht gestört werden. Doch dieses Einfachste ist auch das Schwierigste. In Zeiten schwerster Belastung neigen wir besonders zur Selbstzerstörung. Die Schwierigkeit, nicht nur mit dem Strom der positiven sondern auch der negativen Erfahrung zu fließen, zeigt sich besonders in außergewöhnlich bedrohlichen Lebenssituationen.

Wenn der Mensch, den Sie lieben, Ihnen eröffnet, daß er sich von Ihnen trennen will, oder wenn der Arzt Ihnen mitteilt, daß Sie Krebs haben, oder wenn Ihre Stellung gekündigt wird, brauchen Sie zumindest eine gewisse Zeit, bis Sie in diese Ihre neue Lebensbewegung eingehen und in der Lage sind, hinter der negativen Erfahrung nichts als Ihre negative Wertung zu sehen. Wer dies nicht in einfacheren Situationen geübt und die tiefe Wahrheit dieser Haltung über längere Zeit erfahren hat, wird es damit schwerhaben. Doch gibt es dazu keine Regeln. Es gibt Menschen, die jahrzehntelang gegen ihren Lebensstrom angekämpft haben und in einer plötzlich erschütternden Krise eine Art Ruck in die Mitte machen, als würde ein ausgerenktes Glied wieder eingerenkt, und von nun an im Lot, oder besser: im beweglichen Punkt der stärksten Lebensströmung bleiben.

Menschen in schweren Krisen berichten immer wieder von dem Gefühl, innerlich gestaut zu sein. Solche Formen von Energiestauung sind ebenfalls Ausdruck des natürlichen Lebensrhythmus. Die Lebensbewegung vollzieht sich nur innerlicher, unsichtbarer, ›seelischer‹. Die natürliche Stauung ist nie eine absolute. Unter ihr ist intensive Bewegung. Die Lebenskeime ordnen sich neu. Eine Neuorientierung bereitet sich vor. Die ängstliche Erstarrung des Lebens ist eine Stauung der Lebensenergie ganz anderer Art. Sie stammt aus der Abwehr einer negativen Emotion, die sich entladen möchte von Schmerz, Angst, Wut oder Traurigkeit. Viele Menschen möchten unbedingt ›glücklich sein‹, und dieses Bedürfnis wird ganz besonders in Krisenzeiten stark. Aber das erste natürliche Ziel des Menschen ist nicht Glücklichsein, es ist die Einstimmung in den Rhythmus der Lebensenergie, sogar bei krisenhaften Ereignissen wie Trennung, Verrat, Leiden, Krankheit und Tod, denen auf seelischer Ebene negative Gefühle entsprechen.

Dante mußte zunächst in die Hölle hinabsteigen, bevor er über das Fegefeuer in den Himmel gelangte. So will es immer wieder der natürliche Rhythmus unserer Emotionalität. Die belebende Grundstimmung, die durch das Einschwingen in den eigenen Todes- und Lebensrhythmus entsteht, hat mit dem herbeigesehnten Glück des ängstlichen Menschen nichts zu tun.

Unser Körper wird zu einer Metapher des Lebens, wenn es uns gelingt, einen krampfartigen inneren Schmerz, von dem wir nicht genau sagen können, ob er körperlich oder seelisch ist, als unseren Schmerz ruhig anzunehmen und für ihn den passenden sprachlichen Ausdruck zu finden.

Menschen, die immer Angst haben, ihre Lebensenergie reiche nicht aus, sind sich nicht im klaren darüber, daß ihr Problem nicht im Quantum, sondern in der Verfügbarkeit der Energie liegt. Durch ihre Angst, zuwenig zu haben oder zu kurz zu kommen, entfernen sie sich von der Quelle ihrer

Lebendigkeit und erleben sich als kraft- und saftlos. Aus dem Grunde des Ungenügens heraus ziehen sie sich von allen starken, geladenen Lebenssituatonen zurück. Dahinter verbergen sie die Not der Einsamkeit aus Lebensangst. Äzt sich die Not zu brennend in ihre Seele ein, suchen sie Rettung in der Außenwelt. Zum Beispiel in Aufputschmitteln, um sich für eine sexuelle Begegnung zu präparieren, und werden in ihrer Lebendigkeit immer fremder. Statt mit dem natürlichen Auf und Ab lebendig mitzufließen, gehen viele dieser Menschen den qualvollen Leidensweg von abwechselnder chemischer Aufputschung und chemischer Dämpfung: ein Teufelskreis der Selbstzerstörung. Auch die Drogensucht ist auf die Sehnsucht nach Lebensenergie zurückzuführen.

»Ich bin gespannt, was du mir zu sagen hast« – oder: »Dein Vorschlag beschwingt mich« – oder: »Deine Gedanken sind verdreht und verkorkst« – solche Redewendungen bedeuten das, was sich real auch im Körper abspielt. Der Körper schwingt mit, stockt oder spannt sich oder fließt. Sprache hat von ihrem Ursprung her nichts mit bloßem Kopfwissen zu tun. Dies zeigt sich an ihrer körperlichen Wirkung. Daher ermutigen wir Klienten oft, ihre gerade aktuellen Emotionen sprachlich auszudrücken, und zwar durch ein starkes Wort, das – einmal ausgesprochen – die Emotionen weiter auflädt, zur Entladung drängt und schließlich abführt.

Solche ›Zauberworte‹ – den indischen Mantras verwandt – rufen oft viele Einfälle hervor, wodurch die Verarbeitung einsetzt. Als zum Beispiel das Schlüsselwort ›verkorkte‹ auftauchte, imaginierte sich ein Mann als verkorkte Flasche. Die Assoziationen, die in solchen Zusammenhängen kommen können – von frühkindlichen Erlebnissen über sexuelle Blockierungen bis zu Arbeitshemmungen – sind alle so geladen, daß das Gespräch an Druck und Tiefe gewinnt. Bei solchen Gesprächen richtet sich – wie erwähnt – die Aufmerksamkeit beiläufig auf die angesprochenen Themen und Ereignisse und in erster Linie auf den Fluß der Energie: auf deren Stockungen, Anschwellen, ›Aufbrausen‹, Wirbel, Hinplätschern, Sich-Ausfächern, Zusammenziehen. Hier liegt der besondere Wert des psychoenergetischen Vorgehens. Es läßt den Energiespiegel eines Dialogs beträchtlich ansteigen.

Die Bioenergetik geht von Muskelverspannungen aus und fragt nach den entsprechenden energetischen Hemmungen. Die Psychoenergetik dagegen sucht nach dem passenden sprachlichen Ausdruck für eine bisherige sprachlose Emotion. Dadurch gerät diese von innen her in Schwingung. Wenn ich das richtige Wort für eine Emotion gefunden habe, löst es eine körperlich deutlich spürbare innere Bewegung aus: Ich erröte, atme schneller, bekomme Herzklopfen und so weiter. Solchen starken Worten durch Umkreisung näher zu kommen, ist ein wesentlicher Bestandteil unserer Therapie. Unpassende Deutungen dagegen sind Worthülsen ohne Widerhall. Denken Sie nur daran, was passiert, wenn Sie sagen: »Ich bin traurig.« Dieser Satz löst noch kein emotionales Echo aus. Wir haben also das falsche Wort gewählt. Sagen wir dagegen zum Beispiel: »In mir ist ein riesiger Topf voll Traurigkeit«, dann können wir durch geschickte Wortführung den Topf zum Überlaufen bringen.

Solange wir unseren Körper zappeln lassen, fehlt es uns ›irgendwie‹ an Tiefe, einer Basis sinnvoller Gefühle, an einer Quelle inneren Gewahrseins und Gefühlsaufmerksamkeit. Eigentlich wollten wir ja nur Schmerzen und Krankheit vermeiden, doch bemerken wir jetzt, daß uns auch die Gefühle von strahlender Gesundheit, Freude und Lust nicht mehr ergreifen. Was wir empfinden, ist häufig nichts anderes mehr als Öde und Überdruß. Viele Menschen machen in einem kurzsichtigen Hedonismus, d. h. in ihrem Streben nach Sinnenlust und Genuß, ihren Körper zur Marionette, um noch mehr Lust und Genuß aus ihm herauszupressen.

Ihre Gier soll die Geringschätzung des Körpers ausgleichen. Doch Gier kann nie und nimmer zum vollen entspannenden Genuß führen. Erst müssen solche Menschen auch für negative Empfindungen empfänglich werden. Der Marionettenspieler ist Sklave seiner Angst vor dem lebensgefährlichen Leben. In seiner Gier sucht er sich der Lebenslust zu bemächtigen, doch ohne den Preis dafür zahlen zu wollen, nämlich Schmerz, Krankheit und Tod. Kaum überwältigt ihn die Gier, bringt er sich selbst um den begehrten Genuß aus Angst, als sterblicher Mensch zu erwachen. Deshalb verhindert seine Gier den wirklichen Genuß. Er bleibt hektisch gespannt und beutet seinen Körper aus. Er will die Lust in den Griff bekommen – und findet keine Befriedigung. Das sind die Tantalusqualen des gierigen Menschen.

Jeder Genuß, der sich Tantalus anbietet, wird ihm im Moment des Ergreifens wieder entzogen. Ebenso geht es dem Gierigen: Je mehr er konsumiert, desto weniger kann er genießen.

Als erster hat Wilhelm Reich gezeigt, daß unsere ganze vegetative Lebendigkeit durch eine einzige nicht zugelassene Emotion in Mitleidenschaft gezogen wird. Es sind nie Muskeln, die in Spannungen geraten, sondern Muskelkomplexe, die zu einer vegetativen Muskeleinheit gehören. Wenn zum Beispiel der Impuls zu weinen unterdrückt wird, so wird nicht etwa nur die Unterlippe verkrampft, sondern die gesamte Mund- und Kiefermuskulatur sowie die entsprechende Halsmuskulatur, jene Organe also, die als funktionelle Einheiten beim Weinen in Tätigkeit kommen. Sind Sie im Moment gerade traurig? Dann spielen Sie bitte nicht den zuversichtlichen Optimisten im Sinne von: »Mich haut das nicht um!« Lassen Sie statt dessen den Kummer fließen. Jammern Sie, weinen Sie, geben Sie sich ganz dem Schmerz hin, und lassen Sie sich vor allem Zeit dabei. In unserem Leben hat alles seine Zeit. Eine Trauerperiode kann nicht zugleich eine Zeit der Feste und der Freuden sein. Ist die

Krise erst einmal überwunden, sind Lust und Freude zurückgekehrt, können Sie das Leben wieder so genießen, wie es Ihnen gefällt. Aber während der Trauerzeit ist es besser, sich der Trauer hinzugeben.

Menschen, die regelmäßig ihre Empfindungen und Emotionen verdrängen, leben in ständiger Angst. Das ist ein allgemeines psychologisches Gesetz. Wie ist es zu erklären? Betrachten wir diese Angst genauer: Sie ist eine diffuse Bedrohungsangst, als würde sich ein Unheil vorbereiten, gegen das wir ohnmächtig sind. Eine wirkliche Todesangst. Wollen wir unseren Ängsten und sonstigen unausgelebten Emotionen auf die Spur kommen, müssen wir uns Gedanken machen über die Struktur der Familie, aus der wir kommen. Die Auseinandersetzung mit der Ursprungsfamilie im Rahmen der Krisenbewältigung ist deshalb wichtig, weil Krisen und psychische Störungen im Erwachsenenalter sehr oft ihre Ursache in nachklingenden Störungen der psychischen und sozialen Entwicklung in der Kindheit und frühen Jugend haben: eine in welcher Form auch immer defizitäre Kindheit verdirbt potentiell das ganze Leben. Je geringer die früh erworbene Flexibilität ist, desto weniger wird es möglich sein, daß jemand über die eigene Situation reflektiert, seine Schwierigkeiten mit den gesellschaftlichen Normen überprüft und nach irgendeiner Seite praktische Erinnerungen zuläßt. Der Erwachsene in der Krise ist gezwungen, sich immer wieder neu mit der Kindheitsgeschichte in seiner Herkunftsfamilie zu befassen. Frühe Fehlentwicklungen in der ›Beziehungsarbeit‹ behindern ihn bis heute in seinem emotionalen und sozialen Austausch mit den Menschen, um die sein Denken, Phantasieren und Wünschen kreist und auf die er sich in seinem Handeln ausrichtet. Völlig abgegrenzt, nur für sich selbst existierend, könnte er nur schwerlich überleben.

Machen Sie sich wieder einen Arbeitsbogen, und notieren Sie, unter Zulassung der Emotionen, die Ihnen dabei hochkommen wollen, folgende Fragen:

1. Wer war und ist noch immer wichtig von Ihren früheren Bezugspersonen? Wer stand und steht Ihnen immer noch am nächsten? Worin äußert sich das und welche Gründe gibt es für diesen Vorzug?
2. Wie war die Machtstruktur in Ihrem Elternhaus? Gab und gibt es eine Hierarchie? Wo war Ihr Platz in dieser Hierarchie?
3. Wie waren Macht und Ohnmacht verteilt? Wer hatte und hat es noch heute am schwersten? Bitte begründen Sie das.
4. Gab und gibt es offene Koalitionen unter den Familienmitgliedern? Wie waren und sind die Geschwister voneinander abgegrenzt?
5. Über welche Lieblings- und Standardthemen wurde in der Familie gesprochen? Versuchte irgend jemand ständig anderen, insbesondere Ihnen, seine Sicht der Dinge aufzuzwingen? Mit welchem Ergebnis?
6. Wo hielten Sie sich in der Wohnung am liebsten auf? Wo war Ihr Lieblingsplatz? Welche Möglichkeiten des Rückzugs bestanden für die einzelnen Familienmitglieder? Besonders für Sie? Was durfte der einzelne in der Wohnung gestalten und verändern, was nicht?
7. Wie war die Sitzordnung bei Tisch? Wo saß der Vater und wo saßen Sie? Durften Sie mit den Eltern die Plätze wechseln?
8. Wie verliefen die Beratungsgespräche in der Familie, wenn es um Entscheidungen ging? Wer entschied letztlich immer? Worüber und was durften Sie selbst entscheiden, bis heute? Beteiligen sich bis heute Eltern und Geschwister an Ihren Entscheidungsprozessen? Wenn ja, mit welcher Begründung? Wie ordnen Sie Ihre Familie aus der Kindheit im Hinblick auf die soziale Klasse oder Schicht (Stellung des Vaters, Einkommen, Bildungsgrad etc.)? Wie und worin drückte sich die Klas-

senlage in den innerfamiliären Verständigungsprozessen und in den Außenbeziehungen der Familie (kulturelle Verhaltensmuster, Auswirkungen auf Ihren Schulerfolg, Sprachgebrauch) aus?

9. Wie wirkte sich der Beruf des Vaters und auch der der Mutter auf den sozialen Status der Familie aus? Gab und gibt es Geldsorgen? Wie wirkt sich heute die unterschiedliche soziale Lage der Familienmitglieder auf die Ursprungsfamilie aus?
10. Mit Hilfe welcher Rollenspiele setzten einzelne Familienmitglieder ihre Interessen in der Familie durch, früher und heute?
11. Was war das durchgängigste Konfliktfeld im Elternhaus, in das Sie ständig einbezogen waren? Mit Hilfe welcher Rollenspiele wurden in diesem Bereich die Einzelinteressen durchgesetzt? Beschreiben Sie einzelne solcher Spiele, und machen Sie sich klar, wer der Verlierer war.
12. Wann und wodurch haben Erwachsene Ihrer Einschätzung nach ihre Macht gegenüber den Kindern, insbesondere Ihnen gegenüber, mißbraucht? Mit welchen Gefühlen war dieser Machtmißbrauch auf beiden Seiten besetzt? Wie kamen diese Gefühle im Konflikt selbst und wie im nachhinein (bis heute) zum Ausdruck?
13. Wie groß war und ist die Toleranz der Eltern gegenüber Aggressionen und Ängsten und Sexualität? Welches waren die entscheidenden vorangegangenen Prägungen der Eltern, bezogen auf die Lebensäußerung im Elternhaus?
14. Listen Sie auf, was in Ihrer Familie nicht erlaubt war. Schreiben Sie die jeweilige Begründung dazu.
15. Was galt und gilt in Ihrer Familie besonders als erstrebenswert? Listen Sie auch das mit Begründung auf.
16. Wurden Ge- und Verbote begründet? Was waren durchgängige Gründe für Belohnungen und Bestrafungen?

Wie spielten sich Belohnungen und Bestrafungen im einzelnen ab? Galten alle Erziehungsmaßnahmen der Eltern und der übrigen Familienmitglieder dem Ziel, aus Ihnen eine ganz bestimmte Tochter oder einen ganz bestimmten Sohn zu machen? Sollten Sie lieber ein Junge oder ein Mädchen sein?

17. Inwieweit hat Ihre jetzige Krise etwas mit diesen Rollenwünschen der Eltern zu tun?

Es sind wieder eine ganze Reihe von Fragen. Wenn Sie sich mit jeder einzelnen Frage auseinandersetzen, sie auf sich wirken, sie in sich eindringen lassen, werden Sie möglicherweise aus dem eigenen Unbewußten Antworten erhalten und Zusammenhänge mit Ihrer Krise erkennen. Die Antworten auf diese Fragen können Ihnen helfen, die Krise verständlicher werden zu lassen.

5

Psychologische Betrachtung der Verdrängung

Wenn Kinder durch irgendein Ereignis Kummer haben, seelische Schmerzen erleiden, dann stehen sie oft mit diesem Schmerz allein da. Könnten sie ihren Schmerz in seiner ganzen Intensität erleben, dann wäre bald die Geschichte ausgestanden. Doch bei Zuviel an seelischen Schmerzen ist das Kind zunächst ›barmherzigerweise‹ dem Unbewußten überlassen. Für diese ›Gnade‹ muß es aber im späteren Leben seinen Preis zahlen. Der Schmerz wird weggeschoben, verdrängt, bleibt aber im Organismus, gerade weil er zu überwältigend war, um voll erlebt, erledigt, verstanden zu werden. Dieser frühkindliche Schmerz gewinnt ein eigenes Leben außerhalb des Bewußtseins und übt eine fortwährende Macht aus. Wird er nicht wieder fühlbar gemacht, fordert er jenen endlosen Tribut, der sich in ähnlichen Situationen wie jenen, in denen dieser ursprüngliche Schmerz erlebt wurde, krisenhaft wiederholt.

Es wird immer von Verdrängung als etwas gesprochen, das eine ›böse‹ Verhaltensweise ausdrückt. Verdrängung hat auch eine zunächst schützende Funktion, doch auf lange Sicht beginnt sie zu zerstören. Verdrängung ist kein wohlüberlegter geistiger Trick oder etwas, das wir bewußt herbeiführen. Sie ist vielmehr eine Reaktion des gesamten Organismus. In ›Teamarbeit‹ wird sie von Gehirn und Körper gemeinsam durchgeführt, um schmerzhafte Erfahrungen abzuwehren, besonders im jugendlichen Alter, also in einer Zeit, wo der Mensch sehr verwundbar ist und sich nur schwer wehren kann. Was für Erwachsene zur ›normalen‹ Kindererziehung gehört, nämlich Kinder zu strafen mit Liebesentzug und Ohrfeigen oder schweren Schlägen, ist für das Kind ein Vertrauensverlust, eine gewaltige Gefahr. Die Bestrafung ist zu schwer, um von einem Kind bewußt ertragen werden zu können. Wenn es in einem unsicheren, unbefriedigenden Elternhaus überleben will, kann es sich nicht leisten, seine wahren Bedürfnisse zu fühlen oder sogar zu zeigen. Während es zum Beispiel beobachtet, wie ein Bruder oder eine Schwester geprügelt werden, erkennt es, daß Eltern ›böse‹ sein können. Bewußt würde es sich sagen: »Auch ich werde einmal so geschlagen, wenn ich nicht alles tue, was die Eltern bei Laune hält.«

Die Gabe des Verdrängens, eine Anpassungsreaktion im menschlichen Erleben, besteht darin, daß die Schärfe und Wucht einer solchen Erkenntnis gemildert wird und das Kind ohne sichtbare Reaktion zusehen kann. Es hat den Schmerz dessen, was es miterlebt, verdrängt, und mit dem Schmerz verdrängt es sein Bedürfnis nach Liebe, Geborgenheit, Wärme … nach einer Mutter. Es wäre nicht fähig, diesem Bedürfnis zu begegnen, ohne sich zuerst mit dem katastrophalen Schmerz zu befassen, der entstanden ist, als es erleben mußte, daß ein anderes Kind geschlagen wurde und starke Schmerzen erleiden mußte.

Dieser gewaltige Schmerz ist nun aus dem Bewußtsein, nicht jedoch aus dem Leben oder dem Organismus des Kindes herausgenommen worden. Es sieht so aus, als würde das Kind seinen Entwicklungsweg weiterverfolgen, als sei nichts geschehen. Aber es kann gut sein, daß das Kind schwere Träume erlebt. Es wird von Drachen, Krokodilen und Schlangen zu träumen beginnen, die ihm Angst machen. Möglicherweise wird es im Kindergarten unruhig und beginnt, wieder einzunässen. Der verdrängte Schmerz tut seine Arbeit. Die Verdrängung eines bestimmten Gefühls führt zu einer Stillegung eines Teils der umfassenden Fähigkeit des Menschen zu fühlen. Je mehr verdrängt wird, um so weniger ist der Mensch auch im späteren Alter in der Lage, zu fühlen und zu erleben. Für jemanden, der nicht fühlen kann, hat das Leben keinen Sinn. Das Leiden anderer Leute hat keine Bedeutung, und nicht einmal unser eigenes Leben bedeutet etwas. Ein hoher Prozentsatz an Lebensenergie ringt mit inneren Qualen, so daß kaum Energie genug übrigbleibt, um sich gesund und normal mit uns selbst und unserer Umwelt zu beschäftigen. Fühlen ist die Erfahrung unseres ganzen Selbst – die Essenz des Lebens und die Grundlage dafür, Menschen zu begegnen.

Wenn in der Kindheit immerzu die Gefühle verdrängt werden, die die Eltern nicht akzeptieren können, wird das betreffende Kind früher oder später automatisch zu einer Unterdrückung seiner Gefühle von innen kommen. Es wird das Bewußtsein über diese Gefühle und den Kontakt zu sich selbst verlieren.

Das Wesen der Verdrängung ist schon so zu einer Lebensform geworden, daß oft die Meinung zu hören ist, Gefühle zu zeigen sei nicht ›normal‹. Selbstbeherrschung sei das Zeichen von Gesundheit, und jedes Anzeichen von Gefühl wird nicht selten als Hysterie abgetan. Die Tatsache, daß Gefühle eine solche Bedrohung darstellen, ist ein Anzeichen für das Ausmaß von sehr alten, frühkindlichen Gefühlen, die abgewehrt werden müssen. Irgendwann wird dann in einer banalen Situation Angst empfunden. Angst wird im allgemeinen als Gefühl der Erregung mit Übelkeit oder Flauheit im Bauch wahrgenommen. Jeder, der als Erwachsener in einer tiefen Krise steckt, die von Angst begleitet ist, kennt dieses Gefühl der Flauheit im Bauch. Angst ist die Manifestation von frühkindlichen, verdrängten Schmerzen. Diese Angst signalisiert uns, daß der alte Schmerz wieder aktiviert wurde und er an die Oberfläche des Bewußtseins drängen möchte, da im Augenblick die Verdrängungsmechanismen nicht mehr gut genug funktionieren. Nun reagieren alle inneren Systeme, um die Bewußtwerdung zu verhindern. Angst ist durch ein Gefühl der Besorgnis, des Grauens und des drohenden Verhängnisses charakterisiert. Sie ist ein riesiger Schrecken, der normalerweise einen Durchbruch sehr früher Schmerzen mit sich bringt. Angst ist der Zustand, der dem Bewußtwerden von Schmerzen vorausgeht. Sie ist nicht, wie viele meinen, ein bestimmtes Leiden, sondern eher ein Signal für das Zusammenbrechen der Abwehr. Alte Schmerzen lenken die Gefühle auf ein symbolisches Gleis ab. Symbolismus nimmt mit unterdrückten Gefühlen seinen Anfang.

Nehmen wir einmal an, das Gefühl ist Angst vor den Eltern, die verdrängt wird und die zu einer konstanten, zurückbleibenden Angst wird. Für das kleine Kind verwandelt sich die Angst in Drachen und Krokodile, die wähend der Nacht auftauchen, wenn es dunkel ist. Der Drache oder das Krokodil sind ein Symbol. Es kann zu einem wiederkehrenden Symbol werden, so daß selbst Bilder von Drachen oder Krokodilen das Kind in einen Angstzustand versetzen können. Das Kind ist aber nicht wegen des Drachens oder wegen des Krokodils verängstigt. Diese Tiere existieren in den Träumen des Kindes, weil es Angst hat. Bis zu dem Zeitpunkt der Gehirnentwicklung, ab dem das Kind Bilder heraufbeschwören kann, um Angst zu rationalisieren, sieht es sich schlichtem Terror ausgesetzt – der Art von Entsetzen, das durchaus zum Krippentod des im Dunkel seines Bettchens abgeschobenen Säuglings führen kann. In diesem Sinne ist der Drache oder das Krokodil ein Überlebensmechanismus. Wir sollten sehr vorsichtig mit der Austreibung von Dämonen sein, die Kinder erträumen, um ihre Ängste zu rationalisieren. Kindertherapeuten wissen, daß diese Bilder spezifische Funktionen haben, in die sie sich nicht gerne einmischen, ohne die zugrunde liegenden Kräfte zu verstehen. Das Kind macht seine grundlegende Angst rational, sowohl zur unbewußten Begründung seines Gefühls als auch, um sich einen Ansatzpunkt für seine Kontrolle zu verschaffen; das heißt in diesem Fall: Ein Drache ist ein furchtbares Geschöpf, das um jeden Preis gemieden werden muß. Ein Kind kann weder seine Eltern meiden noch deren Zorn oder andere Dinge, die das Kind ängstigen. Aber es kann dem Drachen aus dem Wege gehen. Es kann Symbole manipulieren, um ein altes Gefühl handhaben zu können.

Wenn das Kind älter wird, kann diese Angst vor dem Drachen nach außen verlagert werden. Der Erwachsene hat dann Angst vor Kommunismus, vor Ausländern oder vor dem Partner. Die Angst kann im Extremfall phobisch werden und sich auf Fahrstühle, Berge oder Flugzeuge fixieren.

Sobald im frühen Kindesalter starker Schmerz entsteht und Verdrängung einsetzt, tritt ein neues Selbst hervor, das es gewissermaßen gar nicht hätte geben sollen. Es ist ein abgespaltener Teil von uns. Das reale Selbst, also unser Kernpunkt, ist der Teil von uns, der all die verdrängten Gefühle, die ›begrabenen‹ Bedürfnisse enthält und das irreale Selbst, also jener abgespaltene Teil, der das ›Begräbnis‹ durchgeführt hat. Es ist jener von Bewußtsein abgetrennte Teil, der das reale Selbst unterdrückt und nur Symbole der realen Bedürfnisse erlebt.

Es ist das irreale Selbst, das bei einer Verletzung nie weint; das Selbst, das nie an Schmerzen aus der Kindheit glaubt. Es ist das Selbst, das jeden Zugang zu Bedürfnissen und Gefühlen und der Menschlichkeit einer Person verloren hat. Das irreale Selbst erkennt zwar, ist aber gegenüber den Verletzungen und dem Leiden anderer unempfindlich. Es ist das irreale Selbst, das unsere falschen Überzeugungen, unsere Selbsttäuschungen, falschen Wahrnehmungen und Mißdeutungen enthält. Es ist jener gigantische Überbaum, der die Existenz des realen Selbst überdeckt. Es ist das Selbst, das keine Schönheiten entdeckt, das Freundlichkeit und

Großzügigkeit nicht begreift. Das Selbst, das seine Zärtlichkeit und Romantik verloren hat. Es ist das mystische Selbst, das Selbst, das zuviel redet und zuviel ißt, das Selbst, das destruktive Dinge tut. Das irreale Selbst ist flüchtig und erkennt nur die Oberfläche der Dinge. Es mangelt ihm an der Komplexität, Dinge perspektivisch zu sehen.

Wenn sich unser irreales Selbst entwickelt, sind wir nur halbe Menschen. Das irreale Selbst verwischt das reale Selbst nicht; es erstickt es einfach. Das irreale Selbst ist in Schmerz verwickelt und bezieht nur daraus seine Existenz. Doch es fühlt weder Schmerz, noch erkennt es ihn an.

Verdrängung macht uns irreal, weil sie uns den Zugang zu unserer eigenen Wirklichkeit verbietet. Es mag sein, daß wir wissen, was wir denken, wir wissen jedoch nicht, was wir fühlen. Haben wir einmal verdrängt, müssen wir auf irreale Weise agieren. Wir reagieren nicht mehr direkt auf unsere Gefühle, weil sie uns nicht mehr zur Verfügung stehen, um uns zu leiten.

Das reale Selbst ist sich der Schmerzen aus der Kindheit höchst bewußt und ist ständig in die Bearbeitung von Bedürfnissen und Gefühlen mit einbezogen. Aus diesem Grund kann ein Neurotiker, den man nach seinem Befinden fragt, entgegnen, er fühle sich sehr gut. Er fühlt sich aber nur darum sehr gut, weil er alles Unangenehme weggedrängt hat.

Wer in Krisen steckt, der spürt instinktiv das innere Chaos. Er spürt, daß da eine Welt in der Welt lebt, die ihm Angst macht. Menschen, die auftreten, als seien sie real, sind immer noch irreal, weil ihr Auftreten nicht im Einklang mit dem inneren Aufruhr steht. Jemand kann sich entschließen, offener zu sein und zu sagen, was in ihm vorgeht, doch unglücklicherweise bleibt seinem Verstand das Wissen über seine wirklichen Gefühle verborgen. Es macht niemanden realer, wenn er real handelt. Es macht höchstens irrealer, weil es nur das Spielen einer neuen Rolle ist.

In der Geschichte der Psychologie sind Emotionen mit Argwohn behandelt worden. Man hat sie als Eindringlinge in den Geist betrachtet, als etwas, das uns irrational macht. Emotionen sind aber nie sinnlos. Es sei denn, sie sind blokkiert und können nicht gefühlt werden. Dann sind sie planlos, weil sie das Rationale und Reale überfluten. Dann treiben sie uns in falsche Wahrnehmungen und Fehlinterpretationen und lassen uns verrückte, symbolische Sachen tun. Der sogenannte logische Verstand wird nur durch ungefühlte, ungeleitete Emotionen entstellt und verzerrt. Nicht-emotional sein heißt deshalb irrational sein. Emotional zu sein heißt rational zu sein. Wenn unsere Gefühle im Einklang mit unserem Intellekt sind, bringen sie wahre Rationalität hervor. Die Aufgabe ist es, sie zur Zusammenarbeit zu bringen. Das ist oft der tiefere Sinn einer Krise. Wir sollen aufhorchen, in uns hineinhorchen, bemerken, was da bewußt werden möchte, was zur Änderung zugelassen werden soll. Wenn der zentrale innere Widerspruch zwischen dem Fühlen von Bedürfnissen und ihrer Verdrängung gelöst ist, besteht die Haupt-Interaktion nicht mehr zwischen dem Menschen und dem Selbst, sondern zwischen dem Menschen und seiner Umwelt. Wir können uns direkt der Außenwelt zuwenden, statt einen unaufhörlichen Kampf gegen unsere inneren Dämonen zu führen.

Gefühle sind Zustände des Seins und gestalten das menschliche Verhalten. Es gibt einen sehr guten Grund, warum viele von uns ihre Bedürfnisse nicht fühlen und warum sie damit beschäftigt sind, sich selbst der Befriedigung zu berauben. Der Mensch in der Krise versucht eher, etwas in der Gegenwart zu bekommen, was ihm die Gefühle vom Leibe hält, als daß er sich dem inneren Gefühlssturm stellt.

Es ist die natürlichste Sache der Welt, auf Schmerzen zu reagieren. Wenn wir uns zum Beispiel die Finger verbrannt haben oder gebissen worden sind, weinen, heulen oder schreien wir, schütteln wir die verletzte Hand oder hüpfen herum. Diese natürlichen Reaktionen tragen dazu bei, die Energie des Schmerzes zu verbrauchen und sie schließlich zum Verschwinden zu bringen. Doch wenn alter seelischer Schmerz im Übermaß auftritt und verdrängt wird, verbraucht sich die Energie nicht. Sie bleibt als konstante innere Kraft zurück. Statt sie in einem Heilungsprozeß, der ein hochenergetischer Prozeß ist, nutzbar zu machen, wird diese Energie umgeleitet und in verschiedene Wege gelenkt, die das System fortwährend aktivieren. Der erlösende Prozeß der Entspannung ereignet sich nicht. Die Heilungssequenz läuft nicht ab, und die Wunde wird nicht geschlossen.

In der Krise erleben wir alte innere Wunden, die nie richtig verheilt waren. Jede Wunde muß aber schmerzen, um zu heilen. Der Schmerz ist der tätige Heilungsprozeß. Je größer die Verletzung, desto größer sind die Schmerzen und desto kritischer ist der Heilungsprozeß. Die Energien des Schmerzes lösen wir nur über einen Weg, über das Weinen. Wer sich einmal nach einem tiefen Schmerz ausgeweint hat, weiß, wie wohltuend Weinen sein kann und wie es uns von inneren Spannungen befreit.

Bevor wir den Schmerz nicht intensiv fühlen, leiden wir; zugelassene Schmerzen können geheilt werden. Leiden ist der Dauerzustand einer nicht erfolgten Heilung. Wenn zum Beispiel jemand, der uns nahesteht, stirbt und wir nicht trauern, wenn wir es nicht zulassen, unter der ganzen Wucht des Verlustes zusammenzubrechen – wenn wir statt dessen meinen, wir müßten tapfer sein, das Leben gehe weiter, und wir uns nicht hängenlassen dürften – leiden wir chronisch unter diesem Verlust. Wir werden den Verlust nicht bewältigen, weil wir den Schmerz nicht zulassen. Indem wir Schmerzen verleugnen, fahren wir fort, ihre Last zu ertragen. Wir bringen unser eigenes Leben in Gefahr, wir riskieren ernsthafte Krankheiten, die durch den Streß verdrängter Gefühle verursacht werden.

Der Grund, warum der Mensch in der Krise von seinen Abwehrformen abhängig ist, liegt darin, daß er dazu beiträgt, ihn sich selbst gegenüber unbewußt zu halten, und daß seine Empfindungen denen gleichen, die ein Säugling hat, wenn er von seiner Mutter auf den Arm genommen wird. Diese Handlung bewirkt, daß sogenannte Endorphine – Beruhigungshormone – ins Blut gelangen. Diese haben aber keine Dauerwirkung. Es ist bekannt, daß bestimmte Glaubenssätze beruhigend wirken können. Wenn jemand sagt: »Du bist wirklich gut« – »Wir kümmern uns um dich« – oder »Wir stehen hinter dir, wir halten zur dir!«, ist das eine beruhigende Vorstellung. Sie gelangt ins Gehirn, erlangt Bedeutung, wird in einem biochemischen Prozeß umgewandelt und unterdrückt schließlich den Schmerz über die Endorphine. Der Mensch mag subjektiv nicht glauben, daß er leidet – weil genau jene Vorstellungen es ihm erlauben, sich ein wenig besser zu fühlen. Ein Mensch, der besänftigende Worte sagt, wird normalerweise geliebt und bewundert. Man kann von einem solchen Menschen ebensosehr abhängig werden wie von jeder Substanz, die wirkungsvoll Schmerz stillt. Der Mensch mit seiner Behaglichkeit und Wärme, die er vermittelt, mit der Hoffnung, die er bietet und mit seinen Vorstellungen wird am Ende zum physischen Schmerzmittel.

Jede Vorstellung, die den Anschein erweckt, Bedürfnisse zu befriedigen, wirkt als Schmerzmittel. Wenn jemand zu einem anderen sagt: »Du bist total unfähig«, oder: »Du bist wirklich allein auf dieser Welt, keiner kümmert sich um dich«, wird genau das Gegenteil erreicht. Alter Schmerz wird ausgelöst, dringt an die Oberfläche, und der Mensch wird sich seines Leidens deutlich bewußt. Lob hören ist nicht nur Musik in den Ohren, sondern bewirkt auch die Bewegung der chemischen Substanzen im Gehirn. Manche Menschen mögen die Wahrheit über sich nicht hören, denn Wahrheit kann wehtun. Die Tatsache, daß Vorstellungen beruhigen, zeigt, wie geistige Abwehr funktioniert. Rationalisierungen wie: »Ach, der oder die ist sowieso bescheuert« oder: »Gott wird mich schützen« verstärken den Verdrängungsmechanismus. Die Vorstellungen begegnen den alten Qualen der Ablehnungserniedrigung oder Kritik. Das heißt, sie blockieren die Ebenen, auf denen sich entsprechende Gefühle versteckt haben. Glaubensvorstellungen zur Beruhigung lassen uns verstehen, warum bestimmte therapeutische Methoden besser funktionieren als andere. Methoden, die lediglich beruhigen, wie jene Formen der zudeckenden Hypnose, können nicht auf Dauer helfen. Um wirklich Veränderung herbeizuführen, sollten wir uns den tiefenpsychologisch orientierten Therapieformen zuwenden, wie etwa dem Psychodrama oder dem Katathymen Bilderleben nach Professor Hanscarl Leuner.

Zu viele Menschen träumen von dem Leben, das andere führen. Sie glauben, das Leben sei etwas ›da draußen‹. Unablässig suchen sie nach Antworten auf die Geheimnisse des Lebens, ohne jemals zu erkennen, daß sie den Schlüssel dazu besitzen. Der Schlüssel dazu ist das Fühlen. Alles, was im Leben geschieht, ist ohne Gefühle bedeutungslos. Ein Mensch ist bewußt, weil er fühlt und weil er Zugang zu seinen Tiefen hat. Befriedigung von Bedürfnissen, das Zulassen von Gefühlen, Freiheit der Ausdrucksform, freies Bewegen: auf diese Weise könnte eine kranke Gesellschaft verhindert werden. Unglücklicherweise sind wir alle mit Kindheitsschmerzen groß geworden; wir haben repressive Eltern gehabt und sind Erwachsene geworden, die vom Staat erwarten, daß er an die Stelle der Eltern tritt. Wir alle akzeptieren die Kontrolle des Staates, weil wir von Eltern, die die Macht hatten, vorkonditioniert worden sind. Die Befriedigung sozialer Bedürfnisse ist wichtig, aber sie allein garantiert nicht, daß emotionale Bedürfnisse beachtet werden. In dieser Hinsicht spielt es keine Rolle, wie die einzelnen Gesellschaftssysteme organisiert sind.

Zu allen Zeiten haben die Menschen ein Bedürfnis gehabt, die auf sie eindringenden Reize und Informationen zu ordnen und in vertraute und gewohnte Zusammenhänge zu bringen. Um überleben zu können, brauchen Menschen ein festgefügtes inneres Bild von der Welt und von sich selbst. Das Welt- und Selbstbild eines Menschen basiert nun einmal auf seinen Erfahrungen und den Hilfen, die seine Kultur ihm zur Interpretation und Einordnung seines Erlebens vermittelt. Solche inneren Ordnungsmuster ermöglichen es uns, unsere Erfahrungen und unsere Welt mit einer gewissen Zuverlässigkeit und Sicherheit zu interpretieren. Unerwartetes, Neues, wird meist nicht freudig und neugierig begrüßt, sondern löst Angst und Unsicherheit aus. Deshalb versuchen Menschen oft, ihre vertrauten Wege zu gehen und abweichende Informationen und Wahrnehmungen, die nicht in den Rahmen ihres Welt- und Selbstbildes passen, zu verdrängen. Sie werden so lange nicht beachtet, bis etwas sehr Bedeutungsvolles geschieht, das die Menschen zwingt, ihre inneren Ordnungsmuster zu überprüfen, zu erweitern und zu verändern. Darüber werden die verdrängten Inhalte wieder bewußt gemacht. Viele Menschen leben einfach so dahin, spüren nicht, was in ihnen leben möchte. Die inneren Signale werden jedoch immer drängender, lauter, und werden sie überhört, kommt es unausweichlich zur Krise.

Es gibt zum Beispiel viele Paare, die sich in einer ›tödlichen Zweiheit‹ gegenseitig verletzen und zerstören. Dieser Zerstörungsprozeß beginnt mit der passiven Anpassung. Wer sich dem Unpassenden fügt oder die Anpassung des Partners stillschweigend akzeptiert, kann sich nicht vorstellen, daß er sein Leben genießen kann. Welche Gegenkräfte blockieren doch so natürliche, einleuchtende Vorstellungen? Die Antworten können auf verschiedenen Ebenen angesetzt werden. So auf der obersten: die schlechten Erfahrungen mit früheren Partnern, die uns mißtrauisch gemacht haben, oder tiefer: die übermäßige Anpassung in der Kindheit an Eltern und Geschwister oder das Schicksal des dominierenden, isolierten Einzelkindes. Und noch tiefer: die leeren Augen der Mutter im Frühkindalter, der Mangel an Glanz, ermutigender Spiegelung, affektiver Bejahung und Stimulierung. Auf dem Grund, die oberen Ebenen umgreifend und deutend, finden wir die zähe Angst, jeder Schritt hinaus aus der Isolierung würde Zerstörung und Tod mit sich bringen. »Ich bin dem nicht gewachsen«, sagt mancher, weil er meint, er müßte sein Wachstum selber machen. Doch Wachstum geschieht von allein, wenn wir es nur zulassen.

Alle Antworten sind richtig. Wir sollten sie alle möglichst genau kennen. Jede tiefere Antwort bringt eine zusätzliche Befreiung. Es kommt nur darauf an, auf die innere Stimme zu hören. Die eigentliche Heilung geschieht nur im unmittelbaren Gewahrwerden des einen Prozesses vom Leben und Sterben in diesem Augenblick, nicht ein für allemal, sondern stets von Neuem. Nur von hier aus können wir auch die oberen Ebenen begreifen und ihre Einsichten fruchtbar einsetzen. Der Heilungsweg ist meistens ein stufenweises Hinabsteigen von oberflächlicheren zu tieferen Ursachen, bis wir schließlich als umfassende Ursache die radikale Illusion einer unbeweglichen Welt, an der wir uns festklammern könnten und die Angst vor Heraklits Einsicht, daß alles fließt und somit der Tod Grundbedingung des Lebens ist, erkennen und sie aufösen. Wenn wir dann von diesem tiefsten Grund aus wieder Stufe um Stufe emporsteigen, ist es uns so, als würden wir die oberen Ebenen, die unsere destruktiven Lebenseinstellungen erklären, zum ersten Mal sehen und erst jetzt richtig begreifen.

Menschen, die einen schweren Schicksalsschlag erlitten haben, gelangen mit oder ohne fremde Hilfe in die befreiende Urerfahrung von Leben und Tod, ohne den Stufenweg in die Tiefe ihrer Lebensgeschichte gegangen zu sein. Doch dann müssen auch sie, keine Stufe überspringend, die vielen Tarnungen der Todesangst auf ihrem Lebensweg kennenlernen. Menschen, die diesen geduldigen aktiven Weg nach oben für überflüssig halten, leben mit ›ihrer‹ passiven Urerfahrung, ähnlich wie Drogensüchtige, in einer halluzinatorischen Welt der Zeitlosigkeit. Weil sie die Mühe scheuen, im Rückblick auf ihren vergangenen Weg ihre zerstörerischen Lebensmuster zu durchschauen, können sie auch jetzt zum Akkord der Welt keinen einzigen Ton beitragen. Sie meinen, in einem kosmischen Bewußtsein mitzuschwingen und sind doch nur Blätter, die der Wind mitträgt, keine Instrumente mit eigener Struktur und Klangfarbe.

Nicht nur die Anpassung, sondern auch die Kritik und Bekehrungssucht in Partnerschaften dient der Abwehr gegen eine Erweiterung des eigenen seelischen Horizonts. Als aktive Einwirkung auf den Partner erreicht sie zudem das gleiche wie die passive Anpassung an ihn, nämlich die Aufrechterhaltung der Isolierung. Sie ist ein Nein gegen die Liebe, nicht ein Nein in der Liebe, wie es ein fairer, dynamischer Streit sein kann. Sie macht aus zwei Menschen eine sterile Zweiheit.

Natürlich gibt es ständig und in gewisser Hinsicht auch zu Recht vielerlei, was uns am Partner nicht gefällt. Jedoch kann ich auf den Partner nur einwirken, wenn ich im Einklang mit mir selbst bin. Die Übereinstimmung mit dem Fluß meines eigenen Lebens hat auch auf den Partner eine befreiende Ausstrahlung. Entspricht die Reaktion des Partners trotzdem nicht meinen Vorstellungen, bin ich darüber nicht tief gekränkt und verbittert, als würde er ›mir zuleide‹ sein Unglück wählen. Zwar schmerzt mich die mangelnde Verbindung, doch das zwingende Bedürfnis, das eigene Heil in der Bekehrung des anderen zu suchen, fällt weg.

In gewissem Sinne sind Partnerschaftsprobleme immer nur Randprobleme. Wir sind kritiksüchtig, weil wir die Verständigung nicht finden. Nicht nur der Fehlerjäger, auch der Schürzenjäger hält sich für beziehungsfähig, kann er doch vom Jagen nach Beziehungen nicht genug bekommen.

Aufgeklärte Feministinnen haben seinen Trick längst durchschaut. Wenn Sie als Frau die Rolle umkehren und einem Schürzenjäger nachjagen, ergreift er die Flucht. Er hat Angst vor Ihnen und hatte die Angst schon als Jäger. Seine Beziehungssucht ist eigentlich seine Beziehungsflucht. Können Sie sich vorstellen, mit einem Schürzenjäger eine vertrauensvolle, tiefe gemeinsame Schwingung aufzubauen? Der Schürzenjäger ist einsam. Er macht nur isolierte, keine gemeinsamen Erfahrungen. Ob er nach Fehlern, Schürzen oder Hosen jagt: er flieht vor der Ruhe in die Bewegung, vor jener Ruhe, die ihn vielleicht erschaudern läßt, weil sie ihn an den Tod erinnert. Anpassung und Einflußnahme als Kennzeichen der ›tödlichen Zweiheit‹ kommen in einem Menschen meist zusammen vor, wenn auch oft nur eines der beiden offen zutage tritt.

Ein weiteres, weit verbreitetes Muster tödlicher Zweiheit zeigt letztlich die Gegenrhythmen, welche die Partner trennen. Der eine reagiert in Belastungssituationen durch Überdrehtheit, Anspannung, Übererregung, also durch Aufladen der Lebensbatterie. Während der erste gierig und hektisch seine Spannung loszuwerden versucht und dadurch immer angespannter wird, fühlt sich der andere wie gelähmt und zu keiner Bewegung fähig.

Wenn nun diese beiden Menschen vor einer schwierigen Situation stehen, bedrohen sie sich gegenseitig, weil das Reaktionsmuster des einen eine Verstärkung im Reaktionsmuster des anderen zur Folge hat. Der eine hat den Eindruck, der andere könne nie eine wirkliche Hilfe für ihn sein und ihn in entscheidenden Situationen alleinlassen. Daß auch er den Partner allein läßt und daß vor allem diese seine Reaktion ihn beschäftigen sollte, wird ihm nicht klar. Daraus ergeben sich auch in der Sexualität zerstörerische Bewegungsablaufe. Ein Mann kann sich durch den Verdacht verunsichert fühlen, seine Frau steige aus der wachsenden Erregung aus oder er selber könne eine Erektion nicht aufrechterhalten. Statt nun innezuhalten und auf seine eigenen Körpergefühle im Zusammensein mit seiner Frau zu achten, wählt er die Flucht nach vorne in einen verfrühten Orgasmus. Die Frau im gleichen Beispiel dagegen zieht sich beim ersten Verdacht zurück, ihr Mann sei nicht bereit, auf ihre Erregung einzugehen.

Dieses Muster, das in vielen Partnerschaften nur in Andeutungen auftritt, artet in einigen zur wahren Hölle aus. Jeder meint, der andere verstehe ihn nicht und weise ihn ab. Jeder verdächtigt den anderen und findet sich stetig in seinem Verdacht bestätigt. Das Grundgefühl in der ›tödlichen Zweiheit‹ ist angstvolles Mißtrauen. Es wäre verkehrt, in dieser Situation die Lösung des Problems vom Partner zu erwarten. Ebenso abwegig wäre der Versuch, es jahrelang immer wieder neu miteinander zu wagen. Jetzt gilt es, sich zumindest für eine gewisse Zeit aus der sexuellen Beziehung zu lösen und das Gefühl für den eigenen Lebensfluß auf eine Art und Weise zu fördern, die ich bereits in meinen früheren Büchern dargelegt habe.

Der Mangel an Vertrauen innerhalb einer Partnerschaft, falls er nicht eindeutig durch die äußere Situation gerechtfertigt ist, geht auf den mangelnden direkten Zugang zur eigenen Lebendigkeit zurück. In ihrer Verzweiflung meinen die Menschen in solchen Beziehungen, es sei ja ›doch alles verlorene Liebesmüh‹. Solange in der Beziehung ›Mühe‹ herrscht, möge jeder in sich selbst Lockerung suchen. Vielleicht breitet sich dann Liebe wieder aus – ohne Mühe. Wenn nicht, muß ein Trennungsstrich gezogen werden. An die Stelle des ›ewigen Abschieds‹ muß der ›Abschied von der Selbstzerstörung‹ treten.

Es gibt auch Partnerschaften, die zwar keine ›tödlichen Zweiheiten‹ sind, aber doch durch vergangene negative Schlüsselerlebnisse des einen oder anderen oder beider, zum Beispiel im Stich gelassen oder verraten worden zu sein, oder auch Verletzungen, die sich während Jahren wiederholt haben, Schaden genommen haben. Solche Menschen sagen dann etwa, ihre Partnerschaft habe einen ›Sprung‹. Dieser sei nicht mehr reparierbar. Und sie klagen bitter über ihr hartes Schicksal.

Es gibt jedoch keine längerdauernden Partnerschaften ohne mehr oder weniger tiefe ›Sprünge‹, so wenig, wie es ein Einzelleben ohne Narben gibt.

Wenden wir uns einem anderen Aspekt zu, der Dauerkrisen fördert und der etwas mit unseren Verdrängungsmechanismen zu tun hat, dem Aspekt der Ablehnung. Beginnen wir mit den harmlosen fixen Ideen, von denen eine der verbreitetsten ist: »Niemand liebt mich! Alle lehnen mich ab!« Solche Vorstellungen sind meist unbewußt. Da die Bemerkung: »Die oder der lehnt mich ab« jedesmal einen bestimmten einzelnen Menschen betrifft, kann die zugrunde liegende allgemeine Vorstellung: »Alle lehnen mich ab« leicht verdrängt werden. Sie können jahrelang über die gleichen Personen Bemerkungen machen, ohne je zu der Einsicht zu kommen, daß es sich dabei um die gleiche irrationale Vorstellung handelt. Ihr Gegenüber ist aber für diesen Zusammenhang hellhöriger als Sie, wenn es die Emotionen, von denen Sie gerade beherrscht sind, nicht teilt. Der Komplex hat ein gutes Gedächtnis, das heißt viel Beharrungsvermögen, doch Sie haben ein schlechtes Gedächtnis für Situationen, in denen der Komplex sich zeigt. Es ist jedesmal ganz neu für Sie, als wäre es das erste Mal. Die gleiche fixe Idee meldet sich auch in Ihrer Umgebung. »Ich kann mit der oder dem nichts anfangen«, ein plumper, unbewußter Trick, um nicht sagen zu müssen: »Der oder die kann mit mir nichts anfangen!« oder: »Niemand kann mit mir etwas anfangen.« Die fixe Idee erscheint in vielen Verkleidungen. Je ausschließlicher eine solche feste negative Vorstellung das Leben dominiert, desto destruktiver wird sie. Mancher Selbstmörder ist nur der Vollstrecker eines Urteils, das die eigene Vorstellung über ihn gefällt hat. Unrealistische Vorstellungen stammen immer aus bestimmten Vorkommnissen in der Vergangenheit. Sie machen blind für die gegenwärtige reale Situation, schneiden uns vom Augenblick ab, blockieren unsere Energie an immer demselben Knotenpunkt, lassen unsere vielfältigen Anlagen ungenützt verkümmern, kurz, sie verhindern das Ganzheitsbewußtsein, die Gefühlsaufmerksamkeit, das, was jetzt wirklich ist, den ungestörten Fluß unserer verschiedenen Begabungen, Fähigkeiten, Emotionen in einem einheitlichen Prozeß. Sie gleichen Eisenbahnwagen, die auf Abstellgleisen unbenützt herumstehen und auf unserer Lebensreise fehlen.

Das Aufdecken der blockierenden Grundvorstellung – eben zum Beispiel: »Niemand liebt mich« – ist das eine; die Fähigkeit, im fließenden Augenblick ganz aufzugehen, das andere. Beide wirken zusammen. Die Psychoenergetik versucht, beide zu verbinden, setzt den Hauptakzent jedoch auf die zweite.

Ich sagte, fixe Vorstellungen seien zumeist unbewußt. Diese Unbewußtheit trifft jedoch nicht das Kopf-, sondern das Ganzheitsbewußtsein, das den Gefühlston einschließt, also auch Schmerz oder Aggression. Unter Ganzheitsbewußtsein verstehe ich folglich ein ganzheitliches, auch gefühlshaftes Gewahrsein. Als kritischer, introspektiver Mensch wissen Sie zwar mit dem Kopf sehr wohl, daß zum Beispiel Ihre Mutter Sie nicht angenommen und geliebt hat, wie Sie eben sind, Sie lassen jedoch nicht zu, daß dieses Wissen zu einer Einsicht Ihres Ganzheitsbewußtseins wird. Deshalb kann die unbewußte negative Emotion sich nur in der Verkleidung einer fixen Idee Luft machen: »Der oder die lehnt mich ab«, vielleicht ein Leben lang. Für Sie ist es jedesmal etwas anderes und jemand anderer, weil Sie den einen Schmerz vermeiden wollen: »Meine Mutter hat mich nicht richtig geliebt.« Jenen Schmerz, der einmal zugelassen, Ihr ganzes Leben lösen und erlösen könnte. Es fällt uns schwer zu glauben, was wir wissen.

Wie schmerzhaft ist es beispielsweise, sich einzugestehen, daß der eigene Vater ein Mann mit großen Schwächen war. Schmerzhafte Tatsachen lassen wir nur, wenn überhaupt, im Kopf zu, nicht aber im Ganzheitsbewußtsein, weil tiefes Leid uns dann ergreifen würde. Glaube in diesem psychologischen Sinne ist identisch mit Ganzheitsbewußtsein. Wie oft sagen wir: »Ich kann es nicht glauben« und meinen damit doch: »Ich will es nicht glauben.« Feste Vorstellungen belasten unsere Beziehungen, weil sie Projektionen hervorrufen.

Unsere irrationalen Vorstellungen kommen aus einem negativen Code, in dem bestimmte Bilder zusammen mit bestimmten Deutungen als Zeichen gespeichert sind. Geraten wir in eine konkrete Situation, die einem gespeicherten Vorstellungsbild entspricht, löst dieses ein negatives Signal aus, auf das wir unwillkürlich entsprechend der ebenfalls programmierten Deutung reagieren. Wir verhalten uns also nicht realitätsgerecht, sondern im Sinne der Deutung des im negativen Code gespeicherten Zeichens. Nicht die realen Ereignisse, sondern unsere festen Vorstellungen über deren Bedeutung lenken unser Denken und Verhalten.

Es gibt positive und negative feste Vorstellungen, also Idealisierungen und Verteufelungen. Fixierte Erinnerungsbilder, aus dem flüssigen Lebensganzen ausgesondert, können einen Menschen auf schreckliche Weise zerstören, weil sie leicht manipulierbar sind. Der Wille ist ja nicht eine Funktion des Kopfbewußtseins sondern der Affektivität. Fixierte Erinnerungsbilder kommen, wie gesagt, aus dem Elternhaus. Wir müssen also wieder an die real erlebten Situationen des Elternhauses herangehen, um uns von ihnen zu lösen. Im Gegensatz zu biologischen Symbiosen erzeugen eine zu stark emotionale Verstrickung und zu enge symbiotische Beziehungen beim Menschen starre Bindungen und Abhängigkeiten. Gelingt es der Mutter in der frühen Mutter-Kind-Beziehung nicht, die ursprüngliche seelisch-körperliche Einheit mit dem Kind mit der Geburt als beendet zu akzeptieren, das Kind zu lieben und gerade darum seine Unabhängigkeitsbestrebungen ernst zu nehmen, entstehen auf beiden Seiten Schäden. Es kommt zu einer wechselseitigen Abhängigkeit von Mutter und Kind, die beide in ihrer Existenz tief berührt und unglücklich werden läßt.

Da beide symbiotische Erwartungen an den anderen haben und sich die Wünsche gegenseitig zu erfüllen suchen, kann die Ablösung beim Kind, die für die Entwicklung seiner Persönlichkeit unabdingbar ist, nicht in Gang kommen. Die Folge ist, daß das Kind schließlich nicht erwachsen wird.

Überfürsorglichkeit zum Beispiel ist gewalttätig. Sie befriedigt Bedürfnisse der Mutter, beziehungsweise der Eltern, und hindert den Heranwachsenden, selbständig zu werden und Eigenverantwortung zu entwickeln. Wird das Gleichgewicht von Nähe und Distanz, von Zusammensein und Alleinsein, von Gemeinsamkeit und Unterschiedlichkeit nicht bewußt hergestellt und aufrechterhalten, kommt bei keinem der Beteiligten Autonomie und ein stabiles Selbstwertgefühl zustande. Es ist daher eine der wichtigsten Aufgaben in der Familie, die Autonomie der Mitglieder zu stärken, um damit eine zweite, die soziale Geburt zu ermöglichen.

Nehmen Sie bitte wieder Papier und Kugelschreiber zur Hand, und beantworten Sie sich die folgenden Fragen:

1. Meine Ablösung vom Elternhaus hat ihre bis heute andauernde Geschichte mit verschiedenen Entwicklungsstadien. Ich rekonstruiere diese Geschichte mit verschiedenen Entwicklungsstadien. (Siehe Abschnitt Lebenslinie)
2. War meine frühe Kindheit durch Überfürsorglichkeit der Mutter für die Kinder, insbesondere für mich, gekennzeichnet? Wenn ja, habe ich das genossen oder hat es mich erdrückt? Wie haben Sie sich gewehrt?

3. In welchem Alter und erkennbar an welchem Zeichen kam mein Bemühen, zur Welt der Erwachsenen zu gehören, gebraucht zu werden, allmählich zur Ruhe? Welche Personen und sonstigen Faktoren übten dabei einen förderlichen und welche einen hinderlichen Einfluß aus?
4. Wer trat im einzelnen an die Stelle meiner Eltern, als sie ihre Rolle als Identifikationsfigur nicht mehr erfüllten? Welche Freunde wurden zu entscheidenden Bezugspersonen?
5. Auf welche Weise kontrollierten oder kontrollieren sich heute die Mitglieder der Familie untereinander? Wer kontrollierte wen und auf welche Weise? Mit welchem Ergebnis?
6. Mit welchen Mitteln verhinderten/verhindern andere Familienmitglieder meine Abnabelung von der Ursprungsfamilie und den Eltern?
7. Welche grundsätzlichen Konflikte mit meinen Eltern, mit meinen Geschwistern, versuche ich immer wieder zu vermeiden und zu umgehen? Wie mache ich das? Worum geht es mir bei der Konfliktvermeidung im Kern?
8. Wie oft sehe ich meine Eltern und Geschwister? Wie oft telefoniere ich mit ihnen? Wie begründe ich diesen Rhythmus vor ihnen und vor mir?
9. Wenn ich meinen Eltern und Geschwistern schreibe oder mit ihnen telefoniere, gelten diese Kontakte dann vor allem wichtigen Themen oder nur der Aufrechterhaltung des freundlichen Binnenklimas, des Fließgleichgewichts in der Familie?
10. Vergewissere ich mich bei anstehenden Entscheidungen bei meinen Eltern und Geschwistern? Wenn ja, aus welchen Gründen?
11. Wie selbständig schätze ich mich zur Zeit ein?
12 Vor welchen Entscheidungen drücke ich mich?

13. Welche Dinge, die ich gerne tue, mißbilligten/mißbilligen mein Vater oder meine Mutter? Machen Sie eine Liste.
14. Gibt es immer noch Forderungen der Eltern an mich als Erwachsenen, denen gegenüber ich mich als abhängiges Kind fühle? Bitte auflisten.
    Wie gehe ich mit den einzelnen Forderungen um? Weise ich sie begründet zurück? Entwickele ich in solchen Situationen der Zurückweisung Schuldgefühle? Was ist der Grund dafür?
15. Sammeln Sie auf leeren Zetteln offene Fragen, und bringen Sie sie abschließend in eine logische Reihenfolge.

6

Die Erwartungen an andere

Der Mensch, der als Kind vernachlässigt worden ist, hat in der gefühlsmäßigen Vertrautheit von Liebe, Sexualität und vor allem Partnerschaft große Schwierigkeiten. Er ist mit seinen Beziehungen zu anderen Menschen stets unzufrieden. Er neigt dazu, oberflächliche gesellschaftliche Beziehungen zu pflegen, sehnt sich aber immerzu danach, Menschen auf einer tieferen, näheren, vertrauteren Basis kennenzulernen. Diese unendlich große Sehnsucht nach Vertrautheit schreckt ihn, ja sie versetzt ihn in Panik, da er erkennt, daß er eigentlich wie ein Kind bemuttert werden möchte. Dies würde sein Angepaßtsein als Erwachsener durcheinanderbringen, und so läuft er davon, wenn eine Aussicht auf Nähe und Vertrautheit besteht.

Da das Bedürfnis nach Nähe für solche Menschen nie erfüllt wird, fühlen sie sich ständig draußen. Sie beneiden jeden, dem es anscheinend leichtfällt, eine Beziehung zu einem anderen Menschen herzustellen: sie selbst fühlen sich linkisch und unbeholfen. Manch einer von ihnen spürt in sich: »Wenn die Leute mich wirklich kennen würden, würden sie mich völlig unannehmbar finden, weil ich mich eigentlich danach sehne, ein kleines Kind zu sein und umsorgt zu werden. Und ich kann diesen Umstand in mir nicht akzeptieren, weil diese Sehnsucht meine Versuche, erwachsen zu scin, zunichte machen würde, wenn ich ihr freien Lauf ließe.« So flieht jeder in der Kindheit vernachlässigte Mensch vor jeder Gelegenheit, Nähe und Intimität zu erfahren. Diese Menschen reagieren mit ihrer Vermeidungshaltung auf die machtvollen Forderungen ihres inneren Kindes nach Bemutterung. Dieses Sichfernhalten und die Gefühlskälte, die sie ausstrahlen, verringern in jedem Fall die Wärme, das Interesse und die Zuneigung ihres Partners. Das geht oft so weit, daß die Beziehung gar nicht erst richtig entwickelt wird. Andere Menschen leiden oft schon entsetzlich bei dem Versuch, mit anderen Menschen in Kontakt zu kommen und emotional zu kommunizieren. Menschen, denen es leichtfällt, Gefühle zu äußern, erkennen oft nicht, daß die Vernachlässigten sich sehr anstrengen müssen. Immer wieder höre ich als Therapeut Sätze wie diese: »Meine Schwierigkeiten scheinen aus meinem Innern zu kommen. Es strengt mich ungemein an, Gefühle zu äußern – und ich gerate in Panik, wenn ich mich einer Frau nahe fühle und ihre Nähe spüre. Ich will nur noch davonlaufen.« Reaktionen, die zunächst in der Kindheit entwickelt werden, zu denen später oft Ängste und Hemmungen hinzutreten, erhalten die Mauer aufrecht, die den ›vernachlässigten Menschen‹ davon abhält, die Vertrautheit mit anderen zu genießen. Eine der verbreitetsten Reaktionen dieser Art ist der Versuch, das Bedürfnis nach Nähe zu leugnen. Die Verleugnung kann dazu führen, daß man versucht, um jeden Preis nach Autonomie, Autarkie oder Unabhängigkeit zu streben. Solche Menschen kommen auf der Ebene oberflächlicher und gelegentlicher Kontakte mit anderen gut aus und genießen Achtung und Wertschätzung. Aber niemand kann ihnen wirklich nahekommen. Voll panischer Angst ziehen sie sich vor jeder Beziehung zurück, die mehr als eine Freundschaft werden könnte. Oft sind solche Menschen anziehend und begabt, leben nur für die Arbeit und haben beträchtlichen Erfolg. Aber sie leiden sehr unter ihrer Einsamkeit und ziehen sich oft vom gesellschaftlichen Umgang zurück und versuchen, ihn ganz aus ihrem Leben zu verbannen. Wenn sie sehen, wie andere gegenseitige Zuneigung und Gefühlswärme genießen, wächst ihre trostlose Einsamkeit und das Gefühl der Unzulänglichkeit, ihr schmerzliches Gefühl, daß etwas fehlt. Oft erkennen solche Menschen, daß es ihre eigene überstürzte Flucht vor der Wärme anderer ist, die ihre Schwierigkeiten auslöst. Sie sträuben sich gegen die Abwehrhaltungen, die aus ihrer Vergangenheit stammen, und machen darin sogar Fortschritte. Aber ehe sie die innere Abwehr ganz überwunden haben, sind ihnen die Gelegenheiten, die sie hätten ergreifen können, schon entgangen. Viele Menschen, die nie geheiratet haben, die nicht nur einsam, sondern auch melancholisch sind, haben eine solche Geschichte.

Ein anderer Menschentypus, der immer wieder in Lebenskrisen gerät, ist jener, der ständig in sich das Gefühl trägt, nichts zu taugen, ›schlecht‹ zu sein, und der bemerkt, wie er ständig nur immer wieder sich selbst bestraft oder von anderen bestraft wird. Solche Menschen suchen eine Arbeit, bei der sie etwas ›ertragen‹ und aushalten müssen. Sie verdrängen ihre eigenen haßerfüllten Wünsche nicht, um sich zu ›rächen‹ und ›Satisfikation‹ zu bekommen. Sie sind in ihrer Kindheit häufig und streng gestraft worden. Diese strenge, züchtigende Haltung der Eltern erklärt weitgehend die Schuldgefühle, die Erwachsene in bezug auf ihre Freizeit und ihre Vergnügungen haben. Dieses Schuldgefühl ist die immer noch vorhandene Reaktion des Kindes von damals, das bestraft wurde, wenn es sich einmal ein Vergnügen erlaubte.

In ähnlicher Weise lassen sich viele bittere Rachegefühle gegenüber ›der Welt‹, die das Leben so vieler Menschen verätzen, auf zu drastische elterliche Bestrafungen und auf das kindliche Rachebedürfnis zurückführen. Beobachten Sie sich einmal selbst: Gehören Sie zu den Menschen, die sich selbst immer wieder ›eins draufgeben‹? Viele Leute erkennen die eigene Selbstbestrafungstendenz und die Haltung, sich dauernd zu tadeln, gar nicht, und sie wissen nicht, daß sie damit eine ernsthafte Krise heraufbeschwören können. Die Bestrafung in der Kindheit muß nicht körperlicher Art gewesen sein. Sie kann auch aus endlosem strengen Moralisieren bestanden haben – was im Kind Schuldgefühle und das Gefühl der Wertlosigkeit erzeugte, und zwar in einem Alter, in dem es von Natur aus unreif ist. Das Kind, das impulsiv handelt und stets neugierig ist und unterwegs, um sich selbst und seine Umwelt zu entdecken, kann in einer Familie, in der ständig gestraft wird, nicht ohne ›Schwierigkeiten‹ bleiben. Weder erkennt es seine Impulse, noch kann es die Notwendigkeit verstehen, sie zu beherrschen, da ihm das Wissen des Erwachsenen fehlt. Der große Tadel, die wuterfüllten Schläge und das feierlich tönende Moralisieren haben das Kind davon überzeugt, daß es tief unten, d. h. ›schlecht‹ ist. Ist es denn nicht immer schuldig? Macht es denn nicht immer Schwierigkeiten? Könnte sein Betragen nicht stets besser gewesen sein?

Der Bestrafung folgen Liebe und Zärtlichkeit. Strafe kann – selbst schwere und brutale – für ein Kind eine Form von Sicherheit werden, seine Art von Welt und Selbsterkenntnis. Solche Menschen können sich bitterlich beklagen, wie schwer sie arbeiten, wie grausam sie in der Kindheit behandelt wurden, wie unfähig sie sind, Zärtlichkeiten zu geben und anzunehmen, wie unwohl sie sich in Gesellschaft fühlen und wie schlecht sie sich entspannen können. Dennoch verbinden sie ihre Schwierigkeiten nicht mit der Tatsache, daß sie sich im Grunde inzwischen selbst so behandeln, wie es ihre Eltern mit ihrer Straffreudigkeit ihnen gegenüber taten. Die Erinnerung daran, daß sie bestraft wurden, wird in den meisten Fällen verdrängt.

Menschen, die gezwungen sind, viel zu verdrängen, benötigen zu diesem Prozeß viel psychische Energie. Die aus dem Bewußtsein abgeschobene Konfrontation mit dem Verdrängten führt gelegentlich zu Fanatismus und irrationaler Kampfbereitschaft, zu Ablehnung und Bekämpfung von Lebenswirklichkeiten, von Tatsachen und Lebenshaltungen, die einer mit vollem Bewußtsein geführten sachlichen Klärung bedürften. Fanatiker könnten daher zum blinden Kampf taugen, können etwas in Bewegung setzen, doch sind sie aus ihrer Unsachlichkeit und aufgrund eines eingeengten Horizonts nicht in der Lage, konstruktive Aufbauarbeiten, reale Gestaltungen zu vollbringen. Die Verdränger suchen die Lösungen nicht in der eigenen Person, vielmehr suchen sie sich einen Sündenbock, der für irgend etwas, was in der Welt nicht in Ordnung ist, verantwortlich gemacht wird. Damit beginnt ein verhängnisvoller Kreislauf. Je schwächer wir sind, um so weniger können wir Wahrheiten und Lebenswirklichkeiten verkraften, um so mehr verdrängen wir. Je mehr wir verdrängen, um so mehr werden wir eingeengt, verlieren Entwicklungschancen und werden aggressiver.

Frustration durch Mangel an Ich-Stärke und affektive Stauung durch Verdrängung und behinderte Lebensentfaltung führen häufig in eine Depression, die sich oft hinter aggressivem Gehabe und destruktiven Stellungnahmen verbirgt. Wenn auch keine depressive Stimmung sichtbar wird, so entwickelt sich immer ein gestörtes Verhältnis zur Umwelt. Um sich aus dem Überdruck gestauter Affekte zu befreien, hilft die Projektion, mit deren Hilfe wir den Sündenbock finden oder zumindest den Schwachen, dem wir uns überlegen fühlen. Böse sind dann immer nur die anderen, weshalb wir sie ablehnen, belächeln, bespötteln, ausschließen, lächerlich machen, oder aber wir finden noch üblere Methoden, um die Lust am Hacken und Sich-Weiden an unserer überlegenen Position zu genießen. Auch durch passives Verhalten kann dies zum Ausdruck kommen. Solchen Menschen fehlte in der Kindheit eine enge bestätigende Bindung an einen Erwachsenen, die ihnen das Gefühl gegeben hätte, ein ›besonderes‹, einzigartiges und wertvolles Wesen zu sein. Fehlt ihm diese Beziehung, so entwickelt es in bezug auf sich selbst und andere dumpfe, unsichere und verzerrte Gefühle. Es vermag nicht zu fühlen, daß es wichtig ist, und es vermag auf andere und ihre Gefühle weder zu reagieren noch sich einzulassen. Dadurch wird der Kontakt mit anderen oberflächlich und nachgiebig. Das bleibt dann auch im Erwachsenenalter so.

Zur Krisenbewältigung gehört die Selbstakzeptanz. Wenn nicht unsere eigene Erfahrung Richtschnur unseres Handelns wird, kann das dazu führen, daß wir uns in einem Gewirr von Verhaltensregeln und Normen verlieren. Die Kirche predigt Nächstenliebe, unser Wirtschaftssystem fordert Tüchtigkeit. Die Gerichte fordern Einhaltung der Gesetze, und unsere Mitmenschen verlangen von uns sozial angemessenes Verhalten. All diese Werte sind Normen, und wir tragen sie in uns. Sie zeigen sich in Idealvorstellungen, die wir vor uns haben, wie wir als Frau oder Mann, als Bürger, Kollege, Christ, Sportler, Freund sein müßten. Aus einem tiefverwurzelten Mißtrauen der eigenen inneren Natur gegenüber versuchen die meisten Menschen nun, alle diese Forderungen zu erfüllen, indem sie ihr eigenes Selbst, das eben nicht immer ideal ist, zurückdrängen und das geforderte Verhalten darüberstülpen. Der Vater versucht, das Ideal des ›guten Vaters‹ zu erfüllen, indem er seine Gefühle von Schwäche, Hilflosigkeit, Ärger und Traurigkeit unterdrückt und sich vielleicht verbietet, das eine Kind mehr als die anderen zu lieben. Die Ehefrau verbietet sich meist das Gefühl, mal allein sein zu wollen, Abstand von ihrer Familie zu haben, sie setzt statt dessen eine fürsorgliche liebe Miene auf und mimt die gute Ehefrau und Mutter.

Anstatt einfach wir selbst zu sein, nämlich das zu fühlen und auszudrücken, was in uns vorgeht, versuchen wir krampfhaft, etwas anderes zu sein, etwas Ideales. Aber damit verraten wir unser Selbst und verhindern uns psychisches Wachstum. Die unterdrückten Gefühle bleiben in uns und wirken dort als negative Störquellen auf der psychischen oder psychosomatischen Ebene. Gefühle, das wurde wiederholt gesagt – verschwinden nicht, wenn wir sie unterdrücken – sie kommen auf Umwegen immer wieder zurück, oft getarnt bis zur Unkenntlichkeit. Unsere Gefühle sind da und wirken, ob wir sie nun akzeptieren und ausdrükken oder ob wir sie unterdrücken. Aber die Unterdrückung und das aufgesetzte Verhalten verhindern, daß wir lernen, die als störend erlebten Gefühle zuzulassen und in unser Leben zu integrieren. Wenn wir so unseren Ärger wahrnehmen, akzeptieren und ausdrücken, wenn wir ihn überhaupt bemerken, dann lernen wir bald, ihn ruhiger und gelassener auszudrücken, so daß der soziale Kontakt dadurch eher befruchtet wird.

Selbstentfaltung fängt damit an, daß wir unsere Gefühle so akzeptieren, wie sie sind. Wir haben ein Recht auf unsere Gefühle, und ein Gefühl kann nie falsch sein. ›Falsch oder richtig‹ sind Beurteilungskategorien für das Denken, aber nicht für unsere Gefühle. Unsere Gefühle können tief sein oder flüchtig, echt, geheuchelt, stark, flau oder gemischt, angenehm oder peinlich. Aber die Bewertung unserer Gefühle mit guten oder schlechten Zensuren ist der Versuch, die Dinge in uns zu unterdrücken, mit denen wir nicht zurechtkommen. Wir versperren uns damit den Zugang zu unserer tatsächlichen emotionalen Realität und blockieren die Entwicklung und Reifung unserer Persönlichkeit. Selbstakzeptanz heißt nicht, daß wir immer auch das tun, was unsere Gefühle von uns verlangen. Hier ist Raum für unsere Entscheidungsfreiheit. Wichtig ist jedoch, daß wir unsere Gefühle nicht negieren, verleugnen und unterdrücken können, ohne zu erkennen, daß wir uns selbst damit schaden.

Die nicht akzeptierten Gefühle gehen in den Untergrund. Sie äußern sich in Gereiztheit, in mürrischem Verhalten oder kommen auf andere Weise indirekt in unserem Verhalten zum Ausdruck. Wir leben nicht in Harmonie mit unseren Empfindungen. Das, was in uns ist, paßt nicht zu dem, was wir sein wollen, und der innerliche Kampf gegen uns selbst verstärkt sich. Wenn wir nun nach Ratschlägen anderer suchen und dann verschiedene Rezepte ausprobieren, dann tun wir das oft in der Absicht, Verstärkung für den Kampf gegen das ›Schlechte‹ in uns zu bekommen. Wir versuchen, uns noch mehr anzustrengen, um so zu werden, wie wir sein möchten und kämpfen noch heftiger gegen alles, was in uns ist und diesen Zielen nicht entspricht. Dieser Weg führt uns immer weiter weg von dem, was wir eigentlich wollen. Wir sind nicht mehr eins mit uns, sondern gespalten in einen Teil, der kämpft, und in einen anderen, der bekämpft wird. Und so verpulvern wir unsere Energie in diesem inneren Kampf, anstatt uns zu akzeptieren, wie wir sind, und diese Energien nach außen richten zu können. Der natürliche Weg zur Selbstentfaltung ist der, mehr auf das zu hören, was wir empfinden und fühlen. Besonders die abgewehrten Gefühle müssen angenommen werden. Zwar ist es wahr, daß viele dieser Gefühle uns erschrecken und sich auf sehr kindliche Art äußern können, aber wenn wir diese Gefühle akzeptieren, wahrnehmen und auszudrücken lernen, dann lernen wir immer mehr Erfahrungen mit ihnen zu machen und auf neue Weise mit ihnen umzugehen. Unsere unterdrückten Gefühle können so erwachsen werden. Bis jetzt war die ›öffentliche‹ Meinung vorherrschend, daß dem Menschen durch Autorität, Normen und Zwänge die ›richtigen‹ Werte vermittelt werden müssen. Man glaubte auf gar keinen Fall darauf verzichten zu können, daß der einzelne für sich und für andere positiv handelt, wenn er sich nach seinen inneren Maßstäben richtet. Zwar ist es richtig, daß unser Innerstes häufig verdeckt ist durch zunächst erschreckende und angstauslösende Impulse. Aber alle Erfahrungen der humanistischen Psychologie, besonders die Untersuchungen von Maslow an Selbstverwirklichern zeigen, daß die innerste unverfälschte Natürlichkeit eines Menschen, seine inneren Werte und Strebungen für ihn selbst und für die Gesellschaft am positivsten sind.

Es scheint allerdings so, daß Regeln und Normen unter der Prämisse festgelegt wurden, daß die innere Natur des Menschen gefährlich sei, wild und böse und sorgsam in Schach gehalten oder gezähmt werden müsse. Ohne strenge Erziehung und Druck von außen kann aus dem eigentlich unsozialen Menschen kein Bürger einer Gesellschaft entstehen. Im Grunde genommen zeugen fast alle überlieferten Religionen und Philosophien von diesem Grundmißtrauen der menschlichen Natur gegenüber, und da wir selber schon in unserer frühen Kindheit dieses Mißtrauen gegen unsere Natur, speziell gegen unsere sexuelle Natur, gelernt haben, stellen wir diese Prämisse gar nicht mehr in Frage. Ebenso wie die meisten Menschen innerlich gespalten sind in verschiedenste sich bekämpfende Teile, so wird die Wirklichkeit ganz allgemein in unserer Gesellschaft als widersprüchlich und gespalten erlebt.

Überall tun sich Gegensätze auf: Lustprinzip und Bescheidenheit, die eigenen Bedürfnisse und die Erfordernisse der Gesellschaft, Religiosität und Atheismus, Geist und Körper, Arbeit und Spiel, Privatpersonen und öffentliche Personen. Aber diese Gespaltenheit in unserer Kultur, der die Gespaltenheit in unserer Psyche entspricht, ist ein Bewußtseinszustand, den es zu überwinden gilt. Widersprüche werden transzendiert, wenn die eigene Person vollständig akzeptiert wird, wie dann auch die Grundbedürfnisse und Gefühle anderer Menschen akzeptiert werden. Bei dem Prozeß der eigenen Selbstentfaltung wächst in jedem von uns Vertrauen in unsere eigene innere Natur und damit in die menschliche Natur überhaupt, und Gefühle und Bedürfnisse werden nicht mehr als lästig wahrgenommen, sondern freudig begrüßt. Nur durch ein verstärktes Akzeptieren der menschlichen Natur und der menschlichen Grundbedürfnisse kann unsere Welt humanisiert werden, können Arbeitsbedingungen und soziale Normen sich so erweitern, daß sie Raum bieten für ein befriedigenderes und unterdrükkungsfreies Leben.

Zur Veränderung und zum psychischen Wachstum genügt die vollkommen bewußte Wahrnehmung dessen, was ist. Wenn uns bewußt ist, was wir fühlen, was wir denken, was wir wollen und was unsere Sozialpartner sagen, dann verändern wir uns alleine in positiver Richtung. Wenn wir uns dessen nicht bewußt sind, was ist, beispielsweise, daß wir nicht akzeptieren können oder wollen, dann wird Veränderung kaum stattfinden und wenn doch, dann kann es eine eingeübte, andressierte Rolle sein, die mit unseren inneren Impulsen nicht übereinstimmt und somit keine wirkliche Selbstentfaltung darstellt. Ausgangspunkt jeder Veränderung und jedes Wachstums muß Realität sein, das heißt Akzeptanz und Bewußtheit dessen, was wirklich vorhanden ist.

Umgekehrt ist die Akzeptanz und Bewußtheit dessen, was ist, eine genügende Ursache für Wachstum und Veränderung. Das ist das Paradox in der Psychotherapie: Sobald wir akzeptieren, was wir sind, wie wir sind, wo wir sind, können wir uns verändern. Solange wir uns verändern wollen, aber nicht das sein wollen, was wir sind, kann keine Veränderung entstehen. So können wir davon ausgehen, daß überall dort, wo wir uns verändern wollen und doch keine Veränderung erreichen, uns Teile unseres Erlebens und Fühlens in diesem Problembereich nicht bewußt sind.

Mit Bewußtheit ist hier keineswegs nur das gedankliche Begreifen gemeint, sondern eine klare Aufmerksamkeit und Wachheit unseres Geistes, die intellektuell wie auch körperlich zu spüren ist. Bewußtheit ist ein Zustand des gesamten Organismus, ein Zustand der Sensibilität und ein ununterbrochenes Gewahrsein dessen, was ist. Der Begriff der Bewußtheit im Buddhismus wird bei uns mit Achtsamkeit übersetzt, was wohl Bewußtheit heißen mag. Aber was nützt uns unsere Bewußtheit, wenn wir alle Erfahrungen unseres Handelns und Fühlens vermeiden? Wenn jemand beispielsweise Angst vor dem anderen Geschlecht hat, so kann er sich dessen zwar bewußt sein, aber wenn er dabei Kontakte und schwierige Situationen meidet, dann kann er die Bewußtheit seiner Persönlichkeit gerade in diesen Situationen nicht steigern. Häufig steht dahinter eine Sensibilisierung für eigene Angst und Unsicherheit und anstatt sich so, wie man ist, wahrzunehmen, zu akzeptieren und diese Erkenntnis zu integrieren, vermeidet der Betreffende nun die Situationen, in denen er unsicher ist. Häufig wird nun in eine teils bewußte, teils unbewußte Hoffnung das eigene Vertrauen gesetzt, nämlich in die, daß man sich nur genug therapieren müsse, um angstfrei wieder in alle Situationen hineingehen zu können. Aber so wird das Pferd beim Schwanz aufgezäumt. Wir können nur angstfreier werden, wenn wir uns so akzeptieren, wie wir sind, und das heißt, daß wir uns als die in Kontakte einbringen, die wir wirklich sind.

Solange wir Angst vor unseren Gefühlen, Empfindungen und Bedürfnissen haben und versuchen, unsere körperlichen und seelischen Probleme nicht zuzulassen, sondern unsere inneren Impulse verleugnen, sind wir nicht im Kontakt mit unserem wirklichen Selbst. Zu diesem kommen wir nur, wenn wir wahrzunehmen lernen, was wir in unserem Innersten fühlen und wünschen – und das bedeutet zunächst, daß wir alles vergessen müssen, was andere sagen, meinen, für richtig halten, wertschätzen und was wir davon übernommen haben. Wir müssen uns von der Autorität der anderen wie auch unserer eigenen Autorität trennen und wieder zu unserer direkten Erfahrung unseres Lebens kommen. So können wir alle Theorien über menschliches Verhalten und unsere eigenen privaten Theorien über uns selbst vergessen und lernen, auf das zu achten, was wir in unserem Innern wirklich fühlen und empfinden. Dabei wird deutlich, daß wir bei immer bewußterem Erfahren unseres Selbst zu unseren tieferen und realeren Gefühlen gelangen.

In der Aussage: »Ich fühle mich bei Michael unwohl«, erkennen wir bei erhöhter Bewußtheit: »Michael hat sich nicht um mich gekümmert, und ich war ärgerlich auf ihn. Damals erkannte ich das wohl noch nicht und versteckte meinen Ärger hinter einer Maske von Langeweile.« Nach weiterer Erforschung kann eine noch tiefere Erkenntnis zum Vorschein kommen: »Ich fühlte mich sehr allein und wünschte mir von Michael mehr Zuwendung. Hinter meinem Ärger standen sehr viel Enttäuschung und Traurigkeit über Michael.« So nähern wir uns also bei immer größerer Bewußtheit immer mehr unserer wirklich vorhandenen Erfahrung. Aber dazu gehört die Bereitschaft, wirklich das zu sehen, was an Gefühlen und Empfindungen da ist. Häufig versuchen wir uns und anderen etwas vorzuspielen, versuchen durch unser Verhalten stets zu beweisen, daß wir akzeptabel, liebenswert, selbstsicher, erfolgreich und ohne inneren Zweifel sind. Diese Täuschungsmanöver verbrauchen einen großen Teil unserer Lebensenergie und führen niemals zu einem befriedigenden und erfüllten Leben, da jede Verstümmelung unseres Selbst ihren Preis fordert. Eine solche Lebenshaltung äußert sich nicht etwa nur in einigen Verhaltensweisen und ist beliebig wieder aufzulösen und rückgängig zu machen. Es ist vielmehr ein Prozeß der Selbstentfremdung, der unserer Kontrolle entgleitet, sich verselbständigt und in uns das Gefühl der Unwirklichkeit, der Unzufriedenheit und des latenten Mangels konserviert.

Zur Selbstentfaltung und Selbstakzeptanz gehört neben der bewußteren Wahrnehmung der eigenen Gefühle und Impulse auch deren Ausdruck. Von der psychologischen Wirksamkeit her gesehen, hat ein leise gedachter Gedanke eine andere Wirksamkeit als der einem anderen Menschen gegenüber laut ausgesprochene. Erst wenn wir unsere

Wahrnehmung zum Beispiel durch Sprechen sichtbar machen und in Worten manifestieren, kann sich unser Selbstbild immer mehr der Realität annähern: Es ist also von ausschlaggebender Wichtigkeit, daß wir immer wieder die Möglichkeit besitzen, von unseren Gefühlen und Empfindungen einem anderen Menschen zu erzählen. Dies kann der Partner, der Freund, ein guter Kollege sein oder aber ein Therapeut – auf jeden Fall muß es jemand sein, der bereit ist, uns akzeptierend und aufmerksam zuzuhören und zunächst die eigene Wahrnehmung zurückzustellen, um sich ganz auf uns einzustellen. Denn was uns beim Prozeß der Selbstentfaltung in einem Gespräch hilft, ist primär die Möglichkeit, unsere Gedanken laut auszudrücken. Auf diese Weise leeren wir unser Bewußtsein von bedrückenden Gedanken, machen uns von ihnen frei, und es wird Raum für neue Gedanken geschaffen, die bisher nicht bewußt waren und jetzt dem bewußten Denken zugänglich werden. Einsichten, intellektuelles Begreifen, Lösungen finden – all das ist therapeutisch nicht so wirksam wie der einfache Ausdruck unserer Gefühle und Empfindungen. Wenn wir vom Ausdruck der eigenen Gefühle sprechen, dann meinen wir damit nicht ein Ausagieren – Ausleben – dieser Gefühle.

Während beispielsweise bei Ärgergefühlen der sprachliche Ausdruck unserer Empfindung: »Ich bin ärgerlich« unsere Bewußtheit erhöht, kann das Ausagieren von Gefühlen, zum Beispiel jemanden anschreien oder schlagen, die Bewußtheit in der Situation auf sehr niedriger Stufe halten. Es ist möglich zu schreien, gereizt zu sein, einen versteckten Vorwurf im Satz auszudrücken – ohne dabei bewußt wahrzunehmen: »Ich bin jetzt ärgerlich.« Beim Ausagieren unserer Gefühle fühlen wir zwar den Ärger, spüren oft jedoch nicht, daß es *unser* Gefühl ist. Nicht wir sind ärgerlich, sondern es ärgert uns. Nicht wir fühlen, sondern die Gefühle sind da. Ein solches Ausagieren von Gefühlen trägt wenig zum Prozeß der Selbstentfaltung bei, und außerdem machen wir mit solchen Handlungen meist negative Erfahrungen mit den Sozialpartnern, die leicht dazu führen können, daß wir unsere Gefühle wieder völlig zurückhalten.

Es ist wahr, daß uns unsere frühen Kindheitserlebnisse geprägt haben und daß eine therapeutische Aufarbeitung dieser Kindheitserlebnisse uns helfen kann, bewußter und glücklicher zu leben. Wesentlich für den Therapieerfolg ist jedoch die Bereitschaft, die Verantwortung für uns selbst zu übernehmen. Das bedeutet, sich verantwortlich zu fühlen für all das, was wir im Moment mit uns machen. Es ist unsere Verantwortung, wenn wir nicht richtig atmen. Es ist unsere Verantwortung, wenn wir mehr essen, als uns guttut. Es ist unsere Verantwortung, wenn wir zu Alkohol und Tabletten greifen, und es ist auch unsere Verantwortung, was wir aus unseren Beziehungen zu anderen Menschen machen. Es kann zwar schmerzlich sein einzusehen, wie wir uns selbst in der Erlebnisfähigkeit beschränken, gleichzeitig gewinnen wir jedoch dadurch auch neue Handlungsmöglichkeiten und neue Freiheiten.

Auch für den Prozeß der Selbstentfaltung ist es wichtig, Verantwortung für das eigene Leben zu übernehmen. Wenn wir nicht Verantwortung für unser eigenes Leben übernehmen, bleiben wir in Verbitterung und Vorwürfen stecken. Etwa so: »Wenn ich eine andere Erziehung gehabt hätte« oder: »Wenn mein Vater doch…«, oder: »Wenn ich die Eva nicht geheiratet hätte…«. Klagen sind Steine, die nach unten ziehen. Alle diese Klagen über widrige Umstände in der Vergangenheit halten uns davon ab, unsere Möglichkeiten und Potentiale in der Gegenwart zu nutzen. Ein anderer Weg, seine Wachstumskräfte zu blockieren, ist das Leben in irrationalen Hoffnungen: »Wenn ich erst einmal unabhängig bin…« oder: »Wenn ich erst einmal mehr Geld verdiene…«, oder: »Wenn ich erst einmal verheiratet bin, dann werde ich richtig anfangen zu leben.«

Auch diese Vertröstungen auf die Zukunft blockieren die

Selbstentfaltung in der Gegenwart. Die Veränderungen von außen bewirken nicht automatisch eine Veränderung unseres Lebens, solange wir selbst dieselben bleiben. Durch unsere gedanklichen Einstellungen, durch unsere Handlungen programmieren wir unsere Erlebnisse vor, wie wir durch unbewußte Verhaltensweisen für unser Leben ein Drehbuch schreiben und uns so immer wieder in die gleichen Sackgassen hineinmanövrieren.

Sich verantwortlich fühlen bedeutet nicht, seinen Blick abzuwenden von dem, wie unsere Umwelt wachstumshemmende und wachstumsfördernde Einflüsse auf uns ausübt. Doch erst wenn wir Verantwortung für uns selbst übernehmen, werden wir fähig, mit dem umzugehen, was uns behindert. Entweder entscheiden wir uns dafür, aktiv zu werden und blockierende Umwelteinflüsse zu verändern oder dafür, uns eine andere Umwelt zu schaffen. Nur derjenige, der sich seiner selbst bewußt ist, der seine Gefühle, Bedürfnisse und Wünsche kennt und sich seinen Konflikten stellt, wird fähig sein, aktiv verändernd in seiner Umwelt zu wirken. Solange er in einer Art kindlichem Trotz fortfährt, über diese Umwelt zu schimpfen und über sie zu klagen, wird er weder sich selbst noch die Umweltbedingungen verändern können.

Wenn wir nun beginnen, uns in unserem Alltag bewußter wahrzunehmen, machen wir häufig die Erfahrung, daß wir eigentlich anders sind, als wir es zu sein glauben. Wir erleben, daß wir in unserem Innern verschiedene Rollen besitzen – verschiedene Subpersonalitäten haben. Zunächst werden uns nur einige dieser Rollen bewußt werden, nämlich die, die wir leichter akzeptieren können und von denen wir das Gefühl haben, daß sie zu uns passen. Aber mit ansteigender Bewußtheit erweitert sich unsere Vorstellung von unserer Persönlichkeit, und wir sehen, daß wir auch Seiten haben, die wir vorher nicht für möglich gehalten hatten.

Selbstentfaltung in diesem Sinne bedeutet also, die unbewußten Rollen und Subpersonalitäten in uns zu spüren und sie in unser Selbstbild zu integrieren. Immer wenn ein inneres Erleben unsere Gefühle und Bedürfnisse, unsere Selbsteinschätzung von Stärke, Zielstrebigkeit und Erfolg bedrohen könnte, werden wir in einen inneren Kampf verwickelt. Unser wahres Selbst entspricht nicht den Vorstellungen, die wir von uns haben. Dabei sind wir nicht stark oder schwach, sondern manchmal sind wir stark, und manchmal sind wir schwach. Ein solcher innerer Kampf kann sich zwischen verschiedenen gegensätzlichen Rollen ereignen. Die Frau, die sich für liebenswürdig hält, bekämpft ihren natürlichen Ärger. Der Mann, der immer fröhlich und optimistisch ist, bekämpft seine deprimierenden Gefühle. Die Frau, die sich für bescheiden und zurückhaltend hält, bekämpft ihren fordernden und zupackenden Persönlichkeitsanteil. Ein solcher innerer Kampf entsteht immer dann, wenn Menschen bestimmte Teile nicht zulassen können, da sie befürchten, ihr Selbstwertgefühl oder die Achtung anderer Menschen zu verlieren.

Doch der Mensch besteht aus Gegensätzen. Einmal ist jemand ärgerlich, ein andermal ist jemand liebenswürdig. Mal ist jemand stark, mal ist jemand unsicher und schwach. Selbstentfaltung heißt hier, fähig zu werden, auch diese anderen Teile in sich zu erfahren und sich mit ihnen auszusöhnen. Jemand, der sich für ausschließlich liebenswürdig hält und sich auch nach außen diesen Anschein gibt, verliert die natürliche Fähigkeit, sich zu ärgern. Wenn er also in ärgerliche Situationen kommt, ist er gezwungen, das, was wirklich in ihm vorgeht, vor sich und anderen zu verbergen. Doch ebenso, wie es für Kinder zur Entwicklung ihrer Identität und ihres Selbstwertgefühls wichtig ist, ihre Trotzphase zu durchlaufen, ist es später für Erwachsene wichtig, sich in ihrem Ärger zu spüren. Wie jedes tiefe Gefühl kann es Ihnen zeigen, wer Sie sind. Wer sich in seinem Selbstbild zu stark an Einseitigkeiten klammert und andere Teile, die diesem Bild widersprechen, bekämpft, kann sich nur in begrenztem Maße selbsterfahren und selbstentfalten. Auf das Bewußtwerden unserer Polaritäten und deren Ausbalancierung legen einige Psychotherapieformen großen Wert.

Wenn wir uns in Krisenzeiten unserem inneren Konflikt annähern, wird unser Denkprozeß zunächst blockiert. Der sonst fließende Prozeß wird eher zu einem Kreislauf. Ein Gedanke ruft gleichzeitig einen Gegengedanken hervor. Wir beginnen, diese Gedanken zu bewerten und distanzieren uns damit von ihnen. Wir können ihnen nicht mehr folgen. Es ist wichtig zu lernen, unsere Gedanken zuzulassen und sie bewußt wahrzunehmen. Nur so gelangen wir zu neuen und unbekannten Denkinhalten. Diese Denkinhalte und Gefühle und die Art und Weise, wie wir damit umgehen, wird unser Denken verändern. Da, wo wir uns sonst mit kalter, kritischer Bewußtheit betrachten, lernen wir, mit einem warmen und akzeptierenden Blick auf uns zu sehen. Und wenn wir uns selbst so anzuschauen lernen, können wir mit einem sicheren Gefühl auch in die dunkleren Ecken unserer Persönlichkeit hineinleuchten, während bei selbstkritischer und kalter Bewußtheit die Selbstentdeckung erschwert und behindert wird.

Wenden wir uns einer der schwersten Krisen zu, die immer mehr Menschen durchleben müssen: eine Scheidung. Sich scheiden zu lassen erfordert von der Frau, solange sie vom Mann ökonomisch abhängig ist, Mut und bringt in der Form des Alimentenbezugs viele Demütigungen mit sich. Als Katastrophe wurde die Scheidung vor allem von jenen Frauen bezeichnet, die im traditionellen Eheverständnis geheiratet und in der Ehe gelebt hatten. Es leiden jedoch auch Männer unter einer Scheidung. Männer, die nicht gewohnt sind, ihre Gefühle zu äußern, erleben schwere innere Stürme mit krisenhaften Abläufen.

Eine Scheidung ist nicht Auslöschung einer Beziehung. Äußerlich mag die Beziehung nicht mehr existent sein, innerlich aber lebt sie häufig noch weiter. Eine Ehe vergißt man nie ganz, auch nach der Scheidung nicht. Eine schlechte Scheidung bleibt oft wie ein ungelöster Fluch an einem hängen. Spätere Partnerbeziehungen können maßgeblich davon geprägt sein. Scheidung hin oder her: die Krise muß gelöst und verarbeitet werden. Der Trauerprozeß nach der Scheidung sollte zu einem tieferen Verständnis und zu einem Akzeptieren der eigenen Rolle und des eigenen Beitrages zum ›Tod‹ dieser Ehe führen. Wenn das nicht geschieht, bleibt Bitterkeit und Qual zurück. Die Scheidung bedeutet das Ende der Träume einer glücklichen Ehe mit einer glücklichen Familie, die für alle Zeiten glücklich lebt. Die Vorstellung, nun ganz neu anfangen zu können, macht uns glauben, daß die vorangegangenen Jahre ausgelöscht werden könnten. Im forcierten Bemühen, alle Gefühle und Erinnerungen an die frühere Ehe zu zerstören, unterdrükken manche all ihre Gefühle, schneiden sie ab, und wenn sie dann nicht die Möglichkeit haben, eine Unterstützung im persönlichen Umfeld zu finden, werden sie starr, distanziert und unansprechbar.

Unerfreulich werden Scheidungen, die nicht das Ergebnis einer Reifung und Klärung sondern einer destruktiven Flucht sind. Um eine Scheidung zu einem kreativen Prozeß zu machen, muß man erst wissen, was sie ist und was nicht. Scheidung ist keine Verurteilung, die von einer ergrimmten Gesellschaft ausgesprochen wird, auch wenn die Schuldgefühle, die eine Scheidung hervorruft, oft diesen Anschein erwecken. Sie ist nicht nur die Beendigung einer rechtlichen und wirtschaftlichen Gemeinschaft, es sei denn, die Heirat selbst war nicht mehr als ein günstiges Geschäft oder eine rein gesellschaftliche Verbindung.

Die Scheidung ist eine seelische Krise, die durch einen plötzlichen und unerwartet eingetretenen Verlust heraufbeschworen wird. Das Sterben einer Beziehung ist die erste Stufe in einem Prozeß, in dem der Tod festgestellt, die Beziehung dann beweint und zu Grabe getragen wird, um der

Selbsterneuerung den Weg zu bahnen. Mit dem Verstand mögen wir leugnen, in einer Krise zu stecken, aber sie ist da und ersichtlich aus vielem. Eine Scheidung schafft neue Lebensumstände, die uns aus unserer täglichen Routine herauszwingen und neue Verhaltensweisen abverlangen. Der Übergang zur Einzelrolle ist schmerzhaft. Aber das Positive dabei liegt darin, daß neue Rollen uns zwingen, neue Reserven und Fähigkeiten in uns zu aktivieren, die uns vorher nicht einmal bewußt waren. Im allgemeinen gestehen wir nur dem Partner zu, der kaputtgegangenen Ehe nachzuweinen. Von den andern nimmt man an, daß sie, wenn nicht uneingeschränkte Freude, zumindest aber doch eine stille Befriedigung darüber empfinden, daß sie eine schmerzliche, aber notwendige Entscheidung getroffen haben. In Wirklichkeit ist jedoch kein geschiedener Mann, keine geschiedene Frau sofort von der Vergangenheit frei, weder der, der verlassen worden ist, noch der, der verlassen hat, und auch nicht die, die sich im gegenseitigen Einverständnis getrennt haben. Am Anfang einer Trennung fühlen wir uns völlig von den Gewohnheiten und Ritualen unseres Ehelebens abgeschnitten, von einem Leben getrennt, das uns nun soviel sicherer und erfüllender erscheint als die leere Existenz, in die wir jetzt hineingeworfen sind. Das Sträuben gegen den Lösungsprozeß nimmt so viele verschiedene Formen an wie die Vielfalt der seelischen Bedürfnisse, die von der Ehe erfüllt werden mußten. Wenn die Trennung im gegenseitigen Einverständnis erfolgt ist und die Partner stolz darauf sind, vernünftig zu sein, verbirgt sich das Sträuben oft hinter der Maske, sich zivilisiert benehmen zu wollen.

Zum anderen Extrem gehören die, die ihr Leben der Unterwerfung ihres ehemaligen Partners widmen. Sie lassen keine Gelegenheit ungenützt verstreichen, ihre ehelichen Auseinandersetzungen während und noch nach Abschluß des Scheidungsverfahrens fortzusetzen, und bemühen sich verzweifelt, die Feindseligkeiten lebendig zu erhalten, die ihrem Leben während der Ehe einen einzigen Sinn gaben. Das sind die Menschen, die immense Rechtsanwaltskosten verursachen und sich dann über die Habgier der Juristen beklagen.

Die meisten Geschiedenen stehen irgendwo in der Mitte des Spektrums zwischen der zivilisierten Selbsttäuschung und dem allesverzehrenden Haß. Obwohl sie verletzt und wütend sind, sind sie bereit, fair zu sein. Sie möchten ihrem ehemaligen Partner gegenüber das Richtige tun. Sie behaupten, ihr größter Wunsch sei es, Vergangenes vergangen sein zu lassen, aber die besten Absichten zerrinnen jedes Mal, wenn sie mit ihrem ehemaligen Partner zurechtkommen müssen. Sie können es anstellen, wie sie wollen, aber eine neutrale Basis gibt es einfach nicht. Jeder Blick, jeder ›lässige‹ Kommentar, jede ›angelegentliche‹ Frage ist emotional belastet, und bevor sie es merken, sind sie wieder im Ring. Sehr oft sind beide Partner überrascht, welche Gefühle diese Treffen auslösen.

Auf die Dauer gesehen ist es immer gesünder, Gefühle ehrlich auszudrücken, als quälerische Techniken anzuwenden. Illusionen, die aus emotionalen Bedürfnissen entstehen, haben ein zähes Leben. Wenn wir begreifen, was geschieht, dann können wir die notwendigen Treffen mit unserem Partner dazu benutzen, sie abzubauen. Wenn nicht, wird mit der Zeit vielleicht Gras über sie wachsen, aber der Heilungsprozeß wird länger dauern und quälender sein als notwendig. Wir können ein bestimmtes Maß an Leiden ertragen. Wir müssen entweder leben oder daran zugrunde gehen. Jahre später wundern wir uns vielleicht darüber, wie wir uns nur auf einen solchen Kampf einlassen konnten.

Es liegt an uns, wie unsere Wunden heilen. Wenn wir einfach dasitzen und darauf warten, daß die Zeit für uns arbeitet, kann sich über der Wunde eine häßliche Narbe bilden, die einen Infektionsherd tief in unserem Innern verbirgt, der unser Leben und unsere Einstellungen zu anderen Menschen vergiftet, ohne daß wir es möglicherweise erkennen. Wenn wir die Gelegenheit zum persönlichen Wachstum bereits in diesen ersten Konfrontationen ergreifen, können wir einen Heilungsprozeß in Gang setzen, der dauerhaft und umfassend ist. Wenn wir daran denken, daß wir diesen anderen Menschen einst geliebt haben oder ihn noch immer lieben, wenn wir uns das ehrlich eingestehen und darüber hinaus bereit sind, zumindest uns selbst gegenüber ehrlich zu unseren Gefühlen zu stehen, dann wird das ein Prozeß, der zu uns selbst führt. Wenn wir zu der Ansicht gelangen, daß wohl beide ihren Teil zu dieser Trennung beigetragen haben, wenn wir bereit sind, uns den Teil anzusehen, den wir dazu beigetragen haben, dann kann das ein kreativer Prozeß werden.

Gerade bei Scheidungen und Trennungen ist es wichtig, zu den eigenen Gefühlen zu stehen und sie nicht beiseite zu schieben. Es besteht sonst die Gefahr, daß das Unausgelebte verdrängt wird, um dann in einer späteren Partnerschaft wieder neu aufzuleben.

Abgesehen vom Tod eines geliebten Menschen empfinden die meisten von uns eine Scheidung als schlimmstes Erlebnis im Leben. Wenn wir uns überlegen, daß wir einmal von ›unserer besseren Hälfte‹ gesprochen haben, dann sollte es uns nicht überraschen, daß die Trennung von diesem Partner Reaktionen hervorruft, die in vielerlei Hinsicht denen gleichen, die ein wirklicher Tod auslösen kann.

Scheidung ist tatsächlich ein Tod – der Tod einer Beziehung. Und genauso wie der Tod eines Menschen, der uns nahegestanden hat, eine Trauerzeit mit sich bringt, während der wir mit dem Verlust fertig werden müssen, so folgt auch dem Ende einer Ehe eine ähnliche Phase des Trauerns. Wenn wir so weit kommen, die konfliktreichen Gefühle zu erkennen, zu akzeptieren und auszuleben, die zu diesem Trauerprozeß gehören, kann dieser einen wesentlichen Schritt in der Entwicklung zu einer unabhängigen Persönlichkeit bedeuten. Wenn wir aber nicht begreifen, was dieser Prozeß bedeutet, bleiben wir wahrscheinlich in der Vergangenheit wie im Schlamm stecken, wälzen uns im Selbstmitleid, verfluchen unseren früheren Partner und idealisieren unsere frühere Ehe. Oder wir laufen Gefahr, dauerhafte Narben zurückzubehalten.

Wir haben uns bisher wenig darum gekümmert, wie Menschen trauern. Statt dessen haben wir den ganzen Erlebnisbereich in denselben schummrigen Winkel abgeschoben, in den wir so vieles gedrängt haben. Jeder Mensch, der eine Trennung durchmacht, erlebt eine einzigartige Vermischung dieser konflikthaften Gefühle. Sie gehören ganz normal zur Trauer, die dem Tod einer Beziehung folgt. Wir alle versuchen zunächst einmal die Tatsache zu leugnen, daß die Ehe beendet ist. Wir fühlen einander widersprechende Aufwallungen von Angst, Wut und Heimweh nach dem früheren Partner und unserer früheren Ehe, selbst dann, wenn sie zu wünschen übrig ließ. Wir alle spüren, daß unser Leben viel von seinem ehemaligen Glanz verloren hat. Aber einmal hört diese Trauerzeit auf, wie sie auch nach einem Todesfall nicht ewig währt. Wie lange die Trauerzeit dauert, hängt ganz davon ab, wie wir mit der Trennung umgegangen sind. Sind wir gut mit uns umgegangen, erfahren wir eines Tages das Gefühl: »Ich habe überlebt – ich habe meine Mitte wiedergefunden, ich bin wieder bei mir. Die Welt ist wieder in Ordnung.« Wenn wir kreativ mit unserer Trennung umgegangen sind, dürften wir nach etwa einem Jahr zu diesem Punkt gelangen. Anderenfalls kann es Jahre dauern. Manche kommen nie mehr aus der Verbitterung heraus. Das allein wäre Grund genug, uns kreativ mit der Trennung zu befassen.

In einer Krise stellt sich manchmal der Eindruck ein, daß man keinerlei Fortschritte macht. Die folgende Übung soll dazu beitragen, daß Sie sich der wirklich stattfindenden Veränderung bewußt werden. Die Frage lautet: Was gebe ich an Altem zur Zeit bewußt auf, und was beginne ich gezielt an Neuem?

1. Stellen Sie sich eine dreispaltige Liste von früheren Entscheidungen auf, zu denen Sie heute noch stehen und die Sie auch nicht revidieren möchten. Diese Liste soll jeweils in der ersten Spalte eine Notiz über die Entscheidungen enthalten, dahinter den ungefähren Zeitraum, in der dritten Spalte Ereignisse, die Sie in dieser Entscheidung bestärkten.
2. Welche dieser Entscheidungen waren für Ihr Leben am wichtigsten?
3. Stellen Sie eine Liste von Dingen auf, die einmal sehr wichtig für Sie waren, die Sie jetzt aber doch eher zur Vergangenheit zählen möchten, da sie heute nicht mehr im Mittelpunkt Ihrer Bedürfnisse und Interessen stehen. Sie konzentrieren sich dabei auf Aktivitäten, Beziehungen und so weiter, die noch nicht ganz vorbei, verbraucht, sondern erst jetzt in eine Auflösungsphase geraten sind. Sie schreiben so viele Dinge, wie Ihnen einfallen, auf ein dreigeteiltes Blatt. In die erste Spalte notieren Sie immer, worum es geht, in der zweiten das, was Sie über den Vorgang denken, und in der dritten Spalte, was Sie heute dazu empfinden.
4. Auf einem weiteren Blatt schreiben Sie mindestens fünf Dinge auf, die neu in Ihrem Leben sind. Sie interessieren sich vor allem für Aktivitäten, Beziehungen und so weiter, die noch nicht voll zu Ihrem Leben gehören, die erst im Entstehen sind, aber an Bedeutung gewinnen und häufiger als vermutet auftauchen und sich wiederholen.
5. Aus jeder dieser Listen wählen sie einen Punkt aus, der jeweils der wichtigste ist. Sie stellen diese Punkte in den Mittelpunkt einer kurzen schriftlichen Betrachtung. Sie beschreiben das Werden und Vergehen und was Sie dabei empfinden. Zum Beispiel: Ängste, Trauer, Freu-

de, Erwartungen. Sie machen sich klar, was und wer Sie in diesem Prozeß unterstützt, wer oder was Sie dabei behindert. Sie machen sich klar, was Sie noch an das Alte bindet und was Sie noch von dem Neuen trennt.

6. Fällt es Ihnen schwer, Abschied zu nehmen?
7. Welche grundsätzliche Einstellung haben Sie zu Neuem?
8. Mit wem sprechen Sie normalerweise über Veränderungen in Ihrem Leben?
9. Mit wem könnten Sie darüber sprechen?
10. Von welchem Selbstideal und welchen damit verknüpften Vorstellungen und Hoffnungen sowie Tagträumen fiel und fällt Ihnen jetzt in der Krise der Abschied schwer? Erlaubten und erlauben Sie es sich, darüber traurig zu sein? Worin besteht Ihre Trauerarbeit?

7

Vom Wert der Verschiedenheit

Im gegenseitigen Verstehen liegt der praktische Wert jeder Beziehung zwischen Menschen. Wenn es zwischen ihnen Schwierigkeiten gibt, in der Arbeit, mit Nachbarn, mit dem Partner, so liegt das an den Verschiedenheiten, die jeder Mensch gegenüber einem anderen Menschen hat.

Stellen wir uns nur einmal vor, wie unser Zusammenleben mit anderen aussähe, wenn es die vielen Unterschiede zwischen den Menschen nicht gäbe. Das wäre ein Alptraum! Stellen Sie sich weiter vor, wo immer Sie auch hinkommen, sind die Menschen genauso wie Sie. Sie sehen aus wie Sie, kleiden sich wie Sie, bewegen sich wie Sie, essen das gleiche wie Sie, sie fühlen, denken und handeln wie Sie, haben die gleichen Einstellungen wie Sie und machen auch die gleichen Erfahrungen. Sie haben die gleichen Wünsche, Hoffnungen und Ziele wie Sie. Das ganze Leben um Sie herum wäre ein Spiegelkabinett, in dem nur Sie sich selbst in immer gleicher Wiederholung sähen. Sie erfahren in Begegnungen nichts Neues, denn der andere ist ja wie Sie. Wir hätten uns nichts zu sagen, denn wir wüßten ja, was der andere auch weiß.

Wenn wir uns diese Situation in aller Deutlichkeit ausmalen, wird uns erst klar, warum das Anderssein anderer Menschen so wichtig ist. Daß wir so verschieden sind, macht eine Begegnung erst richtig möglich. Nur weil die Art eines anderen Menschen anders ist als die unsere, weil er andere Dinge erlebt hat und anders zur Welt steht als wir, können wir durch ihn etwas Neues erfahren und ihm unsererseits etwas für ihn Neues mitteilen, haben wir beide einander etwas zu sagen. Die Verschiedenheit eines anderen Menschen von uns kann gar nicht groß genug sein, weil wir gerade dadurch sehr viel von ihm lernen können. Immer sind es gerade die Verschiedenheiten zwischen uns, durch die wir als Menschen einander etwas zu geben haben. Diese Verschiedenheit hat aber auch eine negative Seite. Denn sie führt dazu, daß wir uns nicht richtig verstehen, daß wir in ›verschiedenen Sprachen‹ miteinander reden. Daß die Elternhäuser, aus denen wir stammen, zu verschieden sind, daß sich die Lebensläufe, die wir gehabt haben, stark unterscheiden.

Es gibt also eine ganze Reihe von Schwierigkeiten, die jeder mitbringt, die das Verstehen erschweren. Verschiedene Religionen, verschiedene Berufe, verschiedene Weltanschauungen bringen es mit sich, daß jeder in einer ›anderen Welt‹ lebt. Es ist, als würden wir vor einer Pyramide stehen und jeder erfährt von seiner Seite die Welt anders. Verschiedenheiten des Alters, des Geschlechts, Verschiedenheit von Charakter, Temperament und Interessen und selbst noch Verschiedenheit in bezug auf die kleinsten und belanglosesten Dinge des Alltags können für Menschen, die miteinander zu tun haben, zu sehr ernsten Problemen werden.

Wenn wir uns also bewußt machen, wie sehr wir uns von den anderen Menschen unterscheiden, dann wird es zumindest verständlich, daß wir uns nicht gleich mit jedem verstehen können. Es wird auch verständlich, warum so viele Ehen scheitern. Nicht der Mann ist schuld, wenn eine Ehe zerbricht, nicht eine Frau ist die Ursache fürs Zerbrechen der Ehe, sondern es ist die Verschiedenheit, die ihnen Schwierigkeiten bereitet.

Es liegt ganz in unserer freien Entscheidung, ob und wie weit wir uns mit einem anderen Menschen, den wir noch nicht kennen oder den wir noch nicht gut genug kennen, einlassen wollen. Jeder weiß, daß wir uns in unserer Entscheidung irren können. Irren nicht nur in dem Menschen, den wir ›erwählt‹ haben als einen, der unsere Aufmerksamkeit ›verdient‹, irren können wir auch, indem wir an Menschen achtlos vorübergehen, mit denen wir uns sogar auf eine besondere Art hätten austauschen können. Aber das gehört zum Wesen jeder freien Entscheidung, daß wir uns irren können.

Wir neigen nicht selten dazu, über den anderen ein Werturteil abzugeben, wenn wir behaupten, wir können uns mit diesem oder jenem Menschen kaum verstehen, weil er zu schwierig sei. Damit haben wir ihn verurteilt. In Wirklichkeit können wir nur sagen, daß wir mit seiner Andersartigkeit nicht umgehen können. Es sagt in erster Linie darüber etwas aus, was wir nicht können. Die meisten Menschen scheinen ›schwierige‹ Menschen zu sein, und dies auch darum, weil es nicht zu einem echten Verstehen kommt, und das liegt nicht allein in der ›Schwierigkeit‹ des anderen, sondern auch in unserem Unvermögen, auf ihn einzugehen.

Nehmen wir als Beispiel einen Menschen, von dem wir den Eindruck haben, er sei schwierig. Wir stellen fest, wir ›können‹ nicht mit ihm, müssen aber erstaunt feststellen, daß andere mit ihm sehr wohl auskommen können. Wenn wir nicht gleich davonlaufen, sondern mit viel gutem Willen, Einsicht und Geduld einander wirklich kennengelernt haben, werden wir den anderen vielleicht immer noch als einen eigenwilligen, aber doch nicht mehr als schwierigen Menschen betrachten.

Wenn wir von schwierigen Menschen sprechen, werten wir, ja wir verurteilen manchmal sogar. Wir können nur sagen, da ist jemand anders als wir. Natürlich weiß jeder, daß es auch extrem schwierige Menschen gibt. So schwierig sogar, daß sie ständig im Chaos zu stecken scheinen. Sie leben sozusagen in einer ständigen Krise, die überhaupt nicht mehr aufhört. Nicht selten sind diese Menschen zu einem Verstehen mit anderen völlig unfähig. Sie können sich nicht für Begegnungen öffnen, darin nicht ihre Eigenständigkeit bewahren oder mit anderen Menschen eine gemeinsame Basis finden. Sie erfahren keine Bereicherung durch die Begegnung mit anderen, können nicht zu echten neuen Erfahrungen kommen. Sie fallen vor allem gerade dort auf die ›Nase‹, wo es um Begegnung mit anderen Menschen geht. Sie leiden nicht selten unter der Schwierigkeit, im Umgang mit anderen neue Erfahrungen zu machen, etwas Unvorhergesehenes und bisher nicht Bekanntes in das eigene Erleben sinnvoll aufzunehmen. Wenn wir also von einem schwierigen Menschen sprechen, dann sollte das nur dann der Fall sein, wenn es sich um jemanden handelt, der keinen Erfahrungsgewinn macht, wenn er mit anderen Menschen spricht oder sonst mit ihnen zu tun hat.

Es gibt eine positive und eine negative Art und Weise, in denen ein unangenehmes, bestürzendes oder verwirrendes Erlebnis zur Erfahrung werden kann. Wenn jemand dazu neigt, die Haltung eines ›gebrannten Kindes‹ einzunehmen, das heißt, wenn jemand Erfahrungen nicht richtig verarbeitet hat, dann reden wir von einer negativen Erfahrung. Sie bedeutet keinen Gewinn sondern einen Verlust. Sie hat nicht dazu gedient, uns etwas Vertrauensvolles zu bringen, sondern hat uns etwas Unbekanntes in dieser Welt gezeigt, mit dem wir schlecht fertig werden. Dieser Erlebnisbereich wird dann künftig gemieden. Es gibt nicht wenige Leute, die an einer ›großen‹ Liebe fast zerbrochen wären und dann künftig jede Begegnung, die zu Tiefe und Gemeinsamkeit führen könnte, meiden. Wenn wir Situationen meiden, in denen wir eine negative Erfahrung gemacht haben, berauben wir uns der Möglichkeit, andere Erfahrungen zu machen. Wenn jemand wegen einer zerbrochenen Liebe sein Leben lang jeden weiteren Kontakt meidet, verhindert er eine Erlebniswelt, die ihm mit Sicherheit gezeigt hätte, wie wunderbar die Begegnung mit Menschen sein kann, wenn wir unbefangen und heiter sind, wenn wir uns auf bestimmte Menschen einlassen. Wer eine negative Erfahrung gemacht hat, zieht möglicherweise eine Mauer um sich. Keiner kann zu ihm hinein, und er selbst kann nicht mehr heraus.

Andere machen eine positive Erfahrung. Sie ist dadurch gekennzeichnet, daß sie den Menschen nicht einengt, sondern ihm neue Möglichkeiten des Erlebens und Erfahrens öffnet. Positiv sind unsere Erfahrungen dann, wenn wir offen genug bleiben, um daraus einen Gewinn für uns zu ziehen.

Zum Glück kommt es nicht sehr häufig vor, daß jemand zeitlebens aufgrund einer negativen Erfahrung seine Menschenscheu beibehält. Meist werden doch irgendwelche positiven Erfahrungen gemacht. Gerade in der heutigen Zeit, wo Menschen sich in Gruppen immer wieder begegnen, wo andere Menschen hilfreich die Hände entgegenstrecken, hat jeder die Möglichkeit, sich wieder zu öffnen. Im Umgang mit Menschen kommen so vielerlei Situationen vor, die es zu bewältigen gilt. Jede einzelne dieser Situationen kann, wenn man früh genug mit ihr eine negative Erfahrung gemacht hat, ›unheimlich‹ werden und bleiben. Man meidet dann ähnliche Situationen wie die ›Pest‹. Wenn also heute Menschen aus alten negativen Erfahrungen nicht herauskommen, dann sprechen wir von einem gebremsten Menschen. Derjenige kann dann darunter leiden, daß er sich nie durchsetzen, nie aggressiv werden kann: »Ich weiß gar nicht, wie andere zu ihrem gesunden Egoismus kommen. Ich selbst bringe es überhaupt nicht fertig, einem anderen auch nur ein hartes Wort zu sagen, geschweige denn mit Ellenbogengewalt die Erfüllung meiner Wünsche und Forderungen zu erzwingen. Ja, ich habe nicht einmal Wünsche und Forderungen. Wenn ich etwas nur durch Kampf oder Streit erreichen kann, macht es mir von vornherein keine Freude. Ich kann gar nicht anders, ich muß jedes Verlangen zurückstecken, wenn sich auch nur die geringsten Widerstände zeigen. So kommt es, daß ich schon bald gar keine Freunde mehr habe, sondern mich nur von anderen Leuten, an denen mir im Grunde gar nichts liegt, ausnützen lasse. Wie kann mir nur in dieser Not geholfen werden?«

Ein anderer Mensch mit ganz gleichen negativen Erfahrungen, die er ebenfalls nicht überwunden hat, könnte hingegen zu einer ganz anderen bewußten Einstellung gelangen. »Ich finde es verwerflich, wie alle anderen Leute immer nur an sich und ihre eigenen Wünsche denken. Gottlob bin ich von diesem Egoismus, von dieser Rücksichtslosigkeit frei! Ich bin so selbstlos und grundanständig, wie jeder Mensch es eigentlich sein sollte. Ich stelle mein Leben ganz in den Dienst anderer. Ich vermeide jeden Zank und Streit und gebe immer gerne nach; denn ich halte gewaltsame Konflikte für etwas Schlimmes. Allerdings habe ich dadurch viele Nachteile. Ich bin eben ein Märtyrer für meine Milde und Gutherzigkeit. Aber das ist ja nicht meine Schuld, sondern die der gemeinen Welt um mich herum. Ich ertrage es in Demut und bin doch sehr froh, daß ich nicht so bin wie die anderen Menschen.«

Hier hat jemand aus der Not eine Tugend gemacht. Er hat seine negativen Erfahrungen in ein positiv erscheinendes Ethos umgedeutet. Natürlich hat er damit doch keine echte, eigentliche Tugend zuwege gebracht. Denn die Voraussetzung für eine solche Tugend wäre es vor allem, daß sie auf einer freien Willensentscheidung beruht. Nur wer sich zwischen verschiedenen Möglichkeiten für die ihm am besten geeignete entscheidet, hat den richtigen Schritt getan. Aber wer schon früher negative Erfahrungen gemacht hat, kann gar nicht anders handeln, er hat schon im Elternhaus gelernt, friedlich, nachgiebig zu sein. Wenn wir uns über unser Verhalten Gedanken machen, wenn wir beginnen, unser bisheriges Verhalten in Frage zu stellen, wenn wir die wirkliche innere Entscheidung treffen, diese Dinge ändern zu wollen, setzen wir jenen Prozeß in Gang, der letztlich zu uns selbst führt.

Die Ehefrau eines Freundes hatte ein verhängnisvolles ›Leiden‹. In achtjähriger Ehe konnte sie nicht einen einzigen Fehler zugeben. Immer war sie im Recht, alles, was sie machte, war richtig. Automatisch machte sie damit meinen Freund zum Sündenbock, zum bösen Buben. Er hat lange Jahre darunter gelitten, bis er sich endlich aufraffte, sich von dieser Frau zu trennen. Für manche Menschen ist es sehr schlimm. Sie empfinden es als unheimlich, einen Fehler zu machen und dabei ertappt zu werden.

Wenn ein Kind Fehler macht – nach dem Urteil der Erwachsenen –, wird es in der Regel auch bestraft. So macht es die negative Erfahrung, daß Fehler zu begehen etwas Schreckliches ist, das es unbedingt zu vermeiden gilt. Es wird dann später zu einem Menschen, der für sich selber absolute Vollkommenheit beansprucht. Nicht weil er eine so hohe Meinung von sich hätte, häufig ist eher das Gegenteil der Fall, sondern weil er schon die Möglichkeit, daß ihm jemals ein Fehler unterlaufen könnte oder schon unterlaufen wäre, als eine Art von tödlicher Bedrohung empfände. Es ist aber kaum denkbar, daß jemand in seinem Leben niemals einen Fehler macht. Aber es gibt doch Wege, um anderen Leuten und eventuell sich selbst vorzutäuschen, daß man dieses Ideal der Vollkommenheit erreicht hat. Vor allem muß man sich ein Spezialgebiet heraussuchen, auf dem man alle etwaigen Konkurrenten zu übertreffen vermag. Das heißt, in der Regel sind die Menschen, die keine Fehler machen wollen, von einem krankhaften Ehrgeiz besessen. Nun läßt es sich natürlich nicht vermeiden, daß Fehler gemacht werden. Dann wird aller Scharfsinn und alle ›Logik‹ aufgeboten, um der Welt – oder dem Partner – zu beweisen, daß entweder gar kein Fehler begangen wurde oder daß man selbst nicht an ihm schuld war. Es werden die kompliziertesten Kausalzusammenhänge erdacht oder niederträchtige Intrigen aufgedeckt, die von böswilligen Menschen gegen einen geschmiedet wurden, um das strahlende Bild der Vollkommenheit, das man bietet, zu erhalten. Ehe man sich aber ganz von seinem Vorwurf reingewaschen hat – der möglicherweise gar nicht erhoben wurde –, ist schon wieder ein neuer kleiner Fehler passiert, den es nun ebenfalls wieder zu vertuschen oder wegzuerklären gilt. Man ist schließlich so sehr damit beschäftigt, die Vergangenheit zu korrigieren, daß man für seine Aufgaben in der Gegenwart oder Zukunft gar keine Zeit mehr hat: Man findet sich dauernd in Abwehrbereitschaft und kann sich deshalb nicht auf Neues einstellen, keine verantwortlichen Entschlüsse mehr fassen, keine eigenen Aktivitäten entfalten. Ähnlich kann es bei einer Unzahl von weiteren Situationen geschehen.

Einem Menschen ist beispielsweise unheimlich, irgend etwas hergeben zu müssen; sei es nun Geld, dann wird er zum Geizhals, oder seien es Gefühle, dann gestattet er sich niemals eine spontane Gefühlsäußerung, sondern er erstarrt hinter der Maske der Unnahbarkeit. Ein anderer glaubt, immer nach außen hin ruhig und überlegen sein zu müssen; sein schrecklicher Gedanke wäre es, daß er einmal die Fassung verlieren könnte. Ein dritter könnte es nicht ertragen, von anderen abhängig zu sein, ihre Hilfe in Anspruch nehmen zu müssen oder ihnen gar Dank zu schulden. Er wird deshalb entweder alles alleine machen wollen oder wenn sein Wirklichkeitssinn nicht so stark entwickelt ist, die ihm von anderer Seite geleistete Hilfe bagatellisieren und vielleicht kurzerhand leugnen, daß ihm überhaupt geholfen wurde.

Diese Verhaltensweisen und noch viele mehr können es sein, die den betreffenden Menschen irgendwann oder öfter in Krisen treiben können. Alle diese Verhaltensweisen haben einen Einfluß auf unsere Selbstsicherheit. Selbstsicherheit ist ja nicht etwa eine Eigenschaft, die wir von Geburt an haben und für immer unverändert behalten. Sie muß von uns selbst erworben werden, und zwar innerhalb unserer gesamten seelischen Entwicklung zu wiederholten Malen. Wir erwerben sie aber nur, indem wir positive Erfahrungen machen. Und wir gewinnen sie nicht oder verlieren sie wieder, wenn negative Erfahrungen das Leben bestimmen.

Wenn wir uns in eine ganz neuartige Situation hineingestellt sehen, die mit keiner zu vergleichen ist, die wir bisher erlebt haben, sind wir notwendigerweise unsicher. Wir können ja nicht wissen, was nun von uns gefordert werden wird und inwieweit wir dem gewachsen sein werden. Das braucht nicht immer zu bedeuten, daß wir nun scheu und ängstlich werden. Oft können wir auch Gefahren und Schwierigkeiten, die auf uns warten, unterschätzen und uns einem Optimismus hingeben, der nicht gerechtfertigt ist. Aber in jedem Fall fehlt uns ein zuverlässiger Maßstab für das, was wir von der neuen Lage und von uns selbst in ihr zu gewärtigen haben. Mit jeder Aufgabe, die neu an uns herantritt, wird auch das Problem unserer Selbsteinschätzung wieder aktuell. Zunächst sind die Möglichkeiten dafür nach jeder Seite sehr weit gespannt; ja, es scheint überhaupt keine Grenze für sie zu geben. Wir können nur wenige Leistungen aufgrund angeborener Instinkte oder gedankenloser Nachahmung vollbringen, so wie das Tier es tut.

Zu unserem bewußten Menschsein gehört es, daß wir uns immer wieder im bewußten Erleben mit der Welt auseinandersetzen müssen, um auch deren einfachen Forderungen gewachsen zu sein. Alle Augenblicke kann sich für uns irgend etwas Neues begeben, das wir in dieser Form noch nicht erlebt haben. Damit können wir uns dann in einer Problemsituation befinden. Die Problemsituation gefährdet zunächst das Selbstgefühl; denn sie stellt uns ja unerbittlich vor die Frage, ob wir sie bewältigen werden oder nicht. Können wir das Neue sinnvoll in unser Erleben einbeziehen, so sind wir dadurch in unserem Daseinswert bestätigt oder sogar gehoben. Können wir das nicht, so bedeutet das eine

Art Katastrophe; denn nun ist das Vertrauen in die Welt zugleich mit dem Vertrauen in das eigene Ich erschüttert.

Das Ich ist ja darauf angewiesen, mit der Welt, von der es rings umgeben wird, immer in einer grundsätzlichen Übereinstimmung, einer wesensmäßigen Entsprechung zu stehen. Alles, was nun an Neuem in der Welt oder im Ich auftaucht, kann diesen Entsprechungszusammenhang eventuell stören oder gar zerstören. Das aber wäre der Untergang des erlebten Ich – der zugleich als Weltuntergang – erlebt würde. Darum stellt alles Neue, solange es nicht integriert ist, eine Bedrohung des Ich und seiner Welt dar. Bevor und während der Mensch handelnd dieser Bedrohung entgegentritt, beschäftigt sich seine Phantasie unwillkürlich mit allen nur denkbaren Folgen, die sich aus der Situation ergeben können. Je eigenartiger und befremdender der neue Erlebnisinhalt ist, je weniger er in die Schemata des gewohnten Denkens und Fühlens paßt, um so weiter ist auch der Spielraum, in dem sich die aufgeschreckte Phantasie bewegt. Er reicht von extrem gesteigerten Wunschvorstellungen, also Riesenerwartungen oder Riesenansprüchen, bis zu dem oft genannten Minderwertigkeitsgefühl. Zwischen diesen beiden äußeren Polen aber ist ein Verlust der Mitte eingetreten. Meist sind im Erlebnis der Selbstunsicherheit einer neuen Situation gegenüber die Riesenerwartungen und das Minderwertigkeitsgefühl vereinigt. Je nach den bisherigen negativen Erwartungen kann aber auch von Fall zu Fall eine Seite zurücktreten oder ganz aus dem Bewußtsein verschwinden. Dann kann man entweder die Möglichkeit eines Versagens nicht mehr wahrhaben und steigert sich in ein künstliches Hochgefühl hinein, oder man sieht nur noch den negativen Pol und lebt im ständigen quälenden Bewußtsein der eigenen Minderwertigkeit. Beide Male ist dabei ein falsches Selbstwertgefühl entstanden, das zwar nur wenig schwankt und darum das Bild einer echten Mitte vortäuscht, das aber in Wahrheit nur durch die Einengung der

Phantasie entstanden ist, keinen Bezug zur Wirklichkeit hat und mit einem realen, angemessenen Selbstwertgefühl in gar keinem Zusammenhang steht.

Die echte Mitte des Selbstwertgefühls wird nur gefunden, indem die schweifende Phantasie sich mit den positiven Erfahrungen der Wirklichkeit vereinigt und damit die Entsprechung von Ich und Welt wieder gefunden wird. Sie ist kein fester Wert, den man ein für allemal feststellen kann und der sich dann nicht mehr verändert. Echtes Selbstwertgefühl hat zur Voraussetzung, daß der Mensch immer wieder durch Problemsituationen hindurchgeht und daß er immer wieder neue Erlebnisinhalte zu integrieren vermag. Es beruht auf dem ständigen Weitergehen der persönlichen Entwicklung. Allerdings verhält es sich nicht so, daß man entweder nur in jeder Hinsicht ein völlig stabiles Selbstwertgefühl hat oder ebenso völlig selbstunsicher ist. Die Problemsituationen können oft teilweise gemeistert werden, so daß nur ein begrenzter Bereich zurückbleibt, in dem man noch nicht die Orientierung wiedergefunden hat. Normales und gestörtes Selbstwertgefühl besteht dann nebeneinander fort. Der Mensch ist in bestimmter Weise selbstsicher, in anderer unsicher. Es tritt für ihn keine allgemeine Katastrophe mehr ein, auch wenn ein Teil seines Erlebens recht chaotisch verläuft. Er kann dann auch die Erfolge, die er als gesunder, selbstsicherer Mensch hat, nicht ohne weiteres dazu verwenden, sein Selbstwertgefühl in gestörten Bereichen zu festigen.

Aus all dem erklärt es sich, warum wir die sogenannten ›gebrannten Kinder‹, die selbstunsicheren Menschen, auch als schwierige Menschen bezeichnen. Sie sind es auch, an denen wir alle möglichen Erfahrungen machen. Wer selbstunsicher ist, der ist auch immer ein schwieriger Mensch, und zwar deshalb, weil er weder den Mut noch die Kraft dazu aufbringt, mit einem anderen Menschen in eine Beziehung des echten gegenseitigen Verstehens einzutreten.

Gegenseitiges Verstehen setzt voraus, daß man für die verschiedenen Möglichkeiten der Begegnung offen ist; daß man bereit ist, durch seinen Partner ganz neue Erfahrungen zu machen und sich von ihm überraschen zu lassen. Wer garantiert uns denn, daß unter den Überraschungen, die unser Partner bereithält, nicht auch diejenige Situation ist, die wir als gebrannte Kinder um jeden Preis vermeiden wollten? Es könnte ja in der Begegnung notwendig werden, daß wir uns selbst behaupten, daß wir uns energisch durchsetzen, daß wir gemachte Fehler eingestehen, daß wir etwas von unserem Besitz hergeben, ungezwungen unsere Gefühle zeigen, fremde Hilfe in Anspruch nehmen oder auf etwas verzichten müssen, nicht genug zu geben haben, Veränderung riskieren oder feste Beziehungen eingehen müssen. Kurz, es könnte irgend etwas geschehen, wovor wir uns am allermeisten gefürchtet haben. Und weil zum gegenseitigen Verstehen immer dieser Moment des Neuen, Unvorhergesehenen gehört, können wir nie vorher mit Sicherheit wissen, wann dieser schreckliche Fall einmal eintritt. Darum bleibt kein anderer Weg als der, das gegenseitige Verstehen überhaupt zu meiden.

Der Grund dafür, daß man mit einem schwierigen Menschen so schlecht reden, sich so wenig mit ihm verständigen kann, liegt also nicht im einfachen Anderssein dieses Menschen. Es liegt auch nicht etwa darin, daß dieser Mensch böswillig ist und aus freien Stücken nichts von uns wissen wollte, sondern die Angst vor schlechten Erfahrungen hält ihn zurück. Vielmehr ist der Mensch aufgrund der negativen Erfahrung, die er als ›gebranntes Kind‹ gemacht hat, zu selbstunsicher geworden, um auch beim besten Willen das Risiko eingehen zu können, das in einer echten Begegnung mit dem Ziel des gegenseitigen Verstehens läge. Wir können ihm dieses Risiko ebensowenig zumuten wie wir von ihm verlangen dürfen, daß er sich in ein Sportflugzeug setzt und alle Kapriolen des Piloten ohne Angst übersteht.

Der schwierige Mensch drückt sich unwillkürlich vor der Begegnung mit anderen, oder er sucht diese Begegnungen wenigstens nur insoweit, als ihm Garantien dafür gegeben werden, daß bestimmte, für ihn unheimliche Situationen auf keinen Fall eintreten können. Fürchtet er sich vor Streit, so sucht er von vornherein die Atmosphäre einer absoluten Friedlichkeit zu sichern. Kann er keinen eigenen Fehler eingestehen, so redet er nur mit solchen Leuten, die ihm ganz gewiß unterlegen sind. Sieht er sich als einen besonders tugendhaften Menschen, so muß er sich moralisch minderwertige Partner suchen und ihnen gegenüber seine eigenen ethischen Qualitäten recht deutlich hervorkehren. Immer schränkt er damit das für ihn untragbare Risiko einer freien Begegnung auf das Maß ein, in dem er sich der Situation noch gewachsen fühlen kann.

Die Mittel dazu sind äußerst vielfältig und können bei intelligenten schwierigen Menschen geradezu raffiniert oder genial sein. Je größer die Selbstunsicherheit und je feinfühliger der betreffende Mensch, um so komplizierter muß das System der Sicherungen aufgebaut werden. Die Wahl des Berufs, des Wohnsitzes, des Ehepartners, der Religion, der Weltanschauung, der Arbeitsstelle und der Freizeitbeschäftigung kann mit von diesem Sicherungsbestreben beeinflußt werden und ihm dienen. Auch bei großen und verdienstvollen Leistungen hat oft das Verlangen eines schwierigen Menschen, sich vor unheimlichen Situationen zu schützen, eine wesentliche Rolle gespielt. Es ist also keineswegs immer nur Schlechtes oder ›Minderwertiges‹, was dadurch bewirkt wird.

Der Weg zur Selbsterkenntnis und Selbsterziehung führt immer zunächst in die Welt hinaus und erst von dort her wieder zurück in die Abgeschiedenheit, in die Rückbesinnung Reflexion. Wenn wir ihn umgekehrt gehen wollen, verfehlen wir ihn mit Sicherheit. Man kann sich nur selbst erziehen, indem man vor allem die Begegnung mit Dingen und Menschen in der Welt sucht. Nur in der Begegnung wird man des Gegenübers und zugleich auch seiner selbst gewahr; zur Begegnung mit Menschen aber ist das gegenseitige Verstehen notwendig. Soweit wir keine persönlichen Schwierigkeiten haben, können wir uns grundsätzlich mit jedem Menschen verstehen. Soweit wir selbst ›schwierig‹ sind, versteht uns zunächst niemand, und wir verstehen niemanden. Die Forderung, die wir an uns selbst stellen sollten, wäre, ein einmaliger Mensch zu werden, unseren Eigensinn zu bejahen und gegen andere abzugrenzen, daß wir unverwechselbare Persönlichkeiten werden und kein austauschbarer Massenmensch. Damit aber geht die Angst einher, die uns droht, wenn wir uns von anderen unterscheiden und dadurch aus der Geborgenheit des Dazugehörens und der Gemeinsamkeit herausfallen, was Einsamkeit und Isolierung bedeuten würde.

Unsere Existenz gleicht einer Pyramide, deren breite Basis sich aus Typischem und Gemeinsamem aufbaut, die sich aber zur Spitze hin immer mehr aus den verbindenden Gemeinsamkeiten herauslöst und im einmalig Individuellen endet.

Mit dem Annehmen und Entwickeln unserer Einmaligkeit, mit dem Individuationsprozeß, wie Carl Gustav Jung diesen Entwicklungsweg genannt hat, fallen wir aus der Geborgenheit des Dazugehörens des ›auch wie die anderen Seins‹ heraus und erleben unsere menschliche Einsamkeit. Denn je mehr wir uns von anderen unterscheiden, um so einsamer werden wir und sind damit der Unsicherheit, dem Nichtverstanden-, dem Abgelehnt-, unter Umständen dem Bekämpftwerden ausgesetzt. Riskieren wir es aber auf der anderen Seite nicht, uns zu eigenständigen Menschen zu entwickeln, bleiben wir zu sehr im Kollektiven, im Typischen stecken und bleiben uns selbst damit etwas Entscheidendes schuldig.

Die zweite Forderung, die wir an uns stellen können, ist

die, daß wir uns der Welt, dem Leben und den Mitmenschen vertrauend öffnen, uns einlassen mit dem Nicht-Ich, dem Fremden, in Austausch treten mit dem Außer-uns-Seienden. Damit ist die Hingabe, im weitesten Sinne an das Leben gemeint. Damit aber ist alle Angst verbunden, unser Ich zu verlieren, abhängig zu werden, uns auszuliefern, unseren Eigensinn nicht angemessen leben zu können, ihn anderen zu opfern und in der geforderten Anpassung zu viel von uns selbst aufgeben zu müssen. Es geht hier also vor allem um die Abhängigkeiten und darum, daß wir trotz dieser Abhängigkeiten und Gefährdungen unseres Ichs, die uns unsere Ohnmacht fühlen lassen, uns dem Leben zuwenden und aufschließen. Riskieren wir das nicht, bleiben wir isolierte Einzelwesen, ohne Bindung, ohne Zugehörigkeit zu etwas über uns Hinausreichendem, letztlich ohne Geborgenheit und werden so weder uns selbst noch die Welt kennenlernen.

Es scheint ein wenig paradox: Auf der einen Seite wäre es gut, die Selbstverwirklichung zu leben wie auch die Selbsthingabe, die Selbstvergessenheit und auf der anderen Seite die Angst vor der Ich-Aufgabe, und die Angst vor der Ichwerdung zu überwinden.

Eine weitere Forderung an uns selbst wäre, etwas Dauerhaftes anzustreben, uns sozusagen auf dieser Erde häuslich niederzulassen. Wenn wir uns aber dauerhaft auf dieser Erde niederlassen wollen, müssen wir sie uns einrichten, in die Zukunft hineinplanen, zielstrebig sein, als ob wir unbegrenzt leben würden, als ob die Welt stabil wäre und die Zukunft voraussehbar, als ob wir mit Bleibendem rechnen könnten – obwohl wir wissen, daß unser Leben jeden Augenblick zu Ende sein kann. Mit dieser Forderung an uns selbst bezüglich Dauerhaftigkeit, uns in eine ungewisse Zukunft hineinzuwerfen, ja überhaupt Zukunft zu haben, als ob wir damit etwas Festes, Sicheres vor uns hätten, mit dieser Forderung an uns selbst liefern wir uns schon wieder allen Ängsten aus, die mit dem Wissen um die Vergänglichkeit, um unsere Abhängigkeiten und um die irrationale Unberechenbarkeit unseres Daseins zusammenhängen; es ist die Angst vor dem Wagnis des Neuen, vor dem Planen ins Ungewisse, davor, sich dem ewigen Fließen des Lebens zu überlassen, das nie stillsteht und auch uns selbst wandelnd ergreift.

Man sagt, niemand könne zweimal in den gleichen Fluß steigen – der Fluß und auch wir selbst sind stets jemand anderer. Würden wir andererseits auf das Dauerhafte verzichten, könnten wir nichts schaffen und verwirklichen. Alles Geschaffene muß in unserer Vorstellung etwas von dieser Dauerhaftigkeit haben – sonst würden wir gar nicht anfangen, unsere Ziele zu verwirklichen. So leben wir immer, als ob wir glaubten, unbegrenzt Zeit zu haben; als ob das, was wir erreicht haben, stabil wäre und diese uns vorschwebende Stabilität und Dauer, diese illusionäre Ewigkeit, ist ein wesentlicher Impuls, der uns zum Handeln treibt.

Eine weitere Forderung, die wir an uns selbst stellen können, ist die Bereitschaft, uns, wenn nötig, zu wandeln, Veränderungen und Entwicklungen zu bejahen, Vertrautes aufzugeben, Traditionen und Gewohntes hinter uns zu lassen und immer wieder uns vom gerade Erreichten zu lösen und Abschied zu nehmen, alles nur als Durchgang zu erleben. Mit dieser Forderung, uns immer lebendig weiterzuentwikkeln, uns nicht aufzuhalten, an nichts zu hängen, dem Neuen geöffnet und das Unbekannte wagend, ist die Angst verbunden, durch Ordnung, Notwendigkeiten, Regeln und Gesetze, durch den Sog der Vergangenheit und Gewohnheit festgelegt, festgehalten zu werden, eingeengt, begrenzt zu werden in unseren Möglichkeiten und unserem Freiheitsdrang. Es droht hier also letztlich der Tod als Erstarrung und Endgültigkeit. Würden wir aber den Impuls zur Wandlung, zum Wagnis des Neuen, aufgeben, so blieben wir im Gewohnten haften. Das ist die Paradoxie des Lebens an uns: Wir sollen zugleich nach Dauer und Wandlung streben. Wir sollen zugleich die Angst vor der nicht aufzuhaltenden Vergänglichkeit wie die Angst vor der unausweichlichen Notwendigkeit überwinden.

In Krisenzeiten begegnen uns immer wieder widersprüchliche Ängste wie beispielsweise die Angst vor der Selbsthingabe, die als Ich-Verlust und Abhängigkeit erlebt wird, oder die Angst vor der Selbstwerdung, als Ungeborgenheit und Isolation erlebt, sowie die Angst vor der Wandlung, als Unsicherheit erlebt, nebst der Angst vor der Notwendigkeit, als Endgültigkeit und Unfreiheit erlebt.

Alle möglichen Ängste sind letztlich immer Varianten dieser Grundängste und hängen mit den Grundimpulsen zusammen, die ebenfalls zu unserem Dasein gehören und sich auch paarweise ergänzen und widersprechen: Das Streben nach Selbstbewahrung und Absonderung mit dem Gegenstreben nach Selbsthingabe und Zugehörigkeit, und andererseits das Streben nach Dauer und Sicherheit mit dem Gegenstreben nach Wandlung und Risiko.

Zu jeder dieser Bestrebungen gehört die Angst vor dem Gegenstreben. Unser inneres Gleichgewicht läßt sich aber nur herstellen, wenn wir die Polaritäten unseres Seins erkennen und immer wieder aufs neue ausbalancieren. Dabei können wir beachten, daß die Art der jeweils erlebten Ängste und ihr Intensitätsgrad in großem Maß abhängig sind sowohl von unseren mitgebrachten Anlagen, d. h. von unserem ›Erbe‹, als auch von den Umweltbedingungen, in die wir hineingeboren wurden; sowohl von unserer körperlichen und seelisch-geistigen Konstitution wie auch von unserer persönlichen Biographie, der Geschichte unseres Sogewordenseins. Denn auch unsere Ängste haben eine Geschichte, und wir haben gesehen, wie bedeutsam unsere Kindheit ist. So ist Angst bei jedem Menschen durch Anlage und Umwelteinflüsse mitgeprägt, was zum Teil auch erklärt, warum uns gelegentlich die Ängste unserer Mitmen schen unverständlich sind, die unter gewissen Lebensbedingungen entstanden, die uns fremd sind.

Wir haben über die Zukunft gesprochen, und ich biete Ihnen mit der nächsten Selbstreflexion die Möglichkeit, sich Ihre Lebensaufgabe und Lebensplanung anzuschauen, Reflexion darüber, in welchem Verhältnis Lebensaufgaben, die entsprechend Ihrem Alter gestellt sind, zu Ihrem tatsächlichen Lebensverlauf stehen. Setzen Sie sich auseinander mit lösbaren und nicht lösbaren Zielen für die Zukunft. Wir können unser Leben nur teilweise selbst planen und diese Planung auch Wirklichkeit werden lassen. Trotzdem müssen wir angesichts anstehender Lebensaufgaben ständig entscheiden, was wir tun und was wir lassen wollen, wie sich unter unserer bewußten Mitwirkung der nächste Tag, die nächste Woche, das nächste Jahr, eventuell sogar größere Zeiträume gestalten sollten. Obgleich jeder von uns tagtäglich in irgendeiner Form über die Zukunft nachdenkt, werden Sie erstaunt sein, zu welchen präzisen Vorstellungen einerseits und zu wie vielen unbeantworteten Fragen andererseits die folgenden Fragen anregen:

1. Malen Sie eine ›Zeitschiene‹, und tragen Sie für die letzten zwanzig Jahre Lebensschwierigkeiten ein, die Sie zu bewältigen und denen gegenüber Sie sich zu entscheiden hatten.
2. Bei welchem dieser Markierungspunkte Ihres Lebensweges konnten Sie zwischen verschiedenen realisierbaren Möglichkeiten für sich frei wählen? Bei welchen nicht?
3. Welche dieser Entscheidungen hatten negative Auswirkungen für Sie, die Sie bis heute noch nicht überwunden haben, die Sie immer noch als schmerzlich oder sogar als bedrohlich erleben?
4. Wie gingen Ihre Großeltern, Ihre Eltern bei der Planung Ihres Lebens mit Vorstellungen von ›Schicksal‹ oder ›Göttlicher Fügung‹ um?

5. Welches sind die Lebensaufgaben, die Sie heute und morgen zu bewältigen haben? Legen Sie drei Spalten an, und tragen Sie in die erste Spalte diese Aufgaben ein. Zu den einzelnen Punkten notieren Sie in der zweiten Spalte, was Sie sich erhoffen und wünschen. In der dritten Spalte notieren Sie sich, welchen Beitrag Sie zur Erfüllung dieser Hoffnungen und Wünsche leisten können.
6. Auf losen Zetteln notieren Sie, frei assoziierend, weitere Lebensziele, bezogen auf alle Lebensbereiche. Sie sortieren sie danach, welche wahrscheinlich für Sie erreichbar sein werden, welche eventuell und welche überhaupt nicht. Bei der ersten Gruppe von Zielen notieren Sie auf den Zetteln, was Sie in den nächsten drei Jahren tun können, um sie zu erreichen. Was in den nächsten vier Wochen?
7. Die wichtigsten dieser Ziele schauen Sie sich nun noch genauer an. Sie notieren auf einem gesonderten Blatt, welche konkreten Maßnahmen Sie ergreifen, um dieses Ziel zu erreichen.
8. Welches sind Ihre Erwartungen im Hinblick auf Ihr Alter? Sie legen eine zweispaltige Liste an. Erste Spalte positive Erwartungen, zweite Spalte negative Erwartungen – und assoziieren frei zu dieser Frage. Sind Sie bereit, Ihr derzeitiges Alter anzunehmen?

Wenn Sie sich mit den vielen Fragen in diesem Buch auseinandersetzen, dann sollte Ihr Hauptaugenmerk darauf gerichtet sein, was diese Fragen in Ihnen bewirken. Es handelt sich, wie Sie längst bemerkt haben, nicht um Tests, die ausgewertet werden müßten. Es geht nicht darum, diese Kriterien im Sinne von Gut oder Böse zu bewerten. Gerade das Bewerten, Vergleichen und Beurteilen unseres Lebens und des Lebens anderer führt uns nicht selten in eine Krisensituation. Statistiken können diese Fragen auch nicht sein, denn dazu würden Ihnen vergleichbare Daten fehlen.

Es geht in allererster Linie darum, daß Sie überhaupt beginnen, sich bewußt mit sich und Ihrem Leben auseinanderzusetzen, anstatt alle wichtigen Fakten in den ›Untergrund‹ zu schieben, also zu verdrängen. Darüber hinaus machen Sie sich über die Fragen bewußt, wie Sie mit Ihrem Leben bisher umgegangen sind, ob Sie Entscheidungen fällen können und ob diese Entscheidungen richtig sind. Wenn Sie in diesem Bereich Schwächen erkennen, könnten Sie sich jetzt dafür entscheiden, sich mit Krisen bewußter auseinanderzusetzen. Häufig werde ich nach einem typischen Krisenverlauf gefragt. So etwas kann es schon deswegen nicht geben, weil wir Menschen verschieden sind und jeder auf seine eigene Weise reagiert.

8

Das Gute in uns suchen

Die Bewußtseinsfähigkeit bei uns Menschen ist noch sehr gering, und unser Bewußtsein ist der kleinere Teil unserer Persönlichkeit. Über den unbewußten Bereich unserer Seele haben wir unmittelbar teil an den noch unerforschten Kräften und Mächten des Seins. Im Hinblick auf die Menschheitsgeschichte und unter Berücksichtigung prähistorischer Zeiten ist die Entwicklung des Bewußtseins erst eine kleine Spanne Zeit, eine erst in der Entwicklung stehende Tendenz.

Bewußtsein und Bewußtwerdung werden durch den Menschen eingesetzt im Kampf gegen archaische Kräfte, gegen den Untergang des Einzelwesens im Chaos. In jedem einzelnen vollzieht sich der Prozeß auch heute noch. Je schwächer die jeweiligen Ichkräfte sind, je isolierter das Bewußtsein sich konstelliert, um so intensiver muß es sich abschirmen und schützen vor den Reaktionen primitiver Kräfte in uns.

Während das Kind zunächst vom Lustprinzip geprägt ist, lernt es in altersgemäßen Schritten die unvermeidlichen und notwendigen Frustrationen zu bewältigen und wächst damit langsam in die Welt der Erwachsenen hinein, das heißt, der junge Mensch setzt sich zunehmend mit dem Realitätsprinzip auseinander im Hinblick auf seine Innen wie auch auf seine Außenwelt. Während der gesunde Mensch im Besitz all seiner Kraft und seiner Möglichkeiten in diesem Prozeß sich selbst stärkt und in der Begegnung mit der Realität Bestätigung erfährt und Lust erleben kann, verhält sich das bei einem Menschen in der Krise anders. Dieser leidet zunächst übermäßig unter Spannungen, die ein gewollter oder aufgezwungener Lustverzicht zur Folge hat. Damit flüchtet er in den Versuch, die Realitätswahrnehmung zu verändern, sie so zurechtzubiegen, daß sie erträglich wird. Das führt oft in die Regression, ins Rückwärtsgewandtsein. Er träumt von den verlorenen ›Paradiesen‹, der Dualeinheit der ersten Lebensphase und dem Ich-losen-Sein in der frühen Kindheit. In der Rückschau erhält dies alles einen besonderen Glanz; was man das spannungslose Geborgensein in der Welt nennen könnte, wird verklärt.

Neben dieser Haltung passiver Sehnsüchte gibt es auch die aktivere Reaktionsform, die Flucht in die Zukunft. Hierher gehören die Weltveränderer, die von einer paradiesischen Zukunft und Glückssehnsucht beherrscht werden. Die jeweiligen Glücksvorstellungen variieren entsprechend den persönlichen Wünschen und Problemen. Einige erhoffen sich eine Zukunft, in der man nicht mehr oder nur ganz wenig arbeiten muß. Andere schwärmen von einem Mindesteinkommen aller, das Luxus und materielle Wunschbefriedigung voll gewährleistet. Eine weitere Gruppe erhofft sich eine Welt, in der es keine Aggressionen, kein Verbrechen, keine Polizei mehr gibt, weil alle Menschen brüderlich vereint sind.

Solche Zielvorstellungen werden nicht weiter durchleuchtet und die Gedanken an damit eventuell neu auftretende Probleme werden erst gar nicht erwogen. Derartige Vorstellungen werden gerade darum entwickelt, weil Hoffnung auf spannungsloses Dasein irgendwo aufgehängt werden kann als Tröstung für den, der in der realen Gegenwart nicht zurechtkommt. Wollte man über die Realisierbarkeit solcher Ideen, über die Fragwürdigkeit solcher Glücksvorstellungen nachdenken, so würden ja wiederum Realitäten berücksichtigt werden müssen, das heißt, man müßte sich aufs neue mit Problemen befassen.

Der Inhalt der Wunschwelten ist immer die Sehnsucht nach Spannungsminderung. Dies kennt jeder Mensch bis zu einem gewissen Grad, ohne es jedoch als alles beherrschende Ausrichtung zu erleben. Wer für solche Wunschvorstellungen kämpft und utopische Ziele zu verwirklichen trachtet, erlebt dabei mehrfache Befriedigung. Der Kämpfer zum Beispiel lebt für eine Welt, in der alle gleichgestellt sind, in der keiner mehr hat als der andere, weder an Besitz noch an Prestige, in der Gerechtigkeit und soziales Verhalten entscheidende Grundwerte darstellen. Er leidet an den tatsächlich vorhandenen Ungerechtigkeiten dieser Welt, in der wir leben. Wir wollen diesen Menschen nicht unterstellen, daß sie ihre Ideal-Wunsch-Welt nur deshalb anstreben, weil sie sich selbst in der vorgegebenen Realität nicht nach vorn oder nach oben bringen können.

Mit anderen Worten, daß sie die Absenkung des allgemeinen Niveaus wünschen, um den Abstand zwischen sich und den Leistungsfähigeren, Lebenstüchtigeren zu verringern. Es gibt keine Realität, die nicht verbesserungsbedürftig ist, die keine Weiterentwicklung ermöglicht. Die Frage ist nur jeweils die, was bei dem bisher erreichten Entwicklungsstand vom Menschen her realisierbar ist. Dem Utopisten darf deshalb nicht vorgeworfen werden, daß er mit seiner Welt nicht zufrieden sein kann, sondern vielmehr die Tatsache, daß er die Realität negiert. Wer das zweifellos große und erstrebenswerte Ziel der Gerechtigkeit als Ideal wählt, darf nicht Wunsch-Phantasien projizieren, vielmehr muß er erst begreifen, was es bedeutete und immer noch bedeutet, allein die Gerechtigkeit und Gleichheit vor dem Gesetz auch nur einigermaßen zu gewährleisten.

Wer um den Menschen weiß und auch die Schwächen der menschlichen Natur kennt, kann nicht an vulkanartig auftretende Veränderungen glauben. Er weiß aus der Geschichte der Vergangenheit und aus der Gegenwart, daß die neuen Machthaber und Prinzipien die primitiven Verhaltensweisen des Menschen nur in verwandelter Form wiederbringen. Fortschritt gibt es daher nur in kleiner Dosierung, nämlich soviel, wie der einzelne verkraften kann, ohne zusätzlich zu erkranken.

Klarzustellen wäre noch, daß die Anerkennung des Realitätsprinzips und die Auseinandersetzung mit der Wirklichkeit nicht als naives Annehmen des Gegebenen und die unabänderliche Hinnahme der vorgegebenen Lebensform zu verstehen ist. Begegnung und Auseinandersetzung mit der Wirklichkeit ist nicht Dressur zur Anpassung. Dies würde nicht allein unsere persönliche Reifung verhindern, sondern darüber hinaus auch sinnvolle Gestaltung in der Welt unmöglich machen. Dann würde gerade das in Frage gestellt, worum es eigentlich geht: der Vollzug der Menschwerdung, die immer an die Begegnung mit der Innen- und Außenwelt gebunden ist. Wunschdenken ist eben nicht Konfrontation und Abklärung, vielmehr eine seelische Art der Selbstbefriedigung. Wunschdenken, projektive Schau der Welt und meiner selbst führen darum immer nur auf das eigene Problem zurück und nicht in eine neue Welt. Wer seine eigene Entwicklung aufhält, und in Fixierung verharrt, entfremdet sich damit selbst. Dies bedeutet darum häufig körperliche oder seelische Krankheit. Wer nicht im Realitätsbezug und im Kontakt zur unmittelbaren, gegebenen Wirklichkeit steht, erzeugt nicht allein Schwierigkeiten für sich selbst, sondern auch für den anderen.

Die verängstigten und in ihrer Liebesfähigkeit gestörten Menschen können die Welt, in der sie leben, die Menschen, mit denen sie zusammen sind, und auch sich selbst nicht annehmen. Man kann ganz schlicht sagen: nicht lieben. Es gibt dann verschiedene Auswege und Reaktionen. Die einen leiden an ihren Frustrationserlebnissen, und alle Aggression fällt auf sie selbst. Sie fühlen sich für ihre Schwäche selbst verantwortlich, leben mit Schuldgefühlen, Versagensängsten und der großen inneren Leere. Ihre Unfähigkeit zur Hingabe an die Welt und die damit verbundene Gefühlsverarmung läßt sie ohne Teilhabe an der Welt sein. Sie sind arm in sich und ohne Weltanteil.

Die anderen biegen sich die Wirklichkeit für sich solange zurecht, bis sie einigermaßen dem entspricht, was ihnen erträglich erscheint. Mit Hilfe der Projektion kann man sich selbst, den anderen Menschen und die ganze Welt durch die Wunschbrille sehen. Dabei verhält man sich entsprechend dieser Projektionsbilder und Fehlvorstellungen. Es treten dann immer, auch bei allen Graden von Intelligenz, Bewußtseinsminderung und ein einengendes Weltbild auf. Wahrnehmungen der Außenwelt wie auch der Innenwelt erfolgen nur selektiv. Was in das zurechtgezimmerte Bild nicht paßt, bleibt im blinden Fleck des beschränkenden Erkennens. Die Verdrängung vollzieht sich also über viele Funktionen und wirkt sich in vielen Bereichen aus. Wunschdenken kann aber gefährlich werden für den einzelnen selbst wie auch für den anderen.

Der Mensch kann sich nur mit Hilfe anderer verwirklichen. Auch die großen hervorragenden und bedeutenden Menschen können nicht isoliert als sie selbst gesehen werden. Vielmehr sind sie nur ein Punkt, in dem viele Linien sich schneiden. Ihr Verdienst ist es, die Zusammenfassung und Gestaltung dessen zu vollziehen, was anstand und geboren werden wollte, auch wenn es in der Allgemeinheit vordergründig noch gar nicht sichtbar werden konnte. In der menschlichen Geschichte vollzogen sich Entdeckungen, Ereignisse, Neugestaltungen immer nur dann, wenn die psychische und vor allem die unbewußte Konstellation bei einem Teil der jeweils lebenden Menschen vorhanden war. Erst dadurch vollzieht sich auch der Durchbruch zu Realisierungsversuchen in den hierzu befähigten einzelnen. Sind es noch wenige, die in der inneren Bereitschaft für etwas

Neues leben, so vermag es sich auch nicht durchzusetzen oder zu erhalten. Selbst wenn der erste Vertreter dieses Neuen schon viel erreichte, treten nach seinem Tode Rückfälle ein. Die Geschichte bietet hierfür viele Beispiele.

Je mehr wir vom Menschen wissen, um so deutlicher erkennen wir, wie sehr wir von anderen abhängig sind, in welchem Ausmaß wir einander brauchen. Dies wurde fast vergessen, als der einzelne lernte, sein eigenes Ich zu entwikkeln. Lange Zeit hatte jeder in dem Kollektiv, in dem er lebte, seinen feststehenden Platz, der ihn unter Umständen einschränkte, ihm aber auch Sicherheit und Rang gewährte. Die zunehmende Unabhängigkeit des Menschen brachte für viele die Vorstellungen mit, so selbständig und frei zu sein, daß man den anderen nicht braucht. Dies ist ein tiefgreifender Irrtum. Viel Dünkelhaftigkeit und Verachtung anderer Menschen käme zur Auflösung, ein viel gesünderes und realitätsbezogenes Verhältnis würde unser Zusammenleben prägen, wenn wir alle, auch die in irgendeiner Weise Hervorragenden, die Tatsache begreifen könnten, daß wir nichts sind ohne die anderen. Was ist ein Chirurg ohne Patienten, die bereit sind, sich operieren zu lassen? Was ist ein Anwalt ohne scheidungswillige Klienten? Die Beispiele ließen sich endlos fortsetzen.

Wir müssen einen neuen Umgang mit uns selbst, mit anderen haben. Der Umgang mit sich selbst geschieht zum größten Teil unbewußt, ähnlich wie die meisten lebenswichtigen Körperfunktionen wie Herzschlag, Atmung, Verdauung und so weiter unbewußt ablaufen. Nur gelegentlich und ausnahmsweise wird er von der Reflexion erfaßt. Aber er bildet wohl die Grundlage für alles weitere, nach außen gerichtete Erleben. Wer mit sich selbst hadert, kann wohl kaum im Einklang mit der Welt ringsum leben. Wer sich selbst haßt und verachtet, ist auch zu keiner vollen, warmherzigen Liebe für andere fähig – ebensowenig wie jemand, der in sich selbst verliebt ist. Wer tief an sich selbst zweifelt, wird weder festen Halt in irgendeinem Glauben finden noch anderen einen solchen Halt geben können. Wer sich selbst betrügt, kann auch seinen Mitmenschen gegenüber nicht wahr und aufrichtig sein. Wer sich selbst quält und erniedrigt, kann andere nicht erheben und erfreuen. Und wie auch sonst immer die Beziehung eines Menschen zu sich selber gestört sein mag – wir können sicher sein, daß diese Störung sich im ganzen Umkreis seiner Erlebnisse auswirken wird. Der Umgang, den man mit sich selbst pflegt, kann von verschiedener Art und verschiedenem Wert sein. Es gibt Störungen in ihm, die möglichst überwunden oder von vornherein vermieden werden sollten, weil sie sehr ungünstige Folgen haben können. Die Störungen sind wahrscheinlich, wie der ganze Umgang mit sich selbst, vorwiegend unbewußt.

Wer in einer Krise steckt, dem steht das ›Unglück‹ nahe. Die Frage nach dem Glück wird für den betreffenden Menschen um so dringlicher, je mehr er sein Unglücklichsein spürt. Das Wort Glück soll hier nicht im Sinne einer inneren Gestimmtheit verstanden werden, sondern in dem des ›Glückhabens‹ der von außen her auf uns zukommenden Erfüllung eigener Wünsche und Sehnsüchte. Es ist nicht genug, wenn ich mir nur meiner Fähigkeiten und meines Könnens bewußt bin; ich muß auch auf meinen guten ›Stern‹ vertrauen können, auf irgendeine nicht erklärbare oder beweisbare Gunst des Schicksals oder des Himmels, die mich nie verlassen wird. Dieses Vertrauen bedarf immer wieder einer realen Bestätigung, aber auch einer Korrektur nach unten hin, wenn es etwa in Gefahr sein sollte, sich zum Übermut, zur Hybris zu übersteigern. Jede positive Selbsterfahrung gibt uns etwas von dem Gefühl, eingestimmt zu sein in eine größere Weltharmonie, über eigenes Verdienst hinaus von ihr geleitet und getragen zu werden. Sie schenkt uns damit ›jenen Glauben‹, dessen wir im Innersten bedürfen – nämlich mit der Welt verschworen, mit ihr im Einklang zu sein. Wenn die Kugel für uns rollt, das Blatt sich für uns wendet, kosten wir einen erlesenen Genuß, den Genuß einer geheimsten, materiellen Intelligenz aus. In der Tat ist das Glück nichts anderes als die Elementarform der Intelligenz – im Glück denken die Dinge, denkt die Welt für uns mit. All diese positiven Erfahrungen, ob sie nun unser Wesen, unseren Wert, unseren Weg, unsere Kraft oder unser Glück betreffen, werden nicht immer in voller Bewußtheit gemacht und klar als solche registriert. Sehr oft bleiben sie auf der Stufe des ›schlichten Erlebens‹, gehen sie in das ›Erfahrungsgedächtnis‹ ein, ohne daß eine Besinnung auf sie stattfände. Dann können wir von ›Selbsterfahrung‹, aber noch nicht von ›Selbsterkenntnis‹ sprechen. Noch größer dürfte der Anteil des Unbewußten oder des nur ›schlicht Erlebten‹ bei der Selbstverwirklichung sein. Diese geschieht ja vornehmlich im Handeln, im aktiven Tätigsein, nicht in der reflektierenden Bewußtheit.

Es mag sogar scheinen, als wäre die Bewußtheit etwas, das Selbsterkenntnis und Selbstverwirklichung geradezu verhinderte, das den Umgang mit sich selbst lediglich stören und ihn unfruchtbar machen könnte. Jedes Nachdenken über das eigene Ich, über Lebensfragen, nimmt ja nur allzuleicht die Form der Grübelei an, deren Kennzeichen es ist, daß in ihr nichts Neues zutage kommt, keine positiven Erfahrungen gemacht werden. Obwohl man sich ungeheuer anstrengt voranzukommen, dreht man sich doch immer nur im Kreis und wird immer mehr entmutigt, je öfter man den gleichen nutzlosen Gedankengang wiederholt hat. Die Grübelei ist der Inbegriff eines unfruchtbaren Umgangs mit sich selbst. Wenn in der Beziehung zu anderen Menschen derart unfruchtbare Situationen eintreten, in denen man einander nichts mehr zu sagen hat, sich gegenseitig keine positiven Erfahrungen mehr vermitteln kann, sondern jeder Partner nur noch den anderen (und sich selbst) mit ebenso heftigen wie sinnlosen Affekten quält, gibt es ein sehr einfaches, aber oft bewährtes Mittel: die zeitweilige Trennung. Man löst sich einmal aus der gewohnten Bindung, nimmt Arbeits- und Eheurlaub. Fährt möglichst weit weg und bleibt solange fort, bis die Spannung überwunden ist und man sich wieder fähig fühlt, einen neuen, besseren Anfang zu machen. Wenn man zurückkehrt, wird man einander wirklich oft mit anderen Augen sehen, und der Teufelskreis wird durchbrochen sein.

Zur Auseinandersetzung mit sich selbst gehört auch immer eine gesunde Selbstkritik. Wenn wir uns fragen: »Was habe ich falsch gemacht? War meine Gesinnung anständig, mein Handeln korrekt? Habe ich meine Pflicht erfüllt? Habe ich nicht einem anderen Menschen geschadet? Habe ich Schuld auf mich geladen? Habe ich mich gegen geltende Werte, Ordnungen und Gebote gestellt?«, so ist diese Betrachtungsweise durchaus berechtigt und sogar notwendig. Aber sie ist keine psychologische Betrachtungsweise. Und wenn ich eine Überlegung, die eigentlich psychologisch sein sollte, mit derartigen Fragen durchsetze, so begehe ich den Denkfehler, der sich in der Folgezeit bestimmt rächen wird. Dieser Denkfehler wäre ebenso groß wie der entgegengesetzte, der sich in dem Wort: »Alles verstehen heißt alles verzeihen« ausdrückt. ›Verstehen‹ und ›Nichtverstehen‹ einerseits und ›Verzeihen‹ und ›Verurteilen‹ andererseits liegen nämlich in ganz verschiedenen Bereichen, eben in psychologischen, was das erste Paar, und in ethischen, was das zweite Paar betrifft. Eine Betrachtungsweise kann zum ›Verstehen‹ oder ›Nichtverstehen‹ führen, eine andere, die ethisch wertende, zum ›Verzeihen‹ oder zur ›Verurteilung‹, niemals aber umgekehrt. Daß ich eine bestimmte Handlungsweise psychologisch noch so gut verstehen kann, besagt gar nichts über eine objektiv vorliegende Schuld, über die moralische Anständigkeit des Handelnden oder die angemessene juristische Beurteilung eines Tuns. Und ebenso ist die Frage nach Schuld und Verfehlung, nach

Sünde für eine rein psychologische Untersuchung belanglos. Wird die Trennung der Perspektiven aufgehoben, so ist im Einzelfall weder ein ethisches noch ein psychologisches Urteil möglich.

Es ist also verständlich, daß wir, wenn wir mit uns selbst umgehen, uns jeden Augenblick darüber klar sein müssen, ob wir uns nun gerade moralisch wertend oder psychologisch verstehend betrachten wollen. Wir werden jede der Betrachtungsweisen zu ihrem Recht kommen lassen, aber jede zu ihrer Zeit. Während wir einen psychologischen Entwicklungs- oder Erlebniszusammenhang bei uns selbst zu erhellen versuchen, müssen Fragen wie: »Wer ist schuld daran?« oder: »Welche Fehler habe ich begangen?« unbedingt vermieden werden. Das fällt einem psychologisch ungeschulten Menschen, ja selbst noch manchem Psychologen, außerordentlich schwer, und daran scheitern die allermeisten Versuche eines Umgangs mit sich selbst. Denn sobald sich die genannten Fragen in die psychologische Betrachtung einschleichen, ist die Objektivität des Verstehens aufgehoben, und es beginnt die fruchtlose, selbstquälerische Grübelei oder die bequeme Rechtfertigung des eigenen Ichs. Beides ist jedoch weder von psychologischem noch von ethischem Wert. Solange wir uns selbst psychologisch betrachten, geht es uns gar nichts an, was sein soll oder sein sollte, sondern was ist und was sein könnte. Jede Wertung muß demnach unterbleiben. Moralisch wertendes und kausal erklärendes Denken schaffen gemeinsam daran, uns eine illusionäre Welt anstelle der wirklichen aufzubauen, die uns in der Angst verlorengegangen war. Je mehr wir uns in der neuen Scheinwelt häuslich einrichten und ihre magischen Praktiken für geltende Naturgesetze halten, um so geringer wird auch die Aussicht, daß wir jemals aus unserem komplexhaften Erleben herausfinden. Dank den unpsychologischen Betrachtungsweisen haben wir uns in unseren Komplexen richtiggehend eingemauert.

Wie sollte nun unser psychologisches Denken vor sich gehen? Daß wir keine moralischen Werturteile fällen sollten, das leuchtet ein. Aber warum sollte es keine kausalen Erklärungen geben? Ist es denn nicht das Ziel aller Wissenschaft, also auch der Psychologie, möglichst überall Kausalzusammenhänge und kausale Gesetzmäßigkeiten zu entdekken?

Es kann nicht das Ziel einer Wissenschaft sein, etwas zu entdecken, was nicht vorhanden ist oder was der gründlichen systematischen Nachprüfung nicht standhält. Wenn es also eine strenge kausale Gesetzmäßigkeit im Seelischen geben soll (wahrscheinlich gibt es sie nicht oder sie ist doch ganz anders beschaffen als die physikalische Kausalität), dann muß bewiesen werden, daß sie besteht und daß beispielsweise ein bestimmtes Erlebnis oder ein bestimmtes Verhalten aus den gegebenen Ursachen nur so und keinesfalls anders entstehen konnte. Mag das auch manchmal beweisbar sein, so gilt das doch nicht in allen Fällen, in denen wir unser eigenes Handeln mit geheimer Rechtfertigungsabsicht kausal erklären wollen. Dann läßt sich unsere Behauptung, daß kein Mensch in unserer Lage etwas anderes hätte tun können als wir, jedesmal eindeutig widerlegen. Es gibt nämlich immer noch Menschen, die in einer weitaus schwierigeren Situation waren als wir und trotzdem das geleistet haben, wozu wir nicht in der Lage waren.

Das unumstößliche Naturgesetz, das wir also aufstellen wollten, war keines. Und wo kein Gesetz besteht, da darf auch die Wissenschaft – sie mag auf Kausalität noch so begierig sein – nicht tun, als ob sie eines gefunden hätte. Im Umgang mit uns selbst werden wir nie einen so eindeutigen, unbedingt gültigen Kausalzusammenhang finden, daß wir von da an jedes weiteren Nachdenkens enthoben wären. Wir können also die Sachverhalte nur zu beschreiben und zu verstehen suchen, ohne uns an voreilige Erklärungen zu wagen.

Da wir unser Erleben nur als Ganzes kennen, in dem alles mit allem in Beziehung, in Entsprechung steht, können wir es nicht so behandeln, als wäre es ein aus leblosen Einzelstücken notwendig zusammengefügter Mechanismus. Dazu gäbe uns keine Erfahrung das Recht, höchstens eine müßige Spekulation. Und unsere praktische Aufgabe kann es nicht sein, an uns selbst herumzubasteln wie an einer Maschine, schadhafte Teile zu entfernen und neue für sie einzusetzen. Wir können vielmehr unsere einzelnen Erlebnisse höchstens wie kleine Kinder betrachten, die jeweils ihre besondere, uns noch unbekannte Eigenart haben und bei denen uns vor allem daran liegt, daß sie sich unserem inneren ›Regime‹, dem Gefüge unserer Persönlichkeit auf möglichst produktive Weise anpassen. Wir betrachten also weder moralische Werte oder Unwerte, noch physikalische Messungsergebnisse oder mechanische Kausalitäten und Schwierigkeiten der inneren Verständigung mit uns selbst. Wir prüfen, ob wir nicht zwischen all den Teilen unseres Wesens, die uns nach und nach bekannt werden, eine sinnvolle Beziehung herstellen, sie alle gewissermaßen unserem ›inneren Regime‹ einbürgern können.

Wo das nicht gelingt, da bleibt für uns ein noch zu lösendes Erkenntnisproblem und eine noch zu bewältigende Aufgabe. Die Komplexe in uns sind es, die unserem Versuch, sie ›einzubürgern‹, ganz entschieden Widerstand leisten. Sie wollen anscheinend nicht in das Ganze hineingehören, sich nicht den sonst für uns und jedermann gültigen Ordnungen fügen. Sie stellen sich außerhalb der Gesetze, können aber auch nicht von sich aus eigene, neue Gesetze begründen. Wir finden keine Möglichkeit, uns mit ihnen auseinanderzusetzen, weil wir offenbar nicht dieselbe Sprache sprechen.

Dort, wo Komplexe herrschen, hört darum unser inneres Regime, hört unser Umgang mit uns selbst, hört unsere praktische Psychologie zunächst auf. Es gibt wohl ein Leben mit Komplexen (trotz Komplexen), aber keinen eigentlichen

Umgang mit ihnen. Wir betrachten die Komplexe psychologisch darum, daß wir sie erkennen und uns klarmachen, womit wir es zu tun haben. Moralisch wertendes und kausal erklärendes Denken könnte das nicht, sondern ließe sich immer wieder täuschen und irreführen zu dem Zweck, unser funktionstüchtiges, entwicklungsfähiges Erleben nicht allzusehr durch Komplexe beeinträchtigen zu lassen, es gegen sie abzuschirmen. Und schließlich dazu, daß wir zwar nicht von heute auf morgen, aber doch im Laufe längerer Zeit den einen oder anderen Komplex noch auflösen und ihn unserer Persönlichkeit einfügen können.

Die psychologische Denk- und Betrachtungsweise ist die einzige, die für uns praktischen Wert hat, wenn wir gegen unsere Komplexe angehen wollen und nicht nur auf ein Wunder warten, das uns ohne unser Zutun von ihnen befreit. Durch unsere Erfahrungen mit unseren Komplexen, die uns die Vergangenheit schwer gemacht haben, neigen wir häufig dazu, zu glauben, die Zukunft könnte ebenso trüb werden wie die Vergangenheit. Der Glaube, daß aus der Vergangenheit die wahren Gesetze des Lebens hervorgehen, dringt sogar auf noch subtilerem Wege in unser Bewußtsein als durch unseren direkten Versuch, das Künftige zu bestimmen. Wir denken ständig an die Zukunft und erwarten, daß sie wie die Vergangenheit sein wird. In unserer Phantasie und unseren müßigen Gedanken stellen wir uns die Zukunft so vor wie das, was wir aus unserer Vergangenheit als erfreulich erinnern, oder wir befürchten, sie könnte genauso trüb sein wie die Vergangenheit.

Wenn wir auf diese Weise denken, blicken wir nicht auf praktische und vernünftige Art vorwärts, sondern schaffen lediglich einen Bewußtseinszustand, der fast ausschließlich aus Angst besteht. Wir glauben, daß dem allgemeinen Lauf der Ereignisse in unserem Leben nicht zu trauen ist, und so betrachten wir alles und jeden entweder als Feind oder zumindest als potentiell gefährlich. Damit schaffen wir eine

Erwartungshaltung, die sich nicht über die Realität, sondern über unsere Erwartung verwirklicht. Diese Einstellung gibt uns darüber hinaus das Gefühl, daß wir der Liebe nicht wert seien. Sie macht, daß wir uns schuldbewußt, hilflos und unsicher in bezug auf alles fühlen, und zwar darum, weil wir gelernt haben, alles zu bewerten. Das führt dazu, daß wir die Wirklichkeit in den Griff bekommen wollen, und so entwikkeln wir lediglich das Talent zu manipulieren.

Das ist natürlich genau der Fehler, den wir immer wieder gemacht haben. Wir versuchen, uns der Welt auf eine Weise zu präsentieren, die ganz anders ist, als wir uns fühlen. Auch wenn wir Angst davor haben, was geschehen wird, fühlen wir uns als Mensch, der die Dinge im Griff hat und Respekt verdient.

Wie jeder Mensch, der eine Maske trägt, fühlen wir uns isoliert und unverstanden. Wenn wir uns als nicht geliebt oder nicht als liebenswert empfinden, machen wir gewöhnlich den Fehler, daß wir die äußeren Umstände kontrollieren wollen, die wir für den Grund unseres Unglücklichseins halten. Weil dieses Ziel angestrebt wird, wird der gegenwärtige Augenblick entwertet. Selbst eine trostlose Zukunft, die wir einigermaßen kontrollieren können, ist dem jetzigen Augenblick scheinbar vorzuziehen. Und die Freude, die verlangt, daß wir unsere Aufmerksamkeit der Gegenwart zuwenden, wird etwas Ängstliches.

Sobald sich ein gewisses Maß an Glück einstellt, schöpft jeder Mensch mit dieser Einstellung sofort Verdacht. Angst reizt das unbewußte Verlangen, die Freude loszuwerden, damit wir uns auf die Zukunft konzentrieren und sie kontrollieren können. Immer wenn wir Angst haben, meinen wir, daß es einen Wert habe, die Gegenwart von Liebe und allem Glück zu befreien. Mit dieser Einstellung fühlen wir uns nicht nur ungeliebt, sondern der Liebe unwürdig. Wir waren ihrer nicht würdig, weil wir uns einer ungenannten Sünde schuldig gemacht haben. Und weil wir Angst hatten, daß unsere Sünde bestraft werden würde, meinten wir, daß wir der Liebe entsagen müßten. Wir entsagten aber der Liebe nicht in Wirklichkeit, weil wir ihrer unwürdig sind, sondern weil wir gelernt haben, alles moralisch zu bewerten. Erst wenn wir gelernt haben, daß Liebe ohne Wertung am besten gedeiht, werden wir sie auch zulassen können.

Viele von uns glauben, daß sie tiefe Befriedigung ersehnen, um weniger an Konflikten, Ängsten, Streß und Depressionen zu leiden. Tief in ihrem Herzen wünschen sie sich das wirklich. Aber auf der funktionellen Ebene entscheiden sie sich nicht für Frieden anstelle von Konflikt, nicht für Freude anstelle von Angst, weil sie meinen, daß eine solche Wahl Opfer erfordert. Sie meinen wirklich, daß sie aus Rache Befriedigung schöpfen können, daß sie recht haben können, wenn sie beweisen, daß ein anderer Unrecht hat, daß sie ein ›bißchen Frieden und Ruhe‹ gewinnen können, wenn sie einen Menschen demütigen, der ihnen Schwierigkeiten bereitet. Es scheint ihnen folgerichtig, daß sie ihre Kinder mit Strenge erziehen. Sie meinen, daß es Leute gibt, denen aufgrund ihres Verhaltens recht geschieht, daß sie verlieren und daß der Schmerz, der ihnen zuteil wird, Gerechtigkeit ist. Sie merken dabei nicht, daß sie in einem fort andere bewerten, beurteilen, verurteilen. Die anderen sind böse, sie selbst sind gut. Sie versuchen, die Liebe zu einer Person zu steigern, indem sie andere ausschließen. Sie halten Schuldgefühle für etwas Attraktives. Sie glauben, daß Schmerz etwas Angenehmes sein kann, daß Nehmen ein Gewinn ist. Aber sie wundern sich, daß ihre Lebensanschauung ihnen keinen Frieden bringt, und dennoch sehen sie keinen Grund, ihre Grundüberzeugung zu ändern. Es ist klar, daß wir eine Erfahrung brauchen, die uns innerlich in die Mitte bringt. Die Erfahrung, von der wir alle mehr brauchen, ist die Liebe. Um Liebe zu erfahren, müssen wir unsere Aufmerksamkeit auf unsere Gefühle lenken, weil Gefühle das aussprechen, was immer in uns war, was unser falsches Selbstbild aber nie zuließ. Um es zu sehen, müssen wir es herausbringen, denn nur wenn wir Gutes erweisen, wissen wir, daß dieses Gute in uns ist und daß wir selbst auch gut sind. Es herauszubringen heißt jedoch nicht immer, es auszuagieren, sondern es in unserem Herzen und Gemüt zu verwirklichen.

Vielen Menschen, die sich in einer tiefen Krise befinden, wird immer wieder empfohlen, sich der Wirklichkeit zu stellen. Was aber heißt Wirklichkeit? Dieses Wort ist nun schon zu oft gefallen und scheint für unsere Arbeit so große Bedeutung zu haben, daß wir uns doch fragen müssen, welchen Begriff oder welche verschiedenen Begriffe wir mit ihm verbinden wollen. Ist Wirklichkeit nur jener ›öde Ernst des Lebens‹, an den uns die Moralisten glauben lassen wollen? Ist sie nur hart, streng und nüchtern? Oder was kann sonst noch alles wirklich sein? Wir unterscheiden grundsätzlich drei verschiedene Bedeutungen des Wortes ›Wirklichkeit‹:

1. die subjektive psychische Aktualität
   (Wirklichkeit für mich)
2. die objektive phänomenale Wirklichkeit
   (Wirklichkeit für uns alle)
3. die absolute Wirklichkeit
   (Wirklichkeit ›an sich‹).

Die Wirklichkeit für mich, die subjektive psychische Aktualität, besteht darin, daß uns etwas als Erlebnis gegenwärtig ist, ohne daß es darum für irgendeinen anderen Menschen ebenso gegeben sein müßte. Es ist als mein Gefühl, mein Gedanke, meine Vorstellung ›wirklich‹, auch wenn niemand sonst es für wirklich hält und es mir bestätigt. Die subjektive psychische Aktualität braucht keinen äußeren Beweis. Sie ist sich selbst genug. So haben wir den Traum von heute nacht wirklich gehabt, ihn also nicht hinterher erdacht, und wir sind wirklich traurig, nicht nur dem äußeren Anschein nach.

Von einem alten Menschen sagt man oft, er lebe ganz in der Vergangenheit. Die Erinnerungsbilder dessen, was einmal war, haben für ihn also mehr subjektive Aktualität, mehr ›Wirklichkeit‹ als die Eindrücke all dessen, was gegenwärtig geschieht. Das Gegenteil solcher Wirklichkeit für mich ist das nur Vorgetäuschte. Das Erlogene, äußerlich zur Schau getragene, ohne innere Beteiligung Nachgeahmte, das nur Anerzogene, Gemachte, die äußere Fassade, die Heuchelei, die leere Förmlichkeit, die Konvention, das Unechte jeder Art. Oder das gefühlsmäßig nicht Beeindrukkende, das Schemenhafte, Unlebendige, Blasse, für mich Belanglose, mich nicht Ansprechende, das von mir nur mit halber Seele, nur mit dem Verstand oder gar nicht Geglaubte. Wer einen anderen Menschen fragt: »Liebst du mich auch wirklich?« oder: »Ist das wirklich dein Ernst?«, der meint diese subjektive Wirklichkeit, nicht irgendeinen objektiven, für jedermann gültigen Sachverhalt. Er wird darum auch schwerlich Beweise für das fordern können, wonach er fragt.

Der nächste Begriff ist der einer Wirklichkeit für uns alle. Oder einer objektiven phänomenalen Wirklichkeit. Wir meinen mit ihr all das, was nicht von unserem momentanen persönlichen Erleben abhängig ist, sondern wovon wir wissen, daß alle Menschen es immer und immer wieder auf grundsätzlich gleiche Weise erleben; daß es also auch dann fortbesteht, wenn es im Augenblick für uns keine Aktualität hat. Das braucht noch keine letzte, von jedem Erleben unabhängige Wirklichkeit zu sein, sondern ihre Bestätigung liegt gerade im Erleben, in der Gemeinsamkeit der Erfahrungen, der Sinneswahrnehmungen, Empfindungen, Gefühle, Vorstellungen, Denk- und Urteilsweisen, zwischen vielen, möglichst allen Menschen. Erst bei der letzten, vom Erleben völlig unabhängigen Art der Wirklichkeit, die wir alle ›die Wirklichkeit an sich‹ oder die absolute Wirklichkeit nennen, gibt es keine Abstufungen, keine Grade und keine Übergänge mehr. Absolute Wirklichkeit können wir als solche nicht mehr wahrnehmen, erleben oder erfahren, sondern sie nur (gemäß den a priori geltenden Gesetzen der Logik) aus dem phänomenal Wahrgenommenen zu erschließen versuchen, oder sie dank einer übernatürlichen, göttlichen Offenbarung mitgeteilt erhalten.

Um ihre subjektive Wirklichkeit zu erfahren, beantworten Sie bitte die folgenden Fragen:

1. Halten Sie sich an Konventionen? Eifern Sie falschen Idealen und Vorbildern nach, wie es von Erfolgsfibeln und Autoritäten immer wieder verlangt wird?
2. Versuchen Sie sich selbst zu finden? Wie gehen Sie dabei vor? Wie wichtig ist es für Sie, zu erfahren, wer Sie wirklich sind? Haben Sie sich schon einmal die Frage gestellt, was Sie sich in Ihrem bisherigen Leben alles selbst vorenthalten haben?
3. Sind Sie der Meinung, daß Sie gelegentlich ein Trotzkopf sein können, der immer das Gegenteil von dem tut, was die Situation erfordert? Können Sie sich einer Situation ›stellen‹, um Entscheidungen zu fällen? Glauben Sie, daß Sie selbstehrlich sind?
4. Neigen Sie zu Selbstmanipulation und Selbstentfremdung? Haben Sie das Gefühl, sich selbst verfehlt zu haben? Ist Ihr Selbstbild real, von innen gewachsen, oder haben Sie sich aus der Außenwelt ein Traum(selbst)bild geholt?
5. Entziehen Sie sich dem Psycho-Terror der Umwelt? Wie steht es mit Ihren eigenen Gewohnheiten: Wenden Sie gelegentlich den Psychoterror des Moralisierens, Vergleichens und Verurteilens an? Können Sie sich von der Abhängigkeit von Lob und Tadel freimachen?
6. Können Sie sich Fehler eingestehen, ohne dabei Schuldgefühle zu bekommen? Können Sie Ihre Mitmenschen und was diese tun ohne eigene Bewertung erleben? Dür-

fen Menschen so sein, wie sie sind? Freut es Sie, wenn Ihre Mitmenschen Sie so annehmen können, wie Sie sind?

7. Haben Sie schon einmal das Gefühl gehabt, daß ständige Selbstbewertung Ihnen den Weg zu Ihrem ›Wahren Kern‹ versperrt? Können Sie selbstzerstörerisches Verhalten an sich und an anderen erkennen?
8. Können Sie aggressives Durchsetzungsvermögen von destruktiver Aggression unterscheiden? Können Sie eigene Standpunkte vertreten, ohne anderen Ihren Standpunkt aufzuzwingen?
9. Können Sie den pathologischen Prozeß der Gesellschaft erkennen, ohne dabei Ihre eigenen Probleme auf die Schwächen der Gesellschaft zu projizieren? Können Sie sich mit Ihren eigenen Konflikten von den Problemen anderer abgrenzen? Sind Sie der Meinung, daß jeder unabhängig von anderen an seiner eigenen Selbstentwicklung arbeiten sollte, oder halten Sie einen kollektiven Weg für besser?
10. Soll der Mensch von Staat und Gesellschaft abhängig sein, oder sind Sie der Meinung, es lohne sich, in einer Gesellschaft mündiger Bürger zu leben?

9

Veränderung von Lebenszielen

Glücklichsein ist ein natürlicher Zustand des Menschen. Bei kleinen Kindern, die in harmonischen Familien aufwachsen, können wir das leicht beobachten. Die große Schwierigkeit – wahrscheinlich weil es so ungewohnt ist – liegt im Verlernen der Gebote und Verbote, die wir im Laufe der Zeit akzeptiert und uns zu eigen gemacht haben. Deswegen ist Bewußtwerdung der erste Schritt zur Selbstverantwortlichkeit. Denken Sie einmal daran, was es heißt, wenn Sie sagen: »Er hat mir wehgetan« – oder: »Das hätten Sie nicht tun dürfen!«

Sicherlich hat man Sie tatsächlich verletzt oder der andere hat etwas getan, was er wirklich besser unterlassen hätte. Es hat wehgetan. Das weiß keiner besser als Sie selbst. Der Schmerz muß sich ausleben. Aber er lebt sich nie aus, wenn Sie ihm ständig neue ›Nahrung‹ zukommen lassen, indem Sie immer wieder darüber reden, wie sehr Sie verletzt wurden, wenn Sie immer wieder daran denken. Es muß einmal Schluß damit sein! Es muß und wird der Tag kommen, an dem Sie Ihre Gedanken in andere Bahnen lenken, an dem Sie etwas Besseres zu tun haben, als immer nur daran zu denken, daß man Ihnen wehgetan hat. Die Wunde heilt am besten, wenn Sie sich auf andere Eindrücke zu konzentrieren lernen.

Erinnern Sie sich einmal an einen Tag, an dem Sie Zahnschmerzen hatten. Je mehr Sie an den Schmerz dachten, ihn bewußt empfanden, sich immer wieder daran erinnerten, um so peinigender wurde er. Schmerz ist ein Signal für eine Verletzung und zeigt uns, daß etwas mit uns nicht stimmt. Wenn diese Botschaft wahrgenommen und verstanden worden ist, dann können wir unsere Aufmerksamkeit anderen Dingen zuwenden. Es gibt Leute, die beherrschen das auf wunderbare Weise. Sie reden mit ihrem schmerzenden Zahn und versprechen ihm, zum Zahnarzt zu gehen und ihn reparieren zu lassen. Tatsächlich hört der Schmerz irgendwann auf. Auch seelischer Schmerz übermittelt uns eine Botschaft, und wenn diese verstanden wird, wenn sich daraus ein Lernprozeß einleitete, dann wird irgendwann der Schmerz abklingen, und wir öffnen uns neuen Eindrücken.

Unsere heutigen Denkgewohnheiten haben wir erworben, indem wir sie unser ganzes Leben hindurch eingeübt haben. Wir fühlen uns in bestimmten Situationen automatisch frustriert, ärgerlich oder verletzt, weil wir vor langer Zeit gelernt haben, in bestimmten Bahnen zu denken. Wir haben diese Verhaltensweisen akzeptiert und nie den Versuch unternommen, sie in Frage zu stellen. Genauso, wie wir die selbstschädigenden Verhaltensweisen gelernt haben, können wir auch lernen, uns nicht mehr ständig unglücklich, ärgerlich, verletzt und frustriert zu fühlen.

Längst bevor wir als Kinder zum ersten Mal zum Zahnarzt mußten, haben wir gewußt, daß der Besuch eine schmerzliche Angelegenheit sein wird. Wir haben es von den Menschen unserer Umgebung erfahren. Und die meisten Menschen haben Angst vor dem Zahnarzt, auch das wußten wir. Angst aber intensiviert jeden Schmerz. Der Bohrer ist für viele in der Phantasie eine gefährliche Waffe, der ihnen Schmerzen zufügt. Wer nun seine Angst kennt und erlebt hat, daß all das viel leichter ertragen wird, wenn wir eine Beruhigungstablette nehmen, kann ermessen, wieviel unsere geistige Einstellung etwas mit unserem Schmerz zu tun hat. Es ist alles viel leichter zu ertragen, obwohl es der gleiche gefährliche surrende Bohrer ist, die gleiche Hand des Zahnarztes. Die Dinge im Außen haben sich nicht verändert, nur in uns ist etwas anders geworden. Die Tablette hat unsere angstmachenden Gedanken eingelullt, wir sind ruhiger und gelassener, ›alles ist nicht mehr so schlimm‹.

Alles, was die Tablette bewirkt hat, das können wir auch durch eine veränderte innere Einstellung erreichen. Wenn uns jemand seelisch verletzt, dann ist die Person, die uns den Schmerz zugefügt hat, im Außen. Den Schmerz aber, den haben wir in unserem Inneren. Wir haben also einen wunden Punkt, ›einen inneren Bereitschaftsdienst‹ für derartige Verletzungen. Wenn es uns gelingt, diesen Bereitschaftsdienst, diese unbewußte Erwartungshaltung auszuschließen, dann fällt es anderen schon schwerer, uns zu verletzen. Welches Interesse sollten sie haben, etwas zu tun, was sowieso keinen Erfolg bringt? Sie verletzen uns nur, weil sie wissen, daß sie es schaffen. Sie kennen unseren wunden Punkt!

Wenn wir uns persönliches Wachstum als Ziel gesetzt haben, ist innere Autonomie in jedem einzelnen Augenblick unseres Lebens die natürliche Folge. Mit Autonomie ist gemeint, daß wir selbst über unser Schicksal bestimmen; wir reihen uns dann nicht mehr unter die bemühten Streber, die passiv Angepaßten oder unter ein zwanghaftes Draufgängertum, sondern wir entscheiden selbst über unser Leben und unsere Welt.

Viele Menschen geben allzu leicht den Umständen die Schuld für das, was wir sind. Ich glaube nicht an die Umstände. Diejenigen, die mit Krisen besser fertig werden, gehen hin und suchen sich die Umstände, die sie wollen. Und wenn sie sie nicht finden, schaffen sie sie sich selbst. Es ist möglich, seine Denkweisen zu verändern, seine Empfindungen klarer zu spüren, aber einfach ist das nicht.

Dies ist wirklich der einzige Weg, daß sich etwas positiv in unserem Leben ändert. Kein Mensch erwartet, seinen Körper im Handumdrehen trainieren zu können. Trotzdem verlangen nicht wenige von sich, geistig rasch zu reagieren. Viele meinen, wenn sie erst einmal einen Entschluß gefaßt haben, werde schon alles kommen. Wenn wir den aufrichtigen Wunsch haben, unser ›inneres Krisenkommando‹ loszuwerden, und Selbsterfüllung und Selbstbestimmung anstreben, wenn wir das Glück des gegenwärtigen Augenblicks finden möchten, dann müssen wir für das Umlernen unserer bisher erworbenen Denkgewohnheiten den gleichen unermüdlichen Einsatz aufbringen, mit dem wir an das Erlernen jeder anderen komplizierten Aufgabe herangehen. Um solche Erfüllung zu erreichen, müssen wir uns selbst immer wieder einschärfen, daß unser Intellekt nur unsere Sache ist und daß wir lernen können, unsere Gefühle zuzulassen – auch in zunächst traurigen oder anderen scheinbar negativen Gefühlen steckt eine neue Lebendigkeit. Denken Sie immer daran, Sie haben die freie Wahl der Entscheidung. Niemand kann uns das abnehmen, niemand sollte uns das abnehmen. Wir sind keine Kinder mehr, die irgendwelchen Bezugspersonen zu gehorchen haben, auch nicht als Erwachsene den Ersatzbezugspersonen. Was mit unserem Leben geschieht, das sollten wir ganz alleine entscheiden. Das einzige, was wir dafür tun müssen, ist, eine Neuentscheidung zu fällen und für diese Entscheidung die Verantwortung zu übernehmen.

Begabung ist der Zeitaufwand, den jeder Lernende benötigt, um seine Aufgaben zu bewältigen. In dieser Formulierung enthalten ist die Annahme, daß bei ausreichender Zeit alle ›Schüler‹ die Bewältigung einer Aufgabe erreichen können. Wenn wir also genügend Zeit und Energie aufwenden, unsere Gedankenabläufe in jene Bahnen zu lenken, die unserem Leben eine Wende geben, dann ist das für jeden zu erreichen, der mit Ausdauer an diese Aufgabe herangeht. Glücklich sein, intensiv leben und lieben sind hohe Ziele. Mit dem Erreichen dieser Ziele nämlich schaffen wir auch andere Dinge unseres Lebens viel leichter. Wenn wir also denken: »Ich muß meine Aufmerksamkeit und Energie zunächst auf dieses oder jenes Berufsziel lenken«, dann kann es sein, daß wir verkrampft und unsicher an die Aufgabe herangehen. Entscheiden wir uns aber dafür, ›innerlich ausgeglichen und autonom‹ zu sein, dann läuft das Berufsziel innerhalb dieses ›Zuges‹ mit, ist zwar ein wichtiger Anhänger, aber doch nur ein Waggon.

Für alle in unserem Gehirn gespeicherten Abbildungen von uns selbst gilt das Argument, daß Selbstbilder wählbar sind. Auch im Umgang mit anderen sind wir so gewandt, wie wir es wünschen. Wenn uns die Art, wie wir uns in Gesellschaft bewegen, nicht zusagt, steht es uns frei, sie zu verändern. Wir sollten aber nicht den Fehler machen, sie mit unserem Selbstwert zu verwechseln. Ebenso sind unsere künstlerischen, handwerklichen, musikalischen und sonstigen Fähigkeiten weitgehend das Ergebnis unserer Entscheidungen; mit unserem Wert als Person haben sie aber nichts zu tun.

Überlegen Sie – falls das bei Ihnen der Fall ist –, warum Sie sich selbst nicht annehmen können, warum es irgend etwas gibt an Ihnen, das Sie nicht mögen. Eines möchte ich vorweg sagen: Selbstliebe heißt, sich selbst zu lieben, die Liebe anderer wird nicht verlangt. Es ist nicht notwendig, den anderen etwas zu beweisen. Die innere Bejahung, das Gefühl: ich bin ganz in Ordnung, genügt. Sie ist unabhängig von der Sichtweise der Menschen in unserer unmittelbaren Umgebung.

Aber aus welchen Gründen zieht ein Mensch es vor, sich nicht zu lieben? Was hat er dabei zu gewinnen? Mögen die Gewinne auch zunächst nachteilig sein, so wollen wir sie doch einmal untersuchen. Hier liegt der springende Punkt: Um ein gesünderer Mensch zu werden, müssen wir erst begreifen, warum wir uns abwerten, uns in selbstschädigender Weise verhalten. Es gibt kein Verhalten ohne Ursache. Der

Weg zur Beseitigung der selbstzerstörerischen Verhaltensweisen ist aufgerissen durch die Schlaglöcher des Unverständnisses gegenüber unseren eigenen Motiven. Erst wenn uns klargeworden ist, warum wir uns nicht gut behandeln, und auf welche Weise das zur Fortführung dieses Verhaltens errichtete Stabilisierungssystem funktioniert, können wir darangehen, die einzelnen Verhaltensweisen abzubauen oder zu verändern. Fehlt die Einsicht in unser eigenes Selbst, werden die alten Verhaltensweisen auch immer wieder die Oberhand gewinnen.

Was hat uns dazu gebracht, uns auf selbsterniedrigende Verhaltensweisen einzulassen, gleichgültig, wie unbedeutend sie uns erscheinen mögen? Natürlich ist es ganz einfach bequemer, erst einmal zu schlucken, wovon andere uns überzeugen wollen, anstatt selbst nachzudenken. Aber Selbsterniedrigung bringt noch andere Vorteile mit sich. Wenn wir uns dafür entscheiden, uns nicht zu lieben und nicht wichtig zu nehmen, dafür jedoch zu anderen aufzusehen, dann ...

- verfügen wir über eine Universalerklärung, warum wir keine Liebe finden können. Nämlich, weil wir es einfach nicht wert sind, wiedergeliebt zu werden. In dieser Entscheidung liegt unser ›Krankheitsgewinn‹.
- vermeiden wir Risiken, die sich beim Anknüpfen von Liebesbeziehungen ergeben könnten und schalten alle Möglichkeiten, abgewiesen oder nicht gemocht zu werden, für immer aus.
- erscheint es uns leichter, so zu bleiben, wie wir sind. Solange wir als Person keinen Wert haben, hat es absolut keinen Sinn, wachsen, oder besser und glücklicher werden zu wollen, und unsere Entschädigung besteht darin, immer der gleiche zu bleiben.
- spendet unsere Umwelt uns im umfangreichen Maße Mitleid und Aufmerksamkeit; dies ist unsere (selbstschädigende) Belohnung.

- haben wir die entsprechenden Sündenböcke parat, denen wir unser Elend in die Schuhe schieben können. Anstatt etwas dagegen zu unternehmen, können wir es beim Klagen belassen.
- sind wir in der Lage, unsere gegenwärtigen Augenblicke mit Mini-Depressionen auszufüllen und jedes Verhalten zu vermeiden, das zu einer Veränderung führen könnte. Als Fluchtweg dient uns das Selbstmitleid.
- können wir wieder zu einem artigen kleinen Mädchen oder einem braven kleinen Jungen werden, indem wir auf bestimmte kindliche Reaktionen zurückgreifen, die uns noch nahe sind, um damit den ›Großen‹, die wir als überlegen anzusehen gelernt haben, zu gefallen. Regression, das bedeutet die Rückkehr zu früheren Erlebnis- und Verhaltensweisen, ist sicherer, als ein Risiko einzugehen.
- sind wir imstande, uns noch stärker an andere anzulehnen und sie für bedeutender zu halten als uns selbst. Eine Stütze ist und bleibt ein Gewinn, selbst wenn sie drückt und quält.
- werden wir darauf verzichten können, unser eigenes Leben in die Hand zu nehmen und es so zu leben, wie es unseren Wünschen entspricht; aus dem einfachen Grund, weil wir nicht mehr daran glauben, daß wir das ersehnte Glück verdient haben.

Dies sind die einzelnen Elemente unseres falschen Umgangs mit uns selbst. Dies sind die Gründe, warum wir uns weiter an alte Denk- und Verhaltensmuster halten. Es ist eben soviel einfacher, das heißt, viel weniger riskant, sich selbst herabzusetzen, als zu versuchen, von unten wieder hochzukommen.

Der einzige Beweis für Leben ist Wachstum, und die Entscheidung, sich nicht zu einem selbstliebenden Menschen entfalten zu wollen, ist lebensfeindlich. Ausgerüstet mit diesen Einsichten, können wir uns einige Übungen anschauen, die das Wachstum unserer Selbstliebe fördern.

Das Training unserer Selbstliebe beginnt im Kopf. Wir müssen lernen, unsere Gedanken zu beobachten. Das erfordert immer dann, wenn wir uns in irgendeiner Weise selbst herabsetzen oder verurteilen und uns entsprechend benehmen, einen hohen Grad an Aufmerksamkeit für den gegebenen Augenblick. Gelingt es uns, uns selbst ›im Augenblick der Tat‹ zu ertappen, dann können wir sofort den Gedanken, der hinter unserem Verhalten steht, in Frage stellen. Stellen Sie sich vor, gerade wären Ihnen folgende Gedanken durch den Kopf gegangen: »So klug bin ich gar nicht, ich muß einfach Glück gehabt haben, um auf diese Art und Weise Erfolg zu haben.«

An dieser Stelle sollte eine innere Alarmglocke klingeln. Sie merken, Sie haben sich selbst negativ bewertet. Wie gefällt Ihnen der Gedanke: »Ich habe etwas geleistet, dafür bin ich gelobt worden. Toll, wie ich das geschafft habe!« Das wäre so ein kleiner Schritt vorwärts in neue Denkbahnen. An die Stelle der alten Gewohnheit tritt jetzt das Bewußtsein, sich ein neues Selbstbild zu erarbeiten. Wenn Sie so Schritt um Schritt weitermachen, wird Ihr Verstand nicht mehr gegen Sie, sondern für Sie arbeiten. Sie beginnen damit, sich selbst zu akzeptieren, und das ist schon der erste Schritt zur Selbstliebe.

Die nachfolgende kurze Liste solcher Verhaltensweisen können Sie in dem Maße ergänzen, wie Ihr Selbstwertgefühl wächst:

1. Versuchen Sie nicht wie bisher, auf die Versuche der anderen negativ zu reagieren, die Ihnen durch Liebe und Bejahung nahezukommen versuchen; anstatt einer Geste der Liebe sofort zu mißtrauen, nehmen Sie sie jetzt mit einem Dankeschön oder »ich freue mich, daß du so fühlst« an.

2. Wenn es da irgendwo jemanden gibt, für den Sie aufrichtig Liebe empfinden, dann sagen Sie es ruhig frei heraus: »Ich liebe dich«, und während Sie dann abwarten, welche Reaktion Sie erhalten, schlagen Sie sich innerlich auf die Schulter dafür, daß Sie nun endlich ein Risiko auf sich genommen haben.
3. Bestellen Sie sich im Restaurant wirklich nur, was Sie mögen, ganz egal, was es kostet. Gönnen Sie sich etwas Gutes, weil Sie es so wollen. Wählen Sie in allen Lebenslagen nur noch die Dinge, die Ihnen gefallen. Erfüllen Sie sich Ihren Lieblingswunsch, weil Sie es so wollen. Verbannen Sie jede Selbstverleugnung aus Ihrem Dasein, es sei denn, Sie wäre unumgänglich – und das ist nur höchst selten der Fall.
4. Legen Sie sich nach einem anstrengenden Tag oder einer reichhaltigen Mahlzeit ein wenig hin, wenn Sie das Bedürfnis danach haben, oder laufen Sie eine Runde durch den Park, auch wenn Sie dafür eigentlich keine Zeit haben. Danach fühlen Sie sich mit Sicherheit besser.
5. Entlarven Sie Eifersucht als Beleidigung Ihrer Person. Wenn Sie Vergleiche anstellen zwischen sich und anderen und sich vorstellen, Sie würden weniger geliebt, dann nehmen Sie den anderen wichtiger als sich selbst. Sie messen Ihre Vorzüge an denen eines anderen. Bedenken Sie indessen, daß ein anderer Mensch immer einen dritten erwählen kann, ohne daß das mit Ihnen etwas zu tun hätte, und daß die Frage, ob ein für Sie wichtiger Mensch Sie wählt, keinesfalls zum Prüfstein Ihres Selbstwertgefühls werden darf. Wenn Sie das zulassen, verurteilen Sie sich selbst zu ständigem Selbstzweifel als Folge der Ungewißheit, was ein bestimmter Mensch da draußen in irgendeinem beliebigen Moment irgendeines Tages wohl empfinden mag. Sollte er oder sie jemanden anderen wählen, dann spiegelt diese Wahl nur den anderen, nicht Sie. Mit zunehmender Übung im Selbstlieben werden Sie die Si-

tuationen, die Sie bisher eifersüchtig gemacht haben, genau auf den Kopf gestellt finden. Sie werden so fest an sich glauben, daß Sie unabhängig von der Liebe und Anerkennung anderer ein Ihnen entsprechendes Selbstwertgefühl errichten können.

6. Ihre Anstrengungen im Dienste der Selbstliebe können auch zu einem anderen Verhältnis gegenüber Ihrem Körper führen. Die neue Art, mit Ihrem Körper umzugehen, zeigt sich etwa darin, daß Sie gute, vollwertige Nahrungsmittel auswählen.
7. Gehen Sie in sexueller Hinsicht liebevoller mit sich um. Führen Sie sich vor Augen, wie attraktiv Sie sind. Entwickeln Sie wieder ein Gefühl für Ihren Körper. Entdekken Sie wieder ein Gefühl für Ihre Sinnlichkeit, und lassen Sie Ihren Körper die Schauer der Erregung erleben. Auch beim Zusammensein mit anderen sollten Sie die eigene sexuelle Erfüllung nicht aus den Augen verlieren, anstatt sich immer nur dem Vergnügen des Partners unterzuordnen. Nur wenn Sie für sich selbst Befriedigung wollen, können Sie auch Vergnügen schenken. Sind Sie nicht glücklich, dann ist im allgemeinen auch der Partner enttäuscht.
8. An Ihnen liegt es, Ihre Leistungen auf den einzelnen Lebensgebieten nicht länger mit Ihrem Wert als Person zu verquicken. Sie können Ihren Arbeitsplatz verlieren oder ein bestimmter Plan, den Sie hatten, zerschlägt sich; Sie können daran, wie Sie diese oder jene Aufgabe gelöst haben, etwas kritisieren – das alles heißt noch lange nicht, daß Sie nichts wert wären. Für sich selber müssen Sie überzeugt sein, daß Ihr Wert durch Ihre Leistungen nicht angetastet wird. Ohne dieses Wissen werden Sie Ihr eigentliches Sein fortgesetzt mit dem Erfolg Ihrer äußeren Aktivität verwechseln. Es ist jedoch nicht weniger absurd, Ihren Selbstwert von äußeren Leistungen abhängig zu machen, als ihn mit der Einschätzung Ihrer Person

durch andere in Verbindung zu bringen. Wenn Sie dieses Mißverständnis einmal aufgedeckt haben, können Sie eine Vielzahl von Unternehmungen anpacken, ohne sich ständig ängstigen zu müssen, wie sie ausgehen werden. Der Ausgang hat jetzt keinen Einfluß mehr darauf, wie wertvoll Sie sich als Mensch fühlen.

Drei Fragen wären noch wichtig, die Sie sich immer wieder stellen sollten:

1. Können Sie sich akzeptieren, ohne zu klagen?
2. Können Sie sich unter allen Umständen lieben?
3. Können Sie Liebe geben und empfangen?

Immer wieder brauchen viele von uns Bestätigung für das, was sie tun. Das Bedürfnis nach Bestätigung beruht auf einer einzigen Voraussetzung: »Trau nicht dir selbst, frag erst jemand anderen!« In unserer Kultur wird Bestätigungssuche zur Lebensnorm erhoben und fortwährend verstärkt. Unabhängiges Denken widerspricht nicht nur der Konvention, es wirkt gerade auf die Institutionen bedrohlich, die die wesentlichen Stützpfeiler unserer Gesellschaft bilden. Jeder, der in dieser Gesellschaft aufgewachsen ist, ist auch durch diesen Grundzug geprägt worden: »Habe kein Vertrauen in dich selbst!«

Das ist die Quintessenz des Bedürfnisses nach Anerkennung und einer der Grundsteine unserer Kultur. Überall begegnet man dem Standpunkt: »Nimm die Meinungen anderer wichtiger als deine eigenen.« Sollten wir bei den anderen keine Bestätigung finden, dann hätten wir allen Grund, uns deprimiert, wertlos oder schuldig zu fühlen, weil die anderen viel bedeutender sind als wir selbst.

Anerkennung läßt sich großartig zu Manipulationszwekken benutzen. Über unseren Wert bestimmen andere; finden wir selbst uns nicht bereit, uns Anerkennung zuzuteilen, dann stehen wir mit leeren Händen da. Dann sind wir wertlos. Und immer weiter so: Je mehr Anerkennung wir brauchen, desto leichter sind wir manipulierbar. Umgekehrt entfernen wir uns von der guten Meinung der anderen. Dementsprechend werden solche gesunden Versuche als selbstsüchtig, lieblos, rücksichtslos und ähnliches hingestellt, um uns weiter in Abhängigkeit zu halten. Denken wir nur an die vielen Anreize zur Bestätigungssucht, denen wir schon als Kind ausgesetzt waren und mit denen wir bis heute unablässig konfrontiert sind, wenn wir versuchen, diesen Teufelskreis der Manipulation zu durchbrechen.

Solange wir also nach Bestätigung suchen, sind wir nicht wirklich autonom. Wer sich aber selbst lieben kann, wer in seiner Mitte lebt, der benötigt die Bestätigung durch andere nicht mehr. Besehen wir uns die Dinge einmal genauer. Um es kurz zu sagen: Wir können es niemals allen Leuten recht machen! In der Tat leisten wir schon Beachtliches, wenn fünfzig Prozent der Leute uns zustimmen. Tatsächlich ist es so, daß mindestens fünfzig Prozent der Leute in unserer Umgebung mindestens die Hälfte dessen, was wir sagen, bestreiten. Mit dieser Erkenntnis können wir nun auch Mißbilligung in neuem Lichte sehen. Anstatt uns verletzt zu fühlen oder unsere Meinung zwecks fremder Mißbilligung flugs zu modifizieren, sind wir jetzt imstande, uns selbst leise daran zu erinnern: Wir haben es da mit einem Vertreter jener Fünfzig-Prozent-Gruppe zu tun, die unsere Ansicht nicht teilt.

Die Einsicht, daß alles, was wir fühlen, denken, sagen oder tun, unweigerlich auch auf Ablehnung stoßen wird, weist den Weg aus dem Abgrund der Verzweiflung. Sobald wir schon von vornherein darauf gefaßt sind, sind wir nicht mehr so leicht verletzlich; parallel wächst unsere Fähigkeit, die Ablehnung eines Gedankens oder eines Gefühls nicht mehr als Zurückweisung unserer ganzen Person zu empfinden.

Wir können fremden Mißfallensäußerungen niemals entkommen. Gleichgültig, wie sehr wir das auch wünschen. Zu jeder unserer Ansichten existiert irgendwo da draußen ein Gegenspieler mit genau der entgegengesetzten Ansicht.

Ich gebe Ihnen nun einen Katalog von Verhaltensweisen, die Bestätigung förmlich heraufbeschwören. Wie Selbstablehnung umschließt auch die Bestätigungssuche eine Vielzahl gegen das eigene Selbst gerichteter Verhaltensweisen. Die unten aufgeschlüsselten Formen gehören zu den verbreitetsten bestätigungsheischenden Aktivitäten.

1. Seinen Standort wechseln oder eine Überzeugung ändern, weil ein anderer Zeichen von Mißbilligung erkennen läßt.
2. Eine Behauptung in schöne Worte kleiden, um keinen Anstoß zu erregen.
3. Kriecherisch um jemandes Gunst buhlen.
4. Sich deprimiert oder ängstlich fühlen, wenn jemand Ihre Meinung nicht teilt.
5. Beleidigt oder gedemütigt sein, weil jemand ein anderes Gefühl zum Ausdruck bringt als Sie.
6. Jemand einen anmaßenden Menschen schimpfen, was im Grunde nichts anderes heißt als: »Schenke mir mehr Aufmerksamkeit!«
7. Zu allem ja und amen sagen, auch wenn wir nicht einverstanden sind.

Das sind nur einige wenige Verhaltensweisen auf der Suche nach Bestätigung. Es gibt noch unzählige mehr.

Wichtiger ist jedoch die Frage, was uns die Jagd nach Bestätigung einbringt. Es ist nützlich, einen Blick auf das Warum dieser selbstschädigenden Verhaltensweise zu werfen, bevor wir uns mit den Strategien zur Beseitigung des Bestätigungsbedürfnisses beschäftigen. Als Entschädigung für bestätigungsbedürftiges Verhalten schlägt folgendes zu Buche:

In der Regel schieben wir anderen die Verantwortung für unsere Gefühle zu. Wenn wir uns miserabel, verletzt, deprimiert und so weiter fühlen, weil andere uns nicht zugestimmt haben, dann sind nach unserer Meinung die anderen, nicht aber wir für unsere Gefühle verantwortlich. Mit dieser Einstellung können wir natürlich niemals autonom werden. Wenn die anderen für unsere Gefühle verantwortlich sind, wird jede Veränderung unsererseits unmöglich, weil eben die anderen daran schuld sind, wie wir uns fühlen. Und sie sind es auch, die uns davon abhalten, anders zu werden. Bestätigungssuche hilft uns also, Wandlungen zu vermeiden.

Solange die Verantwortlichkeit bei den anderen liegt und wir uns nicht ändern können, brauchen wir keine Risiken zu wagen. Folglich hilft uns das Festhalten am Prinzip der Bestätigungssuche, auf angenehme Art alle riskanten Unternehmungen aus unserem Leben auszuschalten. So können wir ein kärgliches Selbstbild verinnerlichen und uns damit zu Selbstmitleid und Passivität ermutigen. Wenn wir gegen das Bedürfnis nach Bestätigung gefeit sind, sind wir auch immun gegen Selbstmitleid, falls die Bestätigung ausbleibt. Wir sind in der Lage, die Vorstellung zu entkräften, daß die anderen sich um uns zu kümmern hätten. Ansonsten können wir uns auf unser inneres Kind zurückziehen, das gehätschelt und beschützt – und manipuliert werden will. Wir können den anderen zur Last legen, was wir fühlen, und haben auf diese Weise für alles, was uns im Leben nicht gefällt, einen Sündenbock parat. Wir können uns selbst in der Illusion wiegen, jene anderen, die uns wichtiger erscheinen als wir uns selbst, hätten uns gern, so daß wir uns äußerst behaglich fühlen, obwohl in uns die Unzufriedenheit gärt.

Solange die anderen wichtiger sind, kommt es jedoch vor allem auf den äußeren Eindruck an. Wir finden Trost in der Tatsache, daß andere auf uns aufmerksam werden, wodurch wir Gelegenheit erhalten, vor Freunden damit anzugeben,

Wir fügen uns reibungslos in den gesellschaftlichen und kulturellen Rahmen ein, der solchem Verhalten Beifall spendet, und wir gewinnen die Gunst der Mehrheit.

Diese neurotischen Entschädigungen ähneln den sogenannten Belohnungen für Selbsthaß aufs Haar. Die Vermeidung von Verantwortung, Veränderungen und Risiken führt in der Tat zum Kern aller Krisen. Sagen wir es einfacher. Es ist leichter, vertrauter und gefahrloser, sich an neurotische Verhaltensmuster festzuklammern. Zum Bedürfnis gewordene Bestätigungssuche macht davon offensichtlich keine Ausnahme.

Nehmen wir das Beispiel, jemand ist nicht Ihrer Meinung. Meinetwegen der Ehepartner. Sie spüren schon, daß er ärgerlich wird. In der Regel beginnen Ihre Verteidigungssätze mit: »Ich habe ...« oder: »Ich meine ...«. Das sind klare Verteidigungssätze, und in dieser Position sind Sie manipulierbar. Sagen Sie dagegen: »Du bist ärgerlich, weil ...«, dann haben Sie die Position gewechselt, geben dem anderen damit die Verantwortung zurück. Ihnen wird dadurch bewußt, daß die Mißbilligung die Sache des anderen ist, nicht Ihre eigene. Die ›Du‹-Strategie ist jederzeit anwendbar, und zwar mit erstaunlichem Erfolg. Fangen Sie möglichst wenig mit ›Ich‹ an, weil Sie sich dadurch in die Lage bringen, sich verteidigen zu müssen. Sprechen Sie es ruhig aus, wenn Sie das Gefühl haben, der andere würde Sie manipulieren, indem er mit seinem Einverständnis hinter dem Berg hält. Bleiben Sie bei Ihrer Überzeugung. Jehr mehr Ihnen das gelingt, um so mehr gewinnen Sie das Gefühl von Stabilität und Autonomie.

Sie können einem anderen dafür danken, daß er Ihnen Informationen geliefert hat, die für Ihre Entfaltung nützlich sind, selbst wenn es Dinge waren, die Ihnen nicht gefielen. Der Akt des Dankens setzt dem Bestätigungssuchen ein Ende. Sie können sich bewußt in Situationen begeben, die mit der Mißbilligung anderer verbunden sind und an sich arbeiten, um darüber nicht aus dem Gleichgewicht zu geraten. Wichtig ist, daß Sie auf Ihrem Standpunkt beharren, während Sie die Mißbilligung herausfordern. Bald wird es Ihnen leichter fallen, nicht die Fassung zu verlieren und Ihre Ansichten nicht mehr umzustoßen. Sie sagen sich selbst, daß diese ›Widerborstigkeit‹ zu erwarten war und daß es in Ordnung ist, daß die anderen so sind, wie sie sind, und daß das mit Ihnen überhaupt nichts zu tun hat. Indem Sie der Mißbilligung nachlaufen, anstatt wie bisher ihr stets ängstlich aus dem Weg zu gehen, schaffen Sie sich mit der Zeit ein Repertoire an Verhaltensweisen, um wirkungsvoll mit sich umzugehen.

Sie können sich darin üben, Ablehnung zu ignorieren und anderen, die Sie durch Beschimpfungen manipulieren wollen, keine Beachtung zu schenken. Lösen Sie die Klammer zwischen Ihrem Selbstwertgefühl und dem, was andere denken, sagen und tun. Sprechen Sie mit sich selbst, wenn Sie jemand unsachlich kritisiert: »Das ist seine/ihre Sache, ein solches Betragen habe ich von ihm/ihr nicht erwartet, mit mir hat das überhaupt nichts zu tun.« Durch diese Leitgedanken ersparen Sie sich Verletzungen, die Sie sich selbst zufügen. Wenn Sie Mißbilligung ernten, legen Sie sich selbst folgende wichtige Frage vor: »Wäre ich besser dran, wenn die anderen meiner Ansicht wären?« Die Antwort ist offensichtlich: »Nein.« Was die anderen auch immer denken mögen, kann auf Sie keine Wirkung haben, es sei denn, Sie wollen es so. Außerdem werden Sie mit hoher Wahrscheinlichkeit feststellen, daß jene so wichtigen Gestalten wie Ihr Chef oder ein geliebter Mensch Sie eher akzeptieren, wenn Sie ohne Scheu anderer Meinung sein können. Finden Sie sich mit der simplen Tatsache ab, daß viele Sie niemals verstehen werden, und das ist gut so. Sie werden umgekehrt viele Menschen nicht verstehen, mit denen Sie vertraut sind. Das brauchen Sie auch nicht. Die anderen haben das Recht, anders zu sein.

Das grundlegende Verständnis, das uns möglich ist, liegt darin, daß wir nicht verstehen. Dies und vor allem in anderen Variationen wären die ersten Schritte aus der Bestätigungssucht heraus. Wenn Sie nun daran arbeiten, das aus Ihrem Leben zu bannen, achten Sie darauf, daß Sie am Anfang nicht irgendwelchen Lähmungserscheinungen erliegen.

Wer sind Sie, und wie beschreiben Sie sich selbst? Wahrscheinlich werden Sie auf Ihre Vergangenheit zurückgreifen, um diese Frage zu beantworten. Auf Ihr vergangenes Leben, das Sie hinter sich gebracht haben, an das Sie aber zweifellos noch gebunden sind und von dem Sie sich nur unter Schwierigkeiten losmachen können. Was für eine Selbstdefinition haben Sie? Sind es fein säuberliche Etiketten? Über Jahre hinweg zusammengetragen? Haben Sie einen ganzen Kasten voller Selbstbeschreibungen, von denen Sie regelmäßig Gebrauch machen? Vielleicht finden Sie Redewendungen darunter wie: »Ich bin schüchtern. – Ich bin faul. – Ich bin unmusikalisch. – Ich bin ungeschickt.« Manche sagen: »Ich bin gut. – Ich bin liebevoll. – Ich bin positiv.«

Selbstbeschreibung an sich ist nicht schon nachteilig; sie kann aber auf schädigende Weise angewandt werden. Allein die Tatsache, daß wir uns überhaupt ›Schilder umhängen‹, kann sich für unser weiteres Wachstum überaus hemmend auswirken. Nur allzuleicht werden die Etiketten als Vorwand benützt, um immer gleich zu bleiben. Sören Kierkegaard sagt dazu: »Sobald du mich festlegst, verneinst du mich.«

Es ist möglich, daß man sich selbst verneint, indem man sich mit seinem ›Markenzeichen‹ identifiziert, anstatt mit seinem Wachstumspotential. Alle Selbstbeschreibungen entstammen der persönlichen Vorgeschichte eines Menschen. Die Vergangenheit aber ist ein ›Eimer Asche‹.

Untersuchen Sie einmal, wie stark Sie an Ihre Vergangenheit gekettet sind. Diese selbstschädigenden ›Ich-bin-Erklärungen‹ gehen allesamt auf den Gebrauch der folgenden vier neurotischen Sätze zurück:

1. So bin ich nun einmal.
2. Ich war eben schon immer so.
3. Ich kann nichts dafür.
4. Das ist halt meine Art.

Da haben wir sie alle beieinander. Klammern, die uns daran hindern zu wachsen. Aber auch Klammern, die uns hindern, mit unseren Lebenskrisen fertig zu werden.

Meditieren Sie über den Satz: »So bin ich nun einmal.« Stimmt das wirklich? Können Sie nicht auch ganz anders sein? Haben Sie schon einmal nachgedacht, was alles in Ihnen stecken könnte, und was dieser Satz in seiner ganzen Lächerlichkeit zeigt?

Oder: »Ich war schon immer so.« Soll das heißen, daß ich auch immer so bleiben muß? Oder erlaube ich mir, die Dinge kritisch unter die Lupe zu nehmen und dort, wo Veränderung notwendig ist, auch zuzulassen?

Oder: »Ich kann nichts dafür.« Und wenn ich nichts dafür kann, dann brauche ich dafür keine Verantwortung zu übernehmen! Menschen, die immer unschuldig scheinen, sind Belastungen für ihre Umwelt, denn sie setzen voraus, daß sie immer unschuldig sind und machen dadurch die anderen zu Sündenböcken. Man kann nicht mit ihnen reden, man kann nicht mit ihnen leben, denn ihr ›Heiligenschein‹ ist vom Feuer der Hölle gefärbt. Hier zeigt sich der Wolf im Schafspelz, der nicht selten seiner Umwelt ein Frösteln abringt.

Oder: »Das ist halt meine Art.« Das klingt doch wohl so wie: »Das wurde mir schon in die Wiege mitgegeben, das ist mein Erbgut, und da kann und will ich nichts daran ändern.« Was unsere Art ist, das ist ein ganz feines Mosaik aus vielen winzigen Persönlichkeitsanteilen, bei denen sich selbst der erfahrene Psychologe schwertut, um sie genau zu klassifizieren. Unsere Art, das ist auch die Summe unserer Erfahrungen. Und über unsere Erfahrungen wachsen und reifen wir. Das heißt, unsere Art ist genaugenommen von Wachstumsschritt zu Wachstumsschritt eine andere. Hinter der Aussage, dies ist meine Art, steht der eigentliche Satz: »So bin ich, so möchte ich auch bleiben, denn ich habe Angst, mich zu verändern, oder ich bin schlichtweg zu bequem dazu.«

Es gibt keine ›menschliche‹ Natur. Dieser Ausdruck dient von vornherein nur dem Zweck, Menschen zu klassifizieren, und außerdem muß er noch für viele Entschuldigungen herhalten.

Wir sind nichts anderes als die Summe unserer Entscheidungen. Jedes ›ich bin‹, das uns ans Herz gewachsen ist, könnte ebensogut umbenannt werden in »Ich habe beschlossen … zu sein«.

Ein jedes Ich-bin, das Sie in Ihrer Entfaltung behindert, ist ein böser Dämon, der ausgetrieben werden muß. Wenn Sie es ohne Etikett einfach nicht aushalten, dann probieren Sie es einfach einmal mit dem folgenden Satz: »Ich bin ein Streiter wider den bösen Geist des Etikettenaufklebens, und ich fühle mich so wohl dabei…«

10

Wer keine Hoffnung hat – hat keine Zukunft

Die dumme Spruch- und Schlagerweisheit: »Wer nichts wagt, der nichts gewinnt« transzendiert ihre eigene Platitüde – nicht in baren Unsinn sondern in Sinn hinein. Hoffen heißt wagen, absolutes Hoffen fordert absolutes Wagnis – ein ›alles auf eine Karte setzen‹ – ein ›alles oder nichts‹. Da gibt es keinen Platz für zögernde Rückversicherer, die auch dann noch gewinnen wollen, wenn absolute Hoffnung sich als abstrakt herausstellen sollte; die bereit sind, sich und die Menschheit noch über den Tod hinaus zu betrügen. Hoffnung, absolute Hoffnung vor allem, gibt Sinn, denn diese Hoffnung sagt uns, warum wir leben, wozu wir leben, erklärt die Gegenwart als erste Phase der Zukunft und macht, daß Leid und Leben, Täuschung und Enttäuschung, Versagen und Verraten erträglich werden – nicht erträglich werden in einem Achselzucken oder im Vergessen, sondern aus der Kraft der Hoffnung heraus, die im Leid, mit dem wir uns nicht einfach leicht abfinden sollten, Aktivitäten freisetzt, es zu überwinden im hoffenden Handeln, im engagierten Weg nach vorne, selbst dann, wenn dieser Weg nach vorne noch utopisch erscheinen mag.

Hoffnung ist nicht Affekt, nicht Gefühl, sondern die menschliche Grundlage für die Zukunft, die in dieser Zukunft neue Wege eröffnet. Der Mensch lebt nur dann positiv, wenn er in der Lage ist, sich Ziele zu stecken; Ziele, die auch Wagnis sein können, die uns die Überzeugung verleihen, da vorne, wenn ich diesen Punkt erreicht habe, dann habe ich mich gewandelt, dann habe ich mich aus der Krise herausgearbeitet, dann bin ich stärker geworden, dann ruhe ich wieder in mir, bin bei mir, spüre meine Kraft, spüre mich. Hoffnung ist in Wirklichkeit niemals leer, niemals abwartend. Hoffnung umschließt die Gegenwart und trägt sie in die Zukunft hinein.

Darum ist Hoffnung nicht bloßes Tagträumen, das den Widrigkeiten der Gegenwart ausweicht in eine bessere Zukunft, denn Träume können Wünsche, Sehnsüchte, nicht aber unsere Welt, Gesellschaft, Selbst verwandeln – es sei denn in eine paranoide Wahnwelt. Hoffnung erfordert aktives Handeln, oder sie wird zum ungedeckten Scheck für die Zukunft, der niemals eingelöst wird.

Es kann ganz normal sein, sich vor einer ungewissen Zukunft zu fürchten. Anders ist es, wenn Angst vor der Zukunft auftritt. Angst zeigt sich immer dann, wenn wir unsere dunklen, nicht verarbeiteten Erlebnisse in die Zukunft tragen, während Furcht und Hoffnung thematische Inhalte ins Zukünftige setzen, bleibt die Angst unthematisch. Sie macht die Hoffnung zum leeren, dumpfen Gefühl, läßt kreative Selbstentfaltung nicht zu, weil sie die unverarbeiteten Ereignisse der Vergangenheit mit in die Zukunft nimmt.

Angst gehört unvermeidlich zu unserem Leben. In immer neuen Abwandlungen begleitet sie uns von der Geburt bis zum Tode. Die Geschichte der Menschheit läßt immer neue Versuche erkennen, Angst zu bewältigen, zu vermindern, zu überwinden oder zu binden. Magie, Religion und Wissenschaft haben sich darum bemüht. Geborgenheit in Gott, hingebende Liebe, Erforschung der Naturgesetze oder weltentsagende Askese und philosophische Erkenntnisse heben zwar die Angst nicht auf, können aber helfen, sie zu ertragen und sie vielleicht für unsere Entwicklung fruchtbar zu machen.

Es bleibt wohl eine unserer Illusionen zu glauben, ein Leben ohne Angst leben zu können. Diese Illusion gehört zu unserer Existenz und ist eine Spiegelung unserer Abhängigkeiten und des Wissens um unsere Sterblichkeit. Wir können nur versuchen, Gegenkräfte zu entwickeln: Mut, Vertrauen, Erkenntnis, Hoffnung, Demut, Glaube und Liebe. Diese können uns helfen, Angst anzunehmen, sie immer wieder neu zu besiegen. Methoden, welcher Art auch immer, die uns Angstfreiheit versprechen, sollten wir mit Skepsis betrachten; sie werden der Wirklichkeit nicht gerecht und erwecken illusorische Erwartungen.

Die Hoffnung, einmal ohne Angst leben zu können, ist also eine leere Hülle. Angst können wir wandeln, aber niemals ausmerzen. Wenn nun auch Angst unausweichlich zu unserem Leben gehört, will das nicht heißen, daß wir uns dauernd ihrer bewußt wären. Doch sie ist gleichsam immer gegenwärtig und kann jeden Augenblick ins Bewußtsein treten, wenn sie innen oder außen durch ein Erlebnis konstelliert wird. Wir haben dann meist die Neigung, ihr auszuweichen, sie zu vermeiden, und wir haben mancherlei Techniken und Methoden entwickelt, sie zu verdrängen, sie zu betäuben oder zu überspielen und zu leugnen.

Aber wie der Tod nicht aufhört zu existieren, wenn wir nicht an ihn denken, so auch nicht die Angst. Wenn wir Angst einmal ›ohne Angst‹ betrachten, dann bekommt sie einen Doppelaspekt: einerseits kann sie uns aktiv machen, andererseits kann sie uns lähmen. Angst ist immer ein Signal und eine Warnung bei Gefahren, und sie enthält gleichzeitig einen Aufforderungscharakter, nämlich den Impuls, sie zu überwinden. Das Annehmen und das Meistern der Angst bedeutet einen Entwicklungsschritt, läßt uns ein Stück reifen. Das Ausweichen vor ihr und vor der Auseinandersetzung mit ihr läßt uns dagegen stagnieren; es hemmt unsere Weiterentwicklung und läßt uns dort kindlich bleiben, wo wir die Angstschranke nicht überwinden.

Es geht hier vor allem um eine Seite unserer Abhängigkeiten und darum, daß wir trotz dieser Abhängigkeiten und Gefährdungen unseres Ichs, die uns unsere Ohnmacht fühlen lassen, uns dem Leben zuwenden und aufschließen. Riskieren wir das nicht, bleiben wir isolierte Einzelwesen ohne Bindung, ohne Zugehörigkeit zu etwas über uns Hinausreichendem, letztlich ohne Geborgenheit, ohne Hoffnung und werden so weder uns selbst noch die Welt kennenlernen.

Eine weitere Forderung ist die Forderung nach Dauer. Wir sollten uns auf dieser Welt gleichsam häuslich niederlassen und einrichten, in die Zukunft hineinplanen, zielstrebig sein, als ob wir unbegrenzt leben würden, als ob die Welt stabil wäre und die Zukunft voraussehbar, als ob wir mit Bleibendem rechnen könnten – mit dem gleichen Wissen, daß unser Leben trotzdem jeden Tag beendet sein könnte. Mit dieser Forderung nach Dauer, uns in eine ungewisse Zukunft hineinzubegeben, ja überhaupt Zukunft zu haben, als ob wir etwas Festes, Sicheres vor uns hätten, mit dieser Forderung sind Ängste gegeben, die mit dem Wissen um Vergänglichkeit, um unsere Abhängigkeiten und um die irrationale Unberechenbarkeit unseres Daseins zusammenhängen: Die Angst vor dem Wagnis des Neuen, vor dem Planen ins Ungewisse, sich dem ewigen Fließen des Lebens zu überlassen, das nie stillsteht und auch uns selbst wandelnd ergreift. Der Mensch, der keine Hoffnung mehr hat, der hat auch keine Zukunft. Und wo keine Zukunft mehr scheint, da ist auch keine Liebe.

Liebe, Liebenwollen und Geliebtwerden ist den meisten von uns das Wichtigste im Leben. Hier können wir unsere besten Seiten entwickeln, hier liegen zugleich unsere größten Gefährdungen. Spannungen, Auseinandersetzungen, Konflikte in den Partnerschaften sind quälend, ja unerträglich, und sie belasten uns meist mehr als nötig, weil sie unsere Verlustangst aktivieren. Für manchen unverständlich, führen oft Bemühungen um den Partner zu Krisen, weil der Partner sich aus der engen Umklammerung zu lösen versucht. Der eine oder andere reagiert dann mit Panik, mit tiefen Depressionen und in seiner Angst ergreift mancher erpresserische Mittel bis zu angedrohtem und manchmal auch versuchtem Selbstmord. Das Bedürfnis nach Distanz erlebt dann mancher schon als mangelnde Zuneigung oder als Anzeichen, nicht mehr geliebt zu werden. Damit schwindet ihm alle Hoffnung dahin, bis zur Verzweiflung.

Die Fähigkeit zur einfühlsamen Identifikation, dazu also, einen anderen Menschen in liebender Zuneigung in seinem Wesen zu erfassen und in transzendierender Teilhabe ihn mitzuerleben, ist für einen zu Krisen neigenden Menschen besonders charakteristisch, und eine seiner schönsten Eigenschaften. Echt gelebt ist sie ein wesentliches Element alles Liebens, ja aller Menschlichkeit. Ihre Identifikationsbereitschaft kann sich bis zur medialen Einfühlsamkeit steigern, in der dann tatsächlich die trennende Grenze zwischen Ich und Du aufgehoben ist – Ursehnsucht aller Liebenden und Sehnsucht der Mystiker, in grenzauflösender Transzendenz eins zu werden mit dem Göttlichen oder der Schöpfung, worin man vielleicht unbewußt die grenzenlose Beziehung zur Mutter in der frühen Kindheit auf höherer Ebene wiederzufinden hofft.

Im gesunden Menschen liegt große Liebesfähigkeit, Hingabe und Opferbereitschaft, die Fähigkeit, auch Schweres mit dem Partner durchzutragen. Er kann Geborgenheit geben, Gefühlsinnigkeit und Unbedingtheit der Zuwendung.

Die Hoffnung sagt zu uns: »Es wird gutgehen oder es wird gut ausgehen mit der Krise, ich werde es schaffen. Ich werde wieder zu mir zurückfinden.« Die Verzweiflung dagegen sagt genau das Gegenteil: »Ich glaube, das schaffe ich nie, das kann ja nicht gut ausgehen.« Hoffnung und Verzweiflung können verschiedene Tiefegrade haben. So kann es an der Oberfläche Verzweiflung geben, aber in einer tieferen Schicht in uns sitzt dennoch die Hoffnung, und beide Ebenen berühren sich nicht. Der Buddhismus lehrt, daß alle Dinge vergänglich sind, sich von einem Augenblick zum anderen nicht mehr gleichen, flüchtige Manifestationen im Strom unaufhörlicher Wandlung sind – eine Sache unmittelbarer Erfahrung.

Der Buddhist lernt die Verkettung seiner Gedanken, Gefühle und Stimmungen zu sehen, wie sie entstehen, wie sie für einen Augenblick blühen und wieder vergehen. Er lernt erkennen, daß dieses ›Sterben‹ das Leben eines jeden Dings ist, genau wie die alles verzehrende Flamme das Leben einer Kerze ausmacht. Wenn wir gezwungen werden, uns selbst nackt gegenüberzutreten, dann wird uns klar, daß unsere Leiden in selbstsüchtiger Habgier, in Angst und Schrecken wurzeln, die aus unserer Unwissenheit über das wahre Wesen vom Leben und vom Tod entstehen. Uns wird dabei aber auch klar, daß das, was wir Leiden nennen, unsere Bewertung unseres Schmerzes ist, von dem wir uns für getrennt halten, und daß ein Schmerz, wenn man ihn mutig annimmt, ein Mittel zur Befreiung ist, da er unser natürliches Wohlwollen und unser Erbarmen freilegt und uns zudem in die Lage versetzt, Vergnügen und Freude mit Tiefe und Reinheit zu empfinden.

Nichts ist wirklich von Dauer, nichts bietet wirklich Sicherheit. Mit Sicherheit sind hier äußere Garantien gemeint, von Besitztümern wie Geld, Haus und Auto bis hin zu Grundpfeilern wie der Arbeitsstelle oder der Position innerhalb der Gemeinschaft. Daneben existiert aber noch eine andere Sicherheit; das ist unsere innere Sicherheit, mit der wir darauf vertrauen, daß wir mit allem fertig werden können, was auch immer auf uns zukommen mag. Das ist die einzig dauerhafte, die einzig wirkliche Sicherheit. Dinge können entzweigehen, eine Wirtschaftskrise kann unser Geld hinwegfegen, unser Haus kann uns wieder genommen werden, aber wir selbst, wir brauchen unser Selbstvertrauen nicht zu verlieren. Wir können so fest an unsere innere Stärke glauben, daß uns Besitz oder andere Menschen als bloßes erfreuliches, aber überflüssiges Beiwerk zu unserem Leben erscheinen.

Lassen Sie sich nicht durch äußere Sicherheit Sand in die Augen streuen. Denn sie beraubt uns der Fähigkeit zu leben, zu wachsen und uns selbst zu erfüllen. Achten Sie einmal auf die Menschen ohne äußere Sicherheit, auf Menschen, die nicht schon ihr ganzes Leben vorgezeichnet haben. Könnte es nicht sein, daß sie dem ganzen Betrieb weit voraus sind? Zumindest sind sie in der Lage, Neues auszuprobieren und die Falle zu umgehen, sich stets in sicheren Regionen aufhalten zu müssen. In seinem kleinen Gedicht ›Some day‹ – Eines Tages – spricht der Autor James Kavanaugh von der Sicherheit:

»Irgendwann geh ich fort
und werde frei sein.
Ich lasse den Sterilen
ihre sichere Sterilität.
Ich gehe, ohne zu wissen, wohin
quer durch eine öde Wildnis
und lasse die Welt dort zurück.
Dann wandere ich unbeschwert
wie ein müßiger Atlas.«

Aber das Fortgehen und Frei-Sein, von dem der Autor spricht, ist schwicrig, solange wir der Überzeugung sind, daß wir vor allem etwas leisten müssen. In unserer Gesellschaft ist die Angst vor Versagen übermächtig; sie wird uns schon in der Kindheit eingeimpft, und dann behalten wir sie oft das ganzc Lcbcn übcr bci.

Eigentlich gibt es überhaupt kein Versagen. Versagen besteht zum größten Teil in der Meinung der anderen, in ihrem Bewerten, Vergleichen, Be- und Verurteilen. Sobald wir einmal eingesehen haben, daß nichts von dem, was wir tun, in irgendeiner fremdbestimmten Weise ausgeführt zu werden braucht, ist auch Versagen unmöglich.

Es gibt jedoch auch Fälle, in denen uns bestimmte Aufgaben auch nach unseren eigenen Maßstäben mißlingen. Dann kommt es darauf an, diese Handlung nicht mit unserem Selbstwert zu verquicken. In einem bestimmten Bemühen keinen Erfolg zu haben, heißt noch lange nicht, als Mensch zu versagen. Es hat nichts weiter zu bedeuten, als daß wir mit diesem besonderen Versuch in diesem besonderen gegenwärtigen Augenblick erfolglos geblieben sind.

Versuchen Sie einmal, das Versagen auf tierisches Verhalten umzulegen. Stellen Sie sich vor, ein Hund bellte eine Viertelstunde lang, und dann erklärte jemand: »Er kann einfach nicht ordentlich bellen, er würde eine schlechte Zensur bekommen.« Das wäre barer Unsinn. Für ein Tier gibt es keine Fehlschläge, weil es keine Wertung gibt. Der Leistungsdruck entstammt den drei selbstzerstörerischen Worten in unserer Kultur »Tu dein Bestes!« Das ist der Eckpfeiler der Leistungsneurose. Tu immer, ganz gleich, was du auch anfängst, dein Bestes. Was ist denn gegen eine mittelmäßige Radltour einzuwenden? Oder gegen einen durchschnittlichen Spaziergang im Park? Warum nicht in unserem Leben auch ein paar Dinge tun, die gerade nur so ausreichen, anstatt immer nur unsere besten Fähigkeiten einzusetzen? Die Tu-dein-Bestes-Neurose kann es uns außerordentlich schwer machen, neue Aktivitäten zu erproben und die alten voll zu genießen. Warum muß alles, was wir tun, perfekt sein? Wer führt für uns Buch? Mit dem perfektionistischen ›Tu-dein-Bestes-Unfug‹ können wir uns selbst lähmen. Vielleicht suchen Sie sich ein paar bedeutende Gebiete aus, auf denen Sie in Ihrem Leben wirklich Bestes leisten wollen. Aber bei der überwiegenden Mehrheit aller Betätigungen wirkt die Forderung, sein Bestes oder auch nur Gutes leisten zu müssen, als Hindernis, überhaupt etwas zu tun. Lassen Sie sich nicht durch Ihren Perfektionismus von potentiell vergnüglichen Aktivitäten ausschließen. Bemühen Sie sich, dieses ›Tu dein Bestes‹ in ein einfaches ›Tun‹ umzuwandeln.

Perfektionismus bedeutet Unbeweglichkeit. Solange Sie den Vollkommenheitsmaßstab an sich anlegen, können Sie weder mit Neuem experimentieren noch überhaupt viel unternehmen, weil ›Vollkommenheit‹ kein Konzept ist, das auf menschliche Wesen anwendbar wäre. Erzeugen Sie, falls Sie Kinder haben, nicht Lähmung und Ressentiments in ihnen, indem Sie darauf bestehen, daß sie stets ihr Bestes tun. Sprechen Sie statt dessen mit ihnen über die Dinge, die ihnen offensichtlich am meisten Spaß bereiten, und ermuntern Sie sie, sich auf diesen Gebieten ins Zeug zu legen. Aber bei allen anderen Aktivitäten zeugt das Mittun mehr vom lebendigen Leben als alles andere.

Einmal fragte ich einen Klienten, ob es ihm schwerfiele, Entscheidungen zu treffen, worauf er zur Antwort gab: »Nun – ja und nein.«

Vielleicht fällt es Ihnen häufig schwer, sich zu entscheiden, womöglich sogar in kleinen Dingen. Das ist eine unmittelbare Auswirkung der Neigung, alles zu bewerten in richtig oder falsch. Die Unentschlossenheit erwächst aus dem Wunsch, das Richtige zu tun, das kommt besonders in Krisen häufig vor. Durch das Aufschieben der Entscheidung ersparen wir uns zunächst, mit der Angst fertig zu werden, die wir immer dann haben, wenn wir fürchten, eine falsche Entscheidung getroffen zu haben. So kann der Versuch, die richtige Universität auszuwählen, für lange Zeit lähmen, sogar dann noch, wenn die Entscheidung bereits gefallen ist, weil es vielleicht doch nicht die richtige war. Gehen Sie statt dessen lieber so vor: »Die richtige Universität gibt es nicht. Wähle ich A., dann habe ich mit bestimmten Verhältnissen und Voraussetzungen zu rechnen, während B. vermutlich jene bringen wird.« Keins ist richtig; sie sind einfach unterschiedlich und Garantien gibt es keine. Genauso können Sie Ihre neurotische Unentschlossenheit abschwächen, indem Sie die möglichen Folgen nicht als richtig oder falsch, gut oder schlecht, und nicht als besser oder schlechter ansehen – sondern bloß als unterschiedlich.

Ihre Lebenstüchtigkeit ist nicht abhängig von der Fähigkeit, richtige Entscheidungen zu treffen, eher davon, ob Sie fähig sind, überhaupt Entscheidungen zu fällen. Die Art, wie Sie nach getroffenen Entscheidungen emotional mit sich selbst umgehen, zeigt viel genauer an, wieweit Sie im gegenwärtigen Augenblick mit sich selbst im Einklang stehen, da eine richtige Wahl die ›Solls‹ widerspiegelt, die Sie doch beseitigen möchten.

Andere Denkmodelle werden Ihnen dabei zu Hilfe kommen – verbannen Sie die sinnlosen Soll-Vorschriften, und verlagern Sie Ihren Kontrollpunkt weiter nach innen, dann wird Ihnen das Entscheiden ohne illusorische Richtig-Falsch-Kategorien viel weniger Kopfzerbrechen bereiten. Innere Gebote erzeugen immer ein Gefühl von Druck, das um so stärker ist, je mehr ein Mensch versucht, seine ›Solls‹ in seinem Verhalten zu verwirklichen. Außerdem trägt dieses ›eigentlich sollte ich…‹ durch Projektionen immer zu Störungen in mitmenschlichen Beziehungen bei.

Üben Soll-Vorschriften einen großen Einfluß auf Ihr Leben aus? Glauben Sie, Sie sollten so oder so sein, Sie sollten dies oder jenes tun? Setzen Sie sich selbst herab, wenn Sie eines der vielen Gebote in sich übertreten? Möglicherweise sind das gar nicht Ihre ›Solls‹. Es gibt nicht weniger innere Verbote wie Gebote. Dazu zählen: »Du sollst nicht laut sein, unverschämt, ärgerlich, zornig, einfältig, albern, beleidigt« und ein Dutzend mehr. Es macht nichts, wenn Ihnen mal der Kragen platzt oder wenn Sie einer Situation gegenüber verständnislos dastehen. Sie dürfen auch ruhig einmal würdelos sein, wenn Sie es wollen. Außerdem können Sie nicht ab und zu etwas sein, was Sie sonst nicht sind. Das ist unmöglich. Jedes Soll muß deshalb notwendigerweise Druck in Ihnen hervorrufen, weil Sie gar nicht in der Lage sind, Ihre eigenen illusorischen Erwartungen zu erfüllen. Dieser Druck rührt nicht aus Ihrem würdelosen, zu wenig hilfsbereiten, taktlosen oder sonstigen Betragen her, sondern aus der Last der Soll-Gebote.

Es kommt darauf an zu begreifen, daß wir nicht tun, was wir sollen, weil andere es so wollen, weil sie uns gerne manipulieren, weil sie uns so haben wollen, wie wir nicht sind. Daß wir die anderen nicht zufriedenstellen, wie sie es gerne hätten, liegt in deren eigenem Verantwortungsbereich. Schließlich haben sie uns so gewählt, wie wir sind. Und nun sind sie unzufrieden, möchten uns ›umdrehen‹, bis wir so sind, wie sie es sich wünschen. Wäre es nicht viel einfacher gewesen, daß sie sich gleich einen Partner gesucht und erwählt hätten, der so ist, wie sie es sich vorstellen, anstatt uns zu wählen und so lange an uns zu formen, bis sie uns so hingebracht haben, wie sie es wollen?

Nur wir selbst bleiben, wenn wir dem folgen, auf der Strecke. Wir wollen doch so sein, wie es in uns angelegt ist, und so sein, wie wir spüren, daß es gut für uns ist.

Hier eine Liste, um sich selbst zu prüfen, wie sehr die Solls Sie einengen:

1. Gehen Ihnen häufiger Gedanken durch den Kopf, die vollgespickt mit Geboten sind? Etwa so: »Ich sollte«, »Ich müßte« … Haben Sie sich schon einmal damit auseinandergesetzt, daß es sich dabei um Bremsen der Weiterentwicklung handelt? Sind Sie sich im klaren darüber, daß Sie auf diese Weise ständig Ihre Schuldgefühle aktivieren, die Sie einengen?
2. Reglementieren Sie sich und wenn ja, wie machen Sie das? Ist Ihnen jemals bewußt geworden, daß Sie sich über eigene Regeln in eine Zwangsjacke gesteckt haben?

Wie weit geben Sie sich selbst ›freie Fahrt‹, Ihren Lebensradius weiter auszudehnen, das zu tun, was Sie gerne möchten, anstatt daran zu denken, was Sie eigentlich tun sollten?

3. Neigen Sie dazu, anderen Verantwortung für Sie und Ihre Gefühle zu geben? Etwa so: »Du bist schuld, daß ich...« oder »Wenn Du nicht...« Suchen Sie die ›Schuld‹ ständig bei anderen Leuten, machen Sie die Außenwelt, die Umstände für alles verantwortlich, was Ihnen zustößt? Haben Sie sich schon einmal Gedanken darüber gemacht, wo und wie Sie selbst für Ihr Leben verantwortlich sind?
4. Sind Sie autoritär, machen Sie anderen Vorschriften, was diese zu tun oder zu lassen haben? Oder umgekehrt: Frustriert es Sie, wenn andere ständig an Ihnen herumnörgeln? Haben Sie schon darüber mal nachgedacht, daß das, was Ihnen weh tut, umgekehrt auch Ihre Mitmenschen verletzt?
5. Schaffen Sie es, Dinge in Ihrem Leben, die Sie immer schon geärgert, eingeengt, belastet oder gestört haben, abzustellen? Haben Sie sich schon einmal bewußt gemacht, daß nur Sie das tun können, daß Ihnen das keiner abnehmen kann? Auch Psychotherapeuten können nur Lotsen sein. Kapitän auf Ihrem Lebensschiff sind Sie selbst, und nur Sie sollten den Kurs bestimmen.
6. Sind Sie entscheidungsfähig? Wissen Sie – wenn es um Ihr persönliches Leben, um Sie selbst geht –, daß nur Sie selbst entscheiden können und auch sollen? Wichtig ist, daß Sie überhaupt bereit sind zu entscheiden, selbst auf die Gefahr hin, gelegentlich Fehlentscheidungen zu treffen. Können Sie auf Ihre Fähigkeit, Entscheidungen überhaupt zu treffen, vertrauen? Machen Sie es sich einmal bewußt: Sind Sie in der Lage, zu tun, was Ihnen gefällt, oder passen Sie sich äußeren Umständen an? Wären Sie bereit, die Dinge einmal anders anzupacken?

7. Hat es für Sie Vorteile gebracht, häufiger in der Vergangenheit zu wühlen und mal den ›Schuldigen‹ zu suchen, den Sie für Ihr Unglück verantwortlich machen können? Haben Sie schon einmal das ›Karussell‹, Ihre Welt angehalten, etwa so: Wie sehr beeinflußt mein ständiges Verweilen in der Vergangenheit die Gegenwart? Bin ich überhaupt fähig, die Gegenwart bewußt wahrzunehmen?
8. Leben Sie in Rollen? Etwa so: »Ich, der Arzt...«, »Ich, die Programmiererin...«, »Ich, die Sekretärin von Direktor...«, »Ich als Frau«, »Ich als Mann...«? Leben Sie in Rollen, wie andere Sie gerne sehen? Leben Sie das, was in Ihnen wirklich leben will, und machen Sie sich frei von dem, was andere von Ihnen erwarten. Sind Sie in der Lage, sich von dem zu distanzieren, was Sie selbst von sich erwarten? Damit engen Sie sich selbst ein und übersehen Möglichkeiten, wie und was Sie anders machen könnten.
9. Erwarten Sie, daß Ihre Frau, Ihr Mann, der Kollege, die Nachbarin oder sonstwer sich ändert? Sind Sie selbst auch bereit, sich zu ändern, nur weil andere das von Ihnen erwarten? Können Sie anerkennen, daß jeder Mensch, und somit auch Sie, das Recht hat, zu sein, was er will?
10. Haben Sie sich schon einmal überlegt, wie viele und welche Vorteile Sie aufzuweisen haben? Sicherlich kennen Sie – wie die meisten Menschen – Ihre Nachteile. Aber kennen Sie wirklich Ihre ›guten‹ Seiten, Taten, Gedanken?

Zusammenfassend kann man sagen: »Bleib bei deiner Tradition, und du kannst sichergehen, daß sich nichts in deinem Leben ändern wird, wirf sie aber beiseite, und schon hältst du die ganze Welt in Händen, um sie nach deinem Willen schopferisch zu gestalten.«

Machen Sie sich selbst zum Kapitän Ihres Verhaltens! Suchen Sie die Antworten nicht länger in einem Leben voller Technik und Traditionen.

Wenn wir unsere inneren Ge- und Verbote anschauen, dann wird uns auch allmählich klar, warum manche Menschen nicht hoffen können. Denn es gibt in manchem von uns das Gebot: du darfst nicht hoffen; denn hoffen kann auch wünschen sein und im Wunschdenken sitzt der Teufel. Mit einer solchen Einstellung kommen wir kaum aus einer Krise heraus.

Daß anonymes Dunkel im kommenden Tag zu Hause ist, das entspricht menschlicher Erfahrung. Heil und Unheil erwarten uns. Heil und Unheil, das nicht vorauszusehen, nicht vorauszuahnen ist... Und dahinter steckt die Angst. Darum wäre es auch wichtig, sich die Ängste anzuschauen, und sich zu fragen, wovor habe ich eigentlich Angst? Angst kann Hoffnung verhindern. Im Volksmund hört man daher nicht selten: »Es kann nur noch schlechter werden!« Woher stammt dieser Satz, diese Einstellung?

Nun, Hoffnungslosigkeit entstammt den vergangenen Erfahrungen. Wir können keine Hoffnung in uns wachsen lassen, wenn es unsere negativen Erfahrungen nicht erlauben. Was uns das Leben in dieser Hinsicht besonders schwer macht, ist die Tatsache, daß wir zweimal auf der Welt sind. Einmal dort, wo wir real sind, und dort, wo wir sein möchten. Manchmal hält uns die reale Welt zu sehr fest, um dorthin zu wachsen, wo wir gerne sein möchten. Das schaffen wir aber nur mit der Hoffnung, die uns die Kraft gibt, das auch zu verwirklichen, was leben möchte.

»Wozu hoffen«, sagte mir einmal jemand, »wenn es auf der Welt doch ungerecht zugeht.«

Nun, die Forderung nach Gerechtigkeit kann unsere persönlichen Beziehungen unterwandern und uns an fruchtbarer Kommunikation mit anderen hindern. Die Parole: »Das ist ungerecht!« stellt eine der häufigsten und zerstörerischsten Klagen dar, die einer dem anderen an den Kopf werfen kann. Um etwas ungerecht zu empfinden, müssen wir erst einmal Vergleiche zwischen uns und einer anderen Person ziehen, dann wird meistens ge- und verurteilt, und schon wird eine Sache schlimm. So schlimm, daß daraus eine Krise entstehen kann.

Unser Gedankengang läuft dabei etwa so: »Was die dürfen, darf ich auch. Richtig gesehen, darfst du nicht mehr haben als ich.« Was gut ist für uns, bestimmen wir anhand des Verhaltens der anderen. Die anderen sind für unsere Gefühle zuständig, wir selbst scheinbar nicht. Wenn wir uns darüber empören, daß wir etwas nicht tun können, was andere aber getan haben, dann räumen wir damit den anderen Macht über uns ein. Jedesmal, wenn wir uns mit anderen vergleichen, lassen wir uns auf das ›Unfair-Spiel‹ ein und wechseln von Vertrauen in uns selbst zu fremdgesteuertem Außen-Denken über.

Das Streben nach ›Gerechtigkeit‹ kann uns so manchen Ärger einbringen. Die Welt ist nun einmal ungerecht und das Verlangen nach Gerechtigkeit entspricht unserem eigenen inneren Korsett, mit seinem Vergleichen und Beurteilen. In der Gerechtigkeitsfalle sind Gefühle wie Neid und Eifersucht verborgen, das sind die wahren Peiniger unserer Seelen. Jeder kennt den Ausspruch, daß man die Kleinen hängen und die Großen laufen lasse. Dafür gibt es unzählige Beispiele. Wir regen uns darüber auf. Warum? Wir sind doch nicht angeklagt. Warum identifizieren wir uns damit? Weil das, was sich da in der großen Welt im Außen abspielt, genau das tägliche Hick-Hack ist, das wir in unserer Familie oder am Arbeitsplatz erleben. Und wir machen uns selbst fertig damit. Wir bemühen uns, uns ein Leben lang gerecht und zum Wohl der anderen zu verhalten, und merken häufig nicht, wie sehr wir dabei Selbsttäuschungen unterliegen. Alle Belohnungen für unser ›selbstgerechtes‹ Verhalten wirken selbsttäuschend, indem sie nämlich unser Augenmerk von der Realität weg auf eine Art Traumwelt lenken, die es niemals geben wird.

Darum fragen Sie sich bestimmt selbst :

1. Neigen Sie zu selbstgefälligem Denken, weil Sie ›gut‹ sind und die anderen die Fehler machen? Haben Sie schon einmal in sich hineingespürt, daß es das Gerechtigkeitsdenken im Sinne von ›Gut‹ und ›Böse‹ ist, das Ihnen dieses Gefühl von zeitweiliger Überlegenheit verschafft? Solange Sie auf einem fiktiven Gerechtigkeitssystem bestehen und sorgsam bemüht sind, immer eine ausgeglichene Bilanz vorlegen zu können, werden Sie auch an ihrem ›Gerechter-als-du‹-Empfinden festhalten und sich, um tatkräftig und intensiv zu leben, Selbstgefälligkeiten hingeben.
2. Brauchen Sie Sündenböcke für Ihr Unvermögen, so zu sein und zu empfinden, wie sie selbst wollen? Glauben Sie, Ihre Probleme haben mit Ungerechtigkeit zu tun? Zugegeben, es gibt viel Ungerechtes auf der Welt. Können Sie sich vorstellen, daß es leichter ist, die Probleme zu lösen, anstatt die Ungerechtigkeiten abschaffen zu wollen?
3. Könnte das Mitleid anderer Ihre Situation verbessern? Ist Selbstmitleid ein Mittel um zu reifen und zu wachsen? Wie ist Ihnen zumute, wenn Sie wirklich bedauert werden? Ist Ihnen irgendwann schon einmal aufgefallen, daß Mitleid, Selbstmitleid und das Bedauern der anderen Ihnen zwar Aufmerksamkeit verschaffen, vielleicht aber auch eine gewisse Befriedigung, aber den ›Teufelskreis‹ Ihrer Probleme verlassen Sie auf diesem Wege nicht.
4. Vergleichen Sie sich mit anderen? Etwa so: »Wenn der oder die sich nicht ändert, wozu soll ich es tun?« Auf diese Art und Weise können wir fast jedes unserer Verhalten entschuldigen, können es rechtfertigen, ohne eine Änderung zuzulassen.

5. Möchten Sie gerne ungestört faul, müde sein? Verkriechen Sie sich gerne hinter einer Ängstlichkeit? Eine gute Möglichkeit, an dieser Haltung festzuhalten, wäre die Einstellung: »Wenn die nichts unternehmen wollen, denke ich auch nicht daran.«
6. Ist Ihr Denken vom ›Gerechtigkeitssinn‹ geprägt? Denken Sie möglicherweise, daß alles sein ›Recht‹ und seine ›Ordnung‹ haben muß? Solange Gerechtigkeit in Ihrer Vorstellung existiert, können Sie stets die ›gerechte‹ Entscheidung fällen. Damit aber engen Sie Ihr Denken ein. Versuchen Sie einmal Entscheidungen ohne Wertungen zuzulassen.
7. Manipulieren Sie Ihre Mitmenschen über die ›Gerechtigkeitsfalle‹? So etwas geschieht häufig über Wertungen, etwa indem Sie anderen Unfairneß, Undankbarkeit, Ungerechtigkeit vorwerfen. Andere Menschen müssen nicht so sein wie Sie. Jeder hat die freie Entscheidung, zu sein, zu denken, zu handeln wie er mag.
8. Können Sie rachsüchtig sein? Wenn ja, ›rechtfertigen‹ Sie diese Rachsucht damit, daß alles ›gerecht‹ zugehen müsse? Solches Verhalten ist eine Taktik, sich eine Vielzahl von manipulierten Handlungen erlauben zu dürfen. Eine Gemeinheit wird nicht dadurch aus der Welt geschafft, indem wir ›es denen heimzahlen‹.

Stellen Sie einmal eine Liste all der Dinge zusammen, die in Ihren Augen unfair sind. Benützen Sie diese Liste als Leitfaden für gezielte persönliche Aktionen. Stellen Sie sich selbst die wichtige Frage: »Werden die Ungerechtigkeiten verschwinden, wenn ich mich darüber aufrege?« Natürlich nicht. Mit dem Angriff auf das fehlerhafte Denken, das Ihre Bestürzung herbeizuführen pflegt, haben Sie den ersten Schritt getan, um der Gerechtigkeitsfalle zu entrinnen.

Wenn Sie sich selbst »Würde ich dich denn so behandeln« oder einen ähnlichen Satz sagen hören, ändern Sie ihn in:

»Du bist anders als ich, obwohl es mir im Augenblick schwerfällt das zu akzeptieren.« Das wird die Kommunikation zwischen Ihnen und den anderen offener machen, anstatt sie zuzuschütten. Fangen Sie an, Ihr Gefühlsleben als von den anderen unabhängig anzusehen. Damit können Sie sich aus den Fesseln des Gekränktseins befreien, wenn andere sich nicht so benehmen, wie Sie es sich wünschen.

Bemühen Sie sich, nicht die Proportionen zu verlieren und Entscheidungen als gewaltige, Ihr ganzes Leben verändernde Ereignisse aufzufassen. Carlos Castaneda nennt in seinem Buch ›Eine andere Wirklichkeit‹ einen Wissenden einen, der »in seinem Handeln lebt, nicht in Gedanken über sein Handeln noch im Gedanken daran, was er denken wird, wenn seine Tat vollbracht ist... Er weiß, daß sein Leben allzu rasch vorübersein wird; er weiß, weil es vor seinen Augen liegt, daß nichts bedeutsamer ist als irgend etwas anderes... Auch der Wissende schwitzt und schnauft und kommt äußerlich wie ein gewöhnlicher Mensch daher, nur mit dem Unterschied, daß er die Torheit seines Lebens unter Kontrolle hat. Da nichts bedeutsamer ist als irgend etwas anderes, wählt und vollbringt der Wissende eine jede Tat so, als ob sie für ihn von Bedeutung sei. Seine beherrschte Torheit läßt ihn sagen, daß sein Handeln wichtig sei, und sie läßt ihn handeln, als ob dies der Fall sei; und doch weiß er, daß dem nicht so ist; deshalb zieht er sich in Frieden zurück, wenn er seine Taten vollendet hat, und ob sie nun gut oder schlecht, erfolgreich oder erfolglos gewesen sind, ist nicht mehr im mindesten seine Sorge.«

11

Die Lust und das Flow Erlebnis

Es gibt im Umgang mit Problemen, die zu lösen sind, einen primitiveren und einen destruktiveren Fehler, als den ungeduldigen und unzureichenden Versuch, rasch eine Lösung zu finden, einen Fehler, der noch verbreiteter und universaler ist. Das ist die Hoffnung, die Probleme würden von alleine verschwinden.

Probleme verschwinden nicht. Sie müssen durchgearbeitet werden, oder sie bleiben bestehen und bilden ein beständiges Hindernis für Wachstum und Entwicklung des Geistes.

Die Neigung, Probleme zu ignorieren, ist ein einfaches Beispiel für die fehlende Bereitschaft, Altgewohntes aufzugeben. Probleme freiwillig rechtzeitig anzugehen, ehe wir durch die Umstände dazu gezwungen werden, bedeutet, etwas weniger Schmerzhaftes für etwas Schmerzhaftes aufzugeben. Es bedeutet jetzt das Unangenehme zu wählen in der Hoffnung, daß etwas Positives daraus erwächst.

Kehren wir noch einmal in die Kindheit zurück. Wie immer sich Eltern auch verhalten, auch noch im schlimmsten Fall macht ein Kind lustvolle Erfahrungen mit seinem eigenen Wachstum. Das Kind lernt schließlich mit, ohne oder gar gegen die Eltern Dinge, Töne, Farben, Gerüche, Geschmacks- und Tastempfindungen zu unterscheiden. Es lernt, mit seinem Bewegungsapparat umzugehen, es lernt Laute zu modulieren, daraus Worte zu bilden und bald auch ein Begriffssystem zu erschaffen. Es erlebt sein eigenes Wachstum mit Freude und Staunen, und erfährt damit auch, daß es mit jedem Schritt, den es macht, fähiger und unabhängiger wird. Ist diese Erfahrung erst einmal gefestigt, dann ist ein neues Bedürfnis entstanden. Das Kind wächst nun nicht mehr nur, es will auch wachsen. Dieses Bedürfnis nach Wachstum unterscheidet sich grundlegend von anderen Bedürfnissen. Die anderen Bedürfnisse sind Mangelbedürfnisse. Wenn sie auftauchen, entstehen Spannungen und Unlustgefühle, die immer stärker werden, je länger die Befriedigung ausbleibt, und bleibt sie zu lange aus, folgt Krankheit. Dies gilt für die Bedürfnisse nach Nahrung, Wärme, Schlaf, Sauerstoff, Bewegung, menschlicher Nähe und vielem mehr. Ihr Auftauchen ist von unangenehmen Spannungen begleitet, und das eigentliche Ziel der Befriedigung ist es, den Spannungszustand herabzusetzen, das biologische Gleichgewicht wiederherzustellen.

Ganz anders ist es mit den Wachstumsbedürfnissen. Ihr Auftauchen erzeugt keine unangenehmen Gefühle. Im Gegenteil, die Gefühle sind sehr erwünscht, und je mehr sie durch Wachstum befriedigt werden, desto mehr wünscht man sich davon. Ein Satter wünscht, nicht mehr zu essen, ein Ausgeschlafener, nicht zu schlafen, aber ein Wachsender will weiterwachsen, immer weiter, es gibt keine Grenze. Je mehr er davon bekommt, desto größer wird sein Verlangen. Er freut sich gerade über die erreichte Fähigkeit, will sie ausüben, und indem er dies tut, erreicht er die nächste Stufe.

Je mehr Sicherheit ein Mensch in seiner Kindheit erfahren hat, um so mehr positive Erfahrungen hat er mit seinem Wachstum. Je vertrauter ihm Wachstumsbedürfnisse sind, desto angstfreier kann er sich ihnen gegenüber verhalten. Wenn in der Lebensmitte die Befriedigung von Mangelbedürfnissen sichergestellt ist, kann er sich verstärkt den ins Bewußtsein tretenden Wachstumsbedürfnissen ohne

Schuldgefühle stellen. Menschen, deren Sicherheitsbedürfnis in der Kindheit unbefriedigt geblieben ist, neigen zu zwei scheinbar entgegengesetzten Lebensstrategien. Die einen versuchen, als Erwachsene ein System extremer Sicherung herzustellen. Veränderung hat in diesem System keinen Platz. Da aber das Leben ständige Veränderung ist, müssen sie in Konflikt mit den Gesetzen des Lebens geraten.

Die anderen führen ein unstetes Leben, wollen sich auf nichts festlegen lassen. Die offenen Möglichkeiten sind ihnen wichtiger als angenehme, aber einengende Realitäten. Genaugenommen handelt es sich in beiden Fällen um das gleiche Problem: das Gleichgewicht von Sicherheit und Veränderung herzustellen. Dieser Rhythmus von Veränderung und Sicherheit ist notwendig, weil anders den Bedürfnissen der menschlichen Natur nicht Rechnung getragen werden kann. Ein Mensch, der ganz seiner Lebenssicherung lebt, muß zwangsläufig die Bedürfnisse nach Entfaltung, Wachstum und Veränderung unterdrücken und verdrängen. Er spaltet sich damit von einem Teil seines Selbst ebenso ab wie derjenige, der seine Sicherheits- und Geborgenheitsbedürfnisse verdrängt.

Verdrängte Bedürfnisse unterscheiden sich von nicht verdrängten aber nur in einem einzigen Punkt: der Betreffende nimmt sie nicht wahr. Dadurch können sich die verdrängten Bedürfnisse unkontrolliert austoben. Ein Mensch, der seine Sicherheits- und Geborgenheitsbedürfnisse verdrängt hat, wird möglicherweise sein Leben unbewußt so einrichten, daß er Magen- und Darmgeschwüre bekommt, um über diesen Weg seine Bedürfnisse nach Passivität und Pflege zu befriedigen. Der Vorteil dabei ist der, daß er im Krankenbett oder Krankenhaus seine Bedürfnisse befriedigen kann, ohne Verantwortung für die Bedürfnisse übernehmen zu müssen.

Nicht anders verhält sich der Sicherheitsfanatiker, der in seiner übergroßen Angst vor jedweder Entwicklung und Veränderung seinen Partner schließlich zur Trennung zwingt. Auf diese Weise kommt dann Veränderung in sein Leben, die Erstarrung wird aufgehoben. Aber scheinbar ist nicht er es, der diese Veränderung zuwege gebracht hat, sondern sein Partner. Da jedes unterdrückte und verdrängte Bedürfnis weiter existiert, und das Leben des Betreffenden oft in katastrophaler Weise bestimmt, ist es sinnvoll, vernünftig und eine moralische Verpflichtung, sich all seiner Bedürfnisse, Wünsche und Bestrebungen bewußt zu werden.

Ein Kind, das sich nicht sicher fühlt, ob seine Bedürfnisse immer und rechtzeitig befriedigt werden, ist mit diesem Problem so sehr beschäftigt, daß es sich nur selten völlig selbstvergessen spielerisch seinen Funktionen überlassen kann. Dieses vollständige Sicheinlassen auf das jeweilige Tun ist aber notwendige Voraussetzung für ein harmonisches Wachstum und für die Freude am Tun. Das unsichere Kind wird in seinem harmonischen Wachstum gehemmt und erlebt weniger Freude in seinem Tun und Sein. Es mangelt an realem Selbstwertgefühl.

Als Ersatz für diesen Mangel bleibt dem Kind nur Lob und Anerkennung der Eltern. Damit verwandelt sich Wachstums- in Anerkennungslust. Je größer die Verschiebung von Wachstums- in Anerkennungslust beim Kind gewesen ist, um so weniger ruht der Erwachsene in sich selbst, um so stärker wird er den sozialen Ge- und Verboten unterworfen sein. Seine Krisen werden um so dramatischer ausfallen, je mehr er sich mit den gesellschaftlichen Werten des Besitzes, Status und Erfolgs identifiziert und den individuellen Werten seines Wachstums entfremdet ist.

In Krisenzeiten kommt es zu einem gewaltigen Einbruch von Wahrnehmungen der eigenen Person. Wahrnehmungen, die zuvor oft über Jahrzehnte vom Bewußtsein ausgesperrt waren. Der Mensch ist als Lebewesen auf die Umwelt bezogen. Er ist ein Teil der organischen Welt, er muß mit ihr in Kontakt treten. Leben ist Stoffwechsel und Austausch.

Ununterbrochen müssen wir der Welt, in der wir leben, Stoffe entnehmen, Nahrung, Wasser, Sauerstoff und vieles mehr, um leben zu können. Unsere Wahrnehmung leitet uns dabei.

Ich nehme meine Bedürfnisse dabei wahr, ich nehme wahr, daß ich hungrig bin, ich nehme in der Umwelt wahr, wie und wo ich diese Bedürfnisse befriedigen kann. Würde ich meine Nahrungsbedürfnisse nicht wahrnehmen, dann müßte ich verhungern. Bedürfnisse, die nicht wahrgenommen werden, können nicht befriedigt werden. Ein wahrgenommenes Bedürfnis ist schlecht oder gar nicht zu befriedigen, wenn die Umwelt unzureichend wahrgenommen wird. Die Wahrnehmungsfähigkeit kann eingeschränkt werden durch Geburtsfehler, durch Krankheit oder Verletzung. Häufig, ja fast regelmäßig wird die Wahrnehmung willkürlich eingeschränkt, um Unlustgefühle zu vermeiden. Genaugenommen ist das etwa so, als würde der Mensch seinen Hunger nicht wahrnehmen, um nicht darunter leiden zu müssen. Die Wahrnehmung wird auch beschränkt, wenn man eine Vorstellung davon hat, wie man sein soll. Man erlebt dann nur die Bedürfnisse, Gefühle und Strebungen, die mit den Forderungen vereinbar sind. Jede Einschränkung der Wahrnehmung beeinträchtigt die Befriedigung von Bedürfnissen.

Es gibt zwei unterschiedliche Ebenen der Wahrnehmung. Es gibt die Wahrnehmung der realen Welt. Dazu gehört die äußere und die innere Welt. Mit unseren Sinnen erfahren wir diese äußere Welt. Zum anderen nehmen wir die Befindlichkeit unseres Innern wahr. Wir spüren Muskelspannungen, Stiche, das Knurren des Magens, unseren Herzschlag, unsere gute Laune, die Freude oder unseren Ärger.

Die andere Ebene der Wahrnehmung betrifft die Vorstellungen, die wir uns von den Dingen und Situationen machen, die nicht hier und jetzt in der Gegenwart existieren. Dies ist die Wahrnehmung unserer Phantasievorstellungen. Alle geistigen Aktivitäten gehören hierzu: Erklären, Vermuten, Interpretieren, Denken, Vergleichen, Planen, Erinnerungen an Vergangenes und Vorwegnahme der Zukunft. Die Realität existiert nur jetzt im gegenwärtigen Augenblick. Auch dann, wenn wir an Vergangenes denken, wenn wir uns den Erinnerungen überlassen, geschieht das doch jetzt. Vergangenheit und Zukunft haben eine andere Realität als die Gegenwart.

Vergangenheit und Zukunft existieren nur in der Phantasie. Es ist unsere Idee von der Vergangenheit und unsere Idee von der Zukunft, und es bleibt auch dann noch eine Idee, wenn sie in den Einzelheiten zutreffend sein sollte. Es scheint außerordentlich schwierig zu sein, diese beiden Realitäten auseinanderzuhalten. Tatsächlich gäbe es Krisen nicht, überhaupt keine psychischen Störungen ohne unsere Fähigkeit zur Phantasie.

Alle Täuschungen und Fehlwahrnehmungen beruhen auf dieser Fähigkeit, aber auch alles Schöpferische, alle Vergleiche, alles Denken, Planen, Vorwegnehmen. Solange man diese beiden Elemente nicht unterscheiden kann, macht man sich Illusionen über die Welt. Angst und Sorge über Zukünftiges beruhen zum größten Teil auf dieser Verwechslung. Jemand, der Angst vor einem zukünftigen Ereignis hat, sieht in der Regel nicht, daß es seine eigene Vorstellung ist, die ihn ängstigt. Er entwickelt eine Idee von einem Ereignis der Zukunft und dann reagiert er darauf, als wäre es real. Auch diese Fähigkeit haben wir, unser Erleben macht keinen Unterschied. Ich kann mich ängstigen, freuen, in ganz gleicher Weise über ein reales Ereignis wie über eines, das ich mir vorstelle.

In Lebenskrisen kommt es zu einem Kampf zwischen Wahrnehmung des realen Erlebens und der Abwehr dieser Wahrnehmung. Ständig gehen Vorstellungsbilder durch unseren Kopf, Vorstellungen von realen Dingen und ebenso Vorstellungen von Irrealem. Ein Mensch, der seine Vorstellungen, Phantasien von der Welt nicht von der Welt selbst unterscheiden kann, gilt mit Recht als unrealistisch. Wir sind auch unrealistisch, wenn wir uns selbst mit unserer Vorstellung von uns selbst verwechseln.

Real sind wir in dem, was wir unmittelbar gegenwärtig erleben und nur da. Die Vorstellung, die wir von uns haben, und die Bewertungen gehören nicht mehr dieser Realität an, sondern der Realität unserer Phantasie. Je stärker unser Kontakt mit unserem Erleben ist, so, wie es im Augenblick ist, desto realer sind wir. Wenn wir unser Erleben analysieren, bewerten, beschreiben oder interpretieren, verlieren wir den Kontakt mit dem gegenwärtigen Geschehen. Je mehr uns das zur Gewohnheit geworden ist, um so weniger können wir uns selbst erfahren. Je weniger wir uns selbst erfahren, desto unrealistischer sind wir.

In Krisenzeiten geraten vor allem diejenigen, die zwischen ihrer realen Existenz und der Vorstellung, die sie von sich haben, nicht unterscheiden können. Krisenzeiten sind späte Selbstheilungsversuche, die reale Existenz wieder herzustellen. Es ist damit auch deutlich, daß Krisen nicht zwangsläufig eintreten müssen. Wer im Kontakt mit dem realen Fluß seines realen Erlebens ist, erlebt immer wieder Konflikte mit sich selbst, zu einer bedrohlichen Krise kommt es dann allerdings nicht.

Wenden wir uns nun einmal der Lust zu, um aufzuzeigen, wie unser Leben auch anders sein kann. Die Grundbedeutung der Lust liegt in der völligen Hingabe an das, was wir tun. Wenn wir uns auf etwas nicht einlassen, bleiben wir im Zwiespalt und hadern mit uns selbst. Kinder können sich ihren Spielen und Tätigkeiten ganz hingeben. Wenn ein Kind sagt, ein Spiel habe ihm Spaß gemacht, so meint es das sehr ernst. Nämlich, daß es sich kraft seiner Als-ob-Situation rückhaltlos in eine Tätigkeit vertieft, und dieser durch die Möglichkeit, sich selbst auszudrücken, große Lust abgewonnen hat. Es ist eine Tatsache, daß Kinder in ihren Spielen und Tätigkeiten jenen schöpferischen Drang kundtun, der im Menschen am Werke ist. Oft sind diese Tätigkeiten mit viel Phantasie verbunden. Die Leichtigkeit, mit der ein Kind so tun kann als ob, oder sich in etwas hinein zu versetzen vermag, zeigt uns, daß in ihm ein ganzes Arsenal von Gefühlen lebt, aus denen es schöpfen kann. Verhältnismäßig frei von Druck und Verantwortung kann das Kind mit seiner Vorstellungskraft die Umgebung in eine Märchenwelt mit grenzenlosen Gelegenheiten zu schöpferischem Selbstausdruck und Lust verwandeln.

Das Schöpferische im Erwachsenen entspricht denselben Quellen und Beweggründen wie das schöpferische Spiel von Kindern. Es entspringt dem Luststreben und dem Bedürfnis nach Selbstausdruck, es ist vom gleichen Ernst geprägt, der das kindliche Spiel kennzeichnet, und es ist gleich diesem lustbringend. Im schöpferischen Prozeß steckt sogar ein Stück Vergnügen, da jegliche Kreativität mit einem So-tun-als-ob anfängt. Hier setzt also die positive Seite unserer Wahrnehmung über Phantasie ein. Wie wir sehen können, wirkt sie in diesem Fall nicht destruktiv, sondern konstruktiv, kreativ.

Erwachsene haben die gleiche Fähigkeit, auf gleiche Weise, wenn auch nicht so zwanglos wie Kinder, sich auf ein Als-ob einzulassen und tun es auch. In spielerischer Absicht oder zu Arbeitszwecken kann ihre Phantasie den äußeren Anschein der Dinge verwandeln. Ein Spaß ist es, wenn die Wirklichkeit in der bewußten Phantasie aufgehoben wird; dann wirkt es lustvoll. Kein Spaß ist es, wenn einem dabei die Lust vergeht, was jedes Kind bestätigen kann. Ganz gleich, was gespielt wird, ein Kind bleibt in Fühlung mit seinen Empfindungen und vergißt dabei nie seinen Körper. Diese innere Wirklichkeit wird nie außer Kraft gesetzt: wird es hungrig, verletzt es sich oder hat es aus irgendeinem Grunde keine Lust mehr, ist für das Kind das Spiel vorbei; es gibt sich keiner Selbsttäuschung hin. Das Kind behält im

Spiel die innere Wirklichkeit immer im Auge; seine Phantasie verwandelt nur den äußeren Anschein der Dinge.

Die innere Wirklichkeit zu leugnen ist eine Form von Geisteskrankheit. Der Unterschied zwischen Phantasie und Illusion, zwischen schöpferischem Als-ob und Selbsttäuschung hängt von der Fähigkeit ab, der eigenen inneren Wirklichkeit treu zu bleiben, davon nämlich, daß man weiß, wer man ist und was man fühlt. Es ist derselbe Unterschied wie der zwischen Spaß als Lust und sogenanntem Amüsement als Flucht vor dem Leben.

In unserer Vorstellung können wir uns ausmalen, ein großer Arzt, Jurist oder Musiker zu sein. Aber wir können darauf bauen, daß diese gedanklichen Höhenflüge uns zu keiner Illusion verleiten. Unsere Phantasie kann die Möglichkeit des Werdens erkunden, unsere Wahrnehmungen müssen die Tatsachen unseres Daseins bestätigen. Gedanken können wir schweifen lassen, mit den Füßen müssen wir aber auf der Erde bleiben. So tun als ob ist nur dann ein Spaß, wenn wir uns unserer Identität sicher sind. Ohne ein angemessenes Selbstgefühl schlagen die Eskapaden unserer Phantasie in Trugbilder des Verfolgungswahns um, und das ist wahrhaft kein Vergnügen.

Es fehlt unserem Leben an Lust, weil wir aus Ernst Spaß und aus Spaß blutigen Ernst machen. Ein Fußballspiel oder eine Runde Skat haben gewöhnlich keine ernsthaften Folgen – beides könnte man zum Spaß spielen. Aber die meisten Leute nehmen diese Dinge so ernst, als ginge es um Leben oder Tod. Nicht daß sie mit Ernst bei der Sache wären – denn auch Kinder spielen ernsthaft –, sondern der Ernst, mit dem sie auf das Ergebnis starren, macht Lust zunichte. Wieviel Lust bleibt beim Golfspiel auf der Strecke, nur weil man nicht erwartungsgemäß abgeschnitten hat. Andererseits werden wirklich ernsthafte Tätigkeiten wie Sexualität oder schnelles Autofahren oft um des Nervenkitzels wegen betrieben.

Die überall verbreitete Vergnügungssucht ist eine Reaktion auf das scheußliche Leben heute. Man rennt dem Vergnügen hinterher, weil man sich danach sehnt, den scheinbar unerträglichen und überwältigenden Schwierigkeiten, Konflikten und Gefühlen zu entfliehen. Deshalb ist Vergnügen für nicht wenige Erwachsene so eng mit Alkohol verknüpft. Vergnügen heißt für viele Menschen Überdrehtheit, sich zu betrinken oder dem bedrückenden Gefühl der Leere und Langeweile mit Hilfe von Drogen zu entfliehen. Ein verbotenes Saufgelage, eine Spritztour mit einem gestohlenen Auto, mutwillige Zerstörung sind alles Streiche, die dem Beteiligten die Illusion verschaffen, er habe seinen Spaß.

Jedem echten Vergnügen oder Glückserlebnis liegt eine körperliche Lustempfindung zugrunde. Jedwede Tätigkeit muß, um Spaß zu machen, lustvoll sein. Wäre sie unangenehm, könnte man sie schwerlich als Vergnügen bezeichnen. So zu tun, als ob man einen Spaß hätte, ist, gerade weil es lustlos geschieht, ein dürftiges, ein durchschaubares Spiel. Für das Glück gilt dasselbe. Ohne Lustgefühl bleibt Glück nur eine Illusion. Echtes Vergnügen und wahres Glück erhalten ihre Bedeutung von der dabei empfundenen Lust. Aber um Lust zu erleben, muß man nicht unbedingt glücklich sein oder sich vergnügen. Auch gewöhnliche Lebensumstände können lustvoll sein, denn Lust ist hier eine Daseinsform, also ein Zustand, in dem Körperbewegungen ungehindert rhythmisch fließen und mit der Umgebung im Einklang sind.

Lust ist auch eine Reaktion auf die Umwelt – ein Fließen von Gefühlen nach außen. Deshalb wird sie meist dem Gegenstand oder der Situation zugeschrieben, welche diese Reaktionen hervorrufen, und viele verstehen dann auch unter Lust Dinge wie Unterhaltung, Sex, gut essen gehen oder sich im Sport zu engagieren. Ganz sicher steckt in Situationen, die bei uns Gefühle in Bewegung setzen, auch Lust, aber es wäre eine zu beschränkte Sichtweise, Lust mit jeweils einer Situation zu identifizieren. Unterhaltung bereitet nur dann Vergnügen, wenn einem der Sinn danach steht. Will man aber seine Ruhe haben, kann sie einem zuwider sein. Es gibt wohl kaum etwas, das mißlicher oder qualvoller wäre als eine sexuelle Beziehung, in der sich kein Gefühl entwickelt oder zu fließen beginnt. Selbst von einer Feinschmeckermahlzeit ist jemand, dem einfache Kost besser schmeckt, wenig entzückt. Ähnlich ist es mit Arbeitsbedingungen; sie allein machen Arbeit noch keineswegs lustvoll, auch wenn schlechte Arbeitsbedingungen einem die Arbeit vergällen können.

Um das Wesen der Lust zu begreifen, wollen wir ihr den Schmerz gegenüberstellen. Beide geben uns ein Bild davon, wie jemandes Reaktion auf eine Situation beschaffen ist. Fällt die Reaktion positiv aus und strömt Gefühl nach außen, wird er sagen, daß er Lust empfindet. Reagiert er negativ und entsteht kein rhythmischer Gefühlsstrom, wird er die Situation als unangenehm oder schmerzvoll bezeichnen. Da aber das Erlebnisbild von Lust und Unlust durch Vorgänge im Körper bestimmt wird, entsteht durch jede Strömung im Innern, die das Fließen von Gefühlen stocken läßt, Unlust – wie verlockend die äußere Situation auch sein mag. Lust und Schmerz stehen in einem gegensätzlichen Verhalten zueinander.

Ein Beispiel dafür ist, daß ein nachlassender Schmerz stets als Lust erlebt wird. Da wir aber Lust mit bestimmten Situationen verknüpfen und Schmerz mit bestimmten Verletzungen, entgeht es uns, daß unsere bewußte Eigenwahrnehmung ständig durch Empfindungen bedingt wird.

Ein normaler Mensch achtet immer irgendwie auf sein Körperbefinden. Fragt man ihn: »Wie geht es dir?«, wird er antworten, es gehe ihm ausgezeichnet, oder mies, gut oder schlecht. Wäre seine Antwort: »Ich fühle nichts«, so hätte er damit eingestanden, seelisch tot zu sein. Solange wir wach sind, bewegen sich unsere Gefühle zwischen den Polen von

Lust und Schmerz. Allerdings gibt es auch noch andere Unterschiede zwischen Lust und Schmerz. Anscheinend ist Schmerz greifbarer. Seine Heftigkeit hat häufig unmittelbar damit zu tun, wie schwerwiegend eine Schädigung ist. Dagegen scheint Lust nicht so recht greifbar. Daß wir auf Lust und Schmerz unterschiedlich reagieren, läßt sich wenigstens teilweise durch den Umstand erklären, daß Schmerz ein Gefahrensignal ist. Er teilt mit, daß die Unversehrtheit des Körpers bedroht ist, und setzt alle unsere für den Notfall bewußt verfügbaren Reserven in Bewegung. Sämtliche Sinne werden alarmiert, die Muskeln handlungsbereit angespannt. Die Gefahr muß ausfindig gemacht werden, damit man ihr entgegentreten kann. Ihr Ausmaß muß genau abgeschätzt und jede andere Tätigkeit vorübergehend eingestellt werden, bis sie gebannt und die Sicherheit wieder hergestellt ist.

Lust ist eine große unbekannte Komponente, was ihren spontanen Charakter erklärt. Wir können ihr nicht gebieten – sie kann sich zu ganz unvorhersehbaren Anlässen einstellen. In der Lust erlahmt der Wille, das Ich gibt seine Herrschaft über den Körper auf. Jede Begebenheit oder jede Veränderung im Leben eines Menschen, die diesen zwingt, einige Steine aus seinem Gebäude – aus welchen Gründen auch immer – herauszubrechen, muß für ihn schmerzhaft sein und führt nicht selten zu einer Depression, als Gegenstück der Lust.

Die Erfahrung einer akuten Depression ist für uns nicht nur eine Gelegenheit, mehr über uns selbst zu lernen, sondern auch mehr wir selbst zu werden.

Die Krise und die häufig damit einhergehende Depression bieten die Chance zur Einsicht. Darüber hinaus kann der Zusammenbruch den Prozeß der Neuorientierung des Lebens nach heftigem Streß – zum Beispiel nach einem Verlust – beschleunigen. Deprimiert zu sein ist eine unvermeidliche Begleiterscheinung, wenn man etwas hergeben muß: einen Menschen, eine berufliche Position, ein Stück von sich selbst. Je stärker eine Bindung, je tiefer sie mit Selbstachtung und Abhängigkeitsbedürfnissen des Betreffenden verwoben ist, desto heftiger wird die Reaktion sein.

Die wohl bekannteste Situation, in der ein solches Hergeben mit Depression einhergeht, ist die Reaktion auf den Tod oder die Trennung von einem Menschen, den wir sehr geliebt haben. Sigmund Freud unterscheidet zwischen dem Schmerz und der Depression. Wenn ein geliebter Mensch wie auch immer von uns geht, ist nach seiner Auffassung die normale Reaktion Schmerz, die abnormale Reaktion Depression. Der Unterschied, so meint Freud, ist durch die Art der Beziehung bedingt, die vorher zwischen den beiden Menschen bestanden habe. Vor allem sei ausschlaggebend, ob gegenüber dem, der uns verlassen hat, früher feindselige Gefühle und Schuldgefühle bestanden haben. Diese Unterscheidung hat sich als irreführend erwiesen. Es ist besser, den Schmerz als eine Form der akuten Depression anzusehen, die sich dann zu einer komplizierten Störung auswächst, wenn der Betreffende den Verlust als so schmerzhaft empfindet, daß er ohne Hilfe kaum mit seinen heftigen Gefühlen fertig werden kann.

Weit schlimmer ist dagegen die Unfähigkeit zu trauern, die Unfähigkeit zum Zeitpunkt des Verlustes überhaupt eine Depression durchzumachen. Versagt es sich der Betreffende, deprimiert zu sein, so treibt er die Reaktion gewissermaßen unter die Oberfläche, von wo aus sie in aller Stille sein künftiges Leben beeinflussen wird. Derjenige, der bei einem empfindlichen Verlust nicht mit emotionalem Schmerz reagieren kann, ist in Gefahr, später von einer schleichenden, bösartigen chronischen Depression befallen zu werden, die sich nicht selten mit körperlichen Beschwerden tarnt. Wenn die Situation es rechtfertigt, wenn das Sichgehenlassen eine Notwendigkeit ist, dann ist es viel besser, einfach ›zusammenzubrechen‹. Die akute Depression bietet dazu die Möglichkeit. Die akute Depression bietet eine echte

Möglichkeit, auch eine schleichende chronische Depression aufzulösen. Darüber hinaus hat sie noch eine weitere komplexe Funktion. Nachdem sie behoben ist, kann sie dem Betreffenden eine Gelegenheit bieten, persönlicher zu werden, sensibler, kreativer, effektiver. Die Depression schwächt die Lebenskraft. Eine solche Stimmung macht es schwierig, wenn nicht unmöglich, Problemlösungen ins Auge zu fassen. Und doch werden die meisten kreativen Menschen bestätigen können, daß sie wichtige Phasen akuter Depression durchgemacht haben, aus denen sie stets zu erhöhter Kreativität gelangten.

Warum ist das so? Warum kann eine Phase, in der man deprimiert und hoffnungslos ist, das Vorspiel zu einer Steigerung der Kreativität sein? Die Antwort liegt im Wesen der Kreativität selbst. Um überhaupt kreativ zu sein, muß der Mensch fähig sein, alte, festgefahrene Überzeugungen aufzugeben, welche die Neubeurteilungen einer Situation blokkieren. Depressive Stimmungen werden nicht selten unterdrückt oder abgeblockt, weil die meisten von uns ein Gefühl der Euphorie möglichst lange aufrechterhalten wollen. Also wird die Depression, da sie schmerzhaft ist, geleugnet. Ein Stimmungstief kann eine allgemeine Verlangsamung im Denken und Handeln des depressiven Menschen verursachen. Diese Verlangsamung kann zu falschen Schlüssen verleiten, denn tatsächlich ist die Depression ein ungemein aktiver Prozeß und daher so schmerzhaft. Selbst wenn sich der depressive Mensch von gesellschaftlichen Kontakten zurückzieht und eine mehr oder minder ausgeprägte Antriebslähmung erlebt, ist diese Reaktion eher die Folge der Depression denn ihre Ursache. Unter der Oberfläche und bisweilen außerhalb der bewußten Kenntnis des Betreffenden wogt eine höchst turbulente Mischung aus Angst und Schmerz. Mit den richtigen Fragen, den richtigen Bemerkungen vermag ein Therapeut sie leicht aufzuspüren. So wundert es auch nicht, daß Müdigkeit ein übliches Symptom der Depression ist. Die Überwachheit des Nervensystems kann zur Erschöpfung führen. Was der depressive Mensch daher am wenigsten braucht, sind aufputschende Medikamente.

Der Wunsch nach nahem Kontakt, die Sehnsucht, lieben zu können und geliebt zu werden, gehört zu unserem Wesen und ist eines der Merkmale der Menschlichkeit überhaupt. Als Liebende haben wir den Wunsch, den geliebten Menschen glücklich zu machen; wir fühlen uns in ihn ein, wir wollen seine Wünsche erraten, denken mehr an ihn als an uns selbst, können ihn nicht vergessen, den beglückenden Austausch des Gebens und Nehmens erleben, der uns mit ihm zu einem Wir zusammenschmelzt, das die Getrenntheit aufhebt, wenigstens für Augenblicke. Das Vorbild solcher Liebe ist die Mutter-Kind-Beziehung, und vielleicht sucht alle Liebe das wiederherzustellen, wiederzufinden, was in früher Kindheit erlebt wurde: bedingungslos uns geliebt zu fühlen, einfach als die wir sind, und zu erfahren, daß unser Dasein, das, was wir zu geben haben, was wir sind, die anderen beglückt.

Wir bringen die Liebesfähigkeit als eine unserer Anlagen mit, aber sie muß angesprochen, geweckt werden, um sich entfalten zu können. So gibt uns die empfangene Liebe erst die Liebesbereitschaft, die Empfangenes zurückgeben möchte. Die Folge davon ist, daß dadurch der Partner einen Überwert bekommt. Liebendes Sich-hingeben-Wollen bedarf eines Partners, ist gebunden an das Da-Sein eines anderen Menschen und ohne ihn nicht möglich. Damit ist bereits eine Abhängigkeit gesetzt, und hier liegt das Problem der Menschen, die überwiegend zu Depressionen neigen. Sie sind mehr als andere auf einen Partner angewiesen. Sei es durch ihre Liebesfähigkeit oder Liebesbereitschaft, sei es durch ihr Bedürfnis nach Geliebtwerden. Man braucht jemanden, um zu lieben und seine Liebesfähigkeit anwenden zu können, oder man braucht den anderen, weil man von ihm geliebt werden will und Bedürfnisse hat, die man aus sich selbst heraus nicht glaubt erfüllen zu können. Wenn ein Mensch einen anderen so dringend braucht, wird er danach streben, die trennende Distanz zwischen sich und ihm so weit wie möglich aufzuheben. Ihn quält die fremde Kluft zwischen Ich und Du – die Distanz also.

Die andere Möglichkeit scheint darin zu liegen, den anderen von sich abhängig zu machen, indem man ihn gleichsam zum Kinde macht; sie ist das Gegenbild des zuvor beschriebenen Bildes mit umgekehrten Vorzeichen. Die Motivation ist die gleiche: eine Abhängigkeit herzustellen.

Bei depressiven Persönlichkeiten ist die Verlustangst die dominierende, in ihren verschiedenen Ausformungen als Angst vor isolierender Distanz, vor Trennung, vor Ungeborgenheit und Einsamkeit, vor dem Verlassenwerden. Sie suchen die größtmögliche Nähe und Bindung. Nähe bedeutet Sicherheit und Geborgenheit. Und seine Angst fühlt der Depressive als Bedrohung des Alleingelassenwerdens. Und die Angst treibt ihn unweigerlich in die neue Krise, so wie der Schwimmer dem Sog eines Strudels nicht ausweichen kann, auf den er zuschwimmt. Er will ihn umschwimmen, aber immer mehr fühlt er sich angezogen. Die einzige Chance aber, dem Strudel endgültig zu entrinnen, besteht darin, sich von ihm bis auf den Grund ziehen zu lassen, um dann unten am Punkt Null auszusteigen.

Das Schlimme bei diesem ›Krisentyp‹ ist: Er idealisiert die Menschen, vor allem die ihm nahestehenden, verharmlost sie, entschuldigt ihre Schwächen oder übersieht ihre dunklen Seiten. Er will nichts Erschreckendes oder Beunruhigendes an ihnen wahrnehmen, weil das seine vertrauensvolle Beziehung gefährden würde. Dadurch entwickelt er zu wenig Phantasie über das Böse im Menschen – in andern und in sich selbst; denn um restlos vertrauen und uneingeschränkt lieben zu können, muß er Zweifel und Kritik unterdrücken, läßt er sie gar nicht bewußt werden, er geht Spannungen aus dem Weg, er vermeidet Auseinandersetzungen um des lieben Friedens willen und weil sie ihn vom Partner zu entfremden drohen. Er idealisiert den Partner und sieht überhaupt die Menschen als zu gut an.

Wenn wir mit unseren Krisen fertig werden wollen, dann dürfen wir uns nicht zurückziehen, dann müssen wir versuchen, mit anderen Menschen ins Gespräch zu kommen. Jedes echte Gespräch bestätigt, erweitert und vertieft unser subjektives Erleben, weil es uns aus der Vereinzelung heraus in das Gemeinschaftliche hineinführt und von dort wieder zurück in die Aktualität unseres ganz persönlichen Daseins. Es verhilft dem, was sonst nur subjektiv wäre, zur gültigen Orientierung und zugleich dem, was als Objektives bloße Möglichkeit bliebe, zur Aktualisierung im Hier und Jetzt.

Mit jedem guten Gespräch, das wir führen, wird die Welt wirklicher für uns, und wir selbst werden wirklicher. Zur Erkenntnis über Seelisches gelangen wir durch die Methode von Beschreibung und Erfahrungsvergleich. Diese Methode ist nur die konsequente Weiterführung dessen, was wir auch als Laien tun, wenn wir uns größere Klarheit über irgendein Erlebnis verschaffen wollen. Wir fragen dann ganz einfach einen anderen Menschen: »Hast du etwas Ähnliches schon einmal erlebt? Ging es dir dabei auch so wie mir? Kannst du mich verstehen?« Und damit er uns verstehen kann, beschreiben wir ihm möglichst genau alles, was wir von dem Erlebnis noch wissen. Dann können wir unsere Erfahrungen vergleichen und zusehen, wie weit wir übereinstimmen oder wo sich Unterschiede zwischen uns finden. Und in einem Gespräch mit anderen darf es Meinungsverschiedenheiten geben. Es ist ein Irrtum zu meinen, daß spannungslose Harmonie der Seelen oder Übereinstimmung in allen wertenden Stellungnahmen das eigentlich Helfende am Gespräch sei. Allerdings soll man sich auch nicht etwa entzweien und entfremden, so daß man die ›diplomatischen Be ziehungen‹ zueinander schließlich abbrechen müßte. Jeder Partner muß vielmehr den anderen und sich selbst als wirklich anerkennen, als jeweils einzigartige, souveräne Persönlichkeit, und es muß das grundsätzliche ›Ja‹ dazu feststehen, daß man einander in der objektiven Wirklichkeit begegnen will. Wenn das aber geschieht, kann man nicht ununterbrochen als ›ein Herz und eine Seele‹ miteinander harmonisieren, sondern muß bei aller Gemeinsamkeit noch sein eigenes Herz auf dem rechten Fleck und die eigene Seele mit ihrem Anderssein behalten. Sonst könnte ja keiner durch den anderen etwas Neues, Gültiges erleben oder erfahren. Anstatt sich gemeinsam in der objektiven Wirklichkeit zu befinden, würde man sich eine illusionäre Welt des reinen Gefühls abseits der Wirklichkeit aufbauen.

Wenn man den Gedanken nicht ertragen kann, mit einem bestimmten Menschen Meinungsverschiedenheiten zu haben, sich mit ihm ›auseinanderzusetzen‹ und wieder ›zusammenraufen‹ zu müssen – wenn man an diesem Menschen in ängstlicher, höriger oder eifersüchtiger Verliebtheit hängt, dann ist nicht zu erwarten, daß man mit ihm ein wirklich helfendes Gespräch haben kann. Nicht die Stärke der Gefühlszuwendung ist für beide Partner entscheidend – vom einseitigen Gefühl ganz abgesehen, das ohnehin unglücklich macht –, sondern das Maß, in dem man einander als wirklich erfährt und bejaht. Darum kann ein verhältnismäßig nüchternes, sachliches Gespräch mit einem Fremden eher helfen als ein aufeinander Losstürmen mit Affekten, Forderungen und Projektionen, die man für ›Liebe‹, ›Freundschaft‹ oder ›Mitgefühl‹ hält.

Schließlich ist für ein helfendes Gespräch auch noch wichtig, daß man immer wenigstens ungefähr weiß, worüber man redet, daß man so etwas wie ein gemeinsames Thema hat. Die Bedingung ist nicht immer leicht zu erfüllen. Denn wer in einer Krise steckt, dem fällt es oft ungeheuer schwer, das richtig auszudrücken, was ihn bewegt. Nicht nur kann er den einzelnen Sachverhalt kaum beschreiben, sondern es ist ihm bereits fast unmöglich, bei einem einzelnen Sachverhalt überhaupt zu verweilen. In seinem Kopf wirbeln alle möglichen Themen und Fragen durcheinander, und wenn er sich mit einem Problem beschäftigt, es seinem Gesprächspartner darlegen möchte, drängt sich im gleichen Moment schon wieder ein anderes vor. Je stärker die Affekte sind, in denen man sich befindet, um so stärker ist auch dieser Wirrwarr der Gedanken, der Vorstellungen, der Fragen, der Stimmungen. Um so schwerer wird es, bei einem Punkt wirklich zu verweilen und es dem Partner zu ermöglichen, mitzureden. Das bedeutet für alle Gespräche, die helfen sollen, eine wirkliche Gefahr. Denn die Verwirrung, in die wir geraten, erhöht noch die Unsicherheit, in der wir uns schon ohnehin befanden, und anstatt uns zu nützen, richtet das Gespräch nur noch größeren Schaden an. Als Hilfesuchender merken wir dann allmählich, daß wir unserem Gesprächspartner nicht das gesagt haben, was wir eigentlich sagen wollten. Ja, daß wir überhaupt gar nicht mehr wissen, was wir sagen wollten, und fragen uns, ob es nicht gar schon von Anfang an etwas Sinnloses gewesen ist. Das Gespräch, auf das wir so große Hoffnung gesetzt hatten, wird mehr und mehr zum leeren Gerede und was das Schlimmste ist, wir können nicht umhin, uns selbst den größten Teil der Schuld daran zu geben.

Ein helfendes Gespräch verlangt Offenheit von allen Seiten und vor allem sollte zumindest einer der Gesprächspartner nicht in einer hilflosen Lage sein, sonst entstünde die Situation, daß ein ›Blinder einen Blinden führt‹.

Wir alle müssen uns jederzeit mit zwei Realitäten auseinandersetzen: mit unserer Außenwelt und mit der Innenwelt. Ganz im Zentrum unserer eigenen Innenwelt versucht ein bestimmter, nämlich genau derjenige, der zu sich ja sagt, im Gleichgewicht zu bleiben und fest im Sattel zu sitzen. Wir brauchen nicht weit zu suchen, überall um uns herum finden wir Ichs, die alle Augenblicke aus dem Sattel fallen, die sogar in Depression abstürzen und sich ständig wie auf einem Trampolin wieder in die Höhe schießen müssen. Sie purzeln aber ebenso sicher wie regelmäßig wieder herunter und hopsen mit neuen Anläufen wieder über sich hinaus. Neben den Trampolin-Menschen gibt es andere, die sich vom Brotgeber, vom Ehepartner, von der Geliebten oder dem Erzfeind wie ein Tischtennisball ständig übers Netz von einer Ecke in die andere jagen lassen. Sie lassen sich zum Sündenbock für dieses oder jenes, schlimmstenfalls für alles machen. Der Weg in eine psychosomatische Störung, zur Verzweiflung und manchmal Resignation ist dann nicht weit.

In der Regel sagen viele von uns: »Wenn ich diese Eltern nicht gehabt hätte, mein Leben wäre ganz anders verlaufen. Sie sind schuld, daß ich so wurde, wie ich bin.« Oder aber: »Wenn ich diesem Mann oder dieser Frau nicht begegnet wäre, alles wäre anders geworden. Sie oder er sind schuld, daß ich so verbittert, traurig, wütend, hilflos, verzweifelt bin.« Stellen wir die Frage einmal anders, fragen Sie sich einmal: »Was habe ich aus meinem bisherigen Leben gemacht?« Oder: »Was bin ich mir selbst schuldig geblieben?«

Das würde bedeuten: Wesentlich ist nicht, was die anderen uns angetan haben, sondern was wir uns selbst zugemutet haben. Wären wir selbstbestimmt, läge es schließlich in unserer Entscheidung, was andere uns antun dürfen oder nicht. Zumindest gilt das für das Erwachsenenalter.

Wir haben uns also selbst etwas angetan oder zugelassen, daß andere uns etwas antun konnten. Damit wären wir schuldig an uns selbst geworden, dann hätten wir damit eine Wurzel unserer Selbstzerstörung. In diesem Fall bekäme der Begriff ›Wiedergutmachung‹ einen Sinn. Nicht Wiedergutmachung an anderen, sondern an uns selbst. Den Schmerz, den wir einem anderen Menschen durch Worte oder Taten zugefügt haben, den können wir ihm nicht mehr nehmen, der ist in den Topf seiner vielen Kränkungen geflossen, und es läge an seiner Entscheidung, diesen Topf zu entleeren. Wir können geschehene Dinge nicht rückgängig machen. Wir können nur zeigen, daß wir zukünftig anders mit anderen umgehen.

Was ist an der Wiedergutmachung an uns selbst denn anders? Diese Wiedergutmachung würde voraussetzen, daß wir uns selbst etwas angetan hätten, daß wir ›schuldig an uns selbst‹ wären. Das hieße, wir hätten eine Verantwortung für unser Leben. Wir haben es ja den anderen ›erlaubt‹, so oder so mit uns umzugehen, wir haben nicht gesagt: »Bis hierher und nicht weiter!« Oder: »Das wirst du in Zukunft nicht noch einmal machen.« Wenn wir ›schuldig‹ an uns selbst wurden, dann können wir zukünftig nicht mehr sagen: »Du bist schuld, daß...« Wir müßten alle unsere Projektionen zurücknehmen und eigenverantwortlich ›unsere Schuld‹ auf uns nehmen.

Wiedergutmachung, Versöhnung mit sich selbst, das wäre dann die wahre Annahme unserer Schattenseite. Das bedeutet schließlich, Ausgleich von Gut und Böse, von männlich und weiblich, von Yin und Yang. Würde das nun heißen, der Umgang mit uns selbst wäre künftig leichter? Am Anfang sicherlich nicht. Denn mit der Annahme unserer Eigenverantwortung würden wir zunächst mit Schuld und Schuldgefühlen konfrontiert.

Mir scheint die Wurzel allen Übels nicht die Angst oder die Aggression, sondern Schuld und Schuldgefühle. Wer Schuldgefühle hat, der wird auch unbewußt Angst vor Strafe, vor Bloßstellung, vor Erniedrigung haben. Wer Schuldgefühle in sich trägt und damit verbundene Ängste, wird stets auf der Hut sein, diesen tief innerlichen ›Leidenstopf‹ jemandem zu zeigen, er wird ihn aggressiv verteidigen. Hier wird Wut zur Schutzfunktion. Andersherum: Wer frei ist von Schuldgefühlen, hat ein gesünderes Selbstbild, Selbstvertrauen, zu denken, ich bin so, daß ich so und nicht anders bin, weil andere mich so gemacht haben. Tatsächlich ist es so, daß ich so und nicht anders bin, weil ich zugelassen habe, daß andere mich so behandelt haben.

Wenn wir nun beginnen, im Sinne von Wiedergutmachung an uns zu arbeiten, werden unsere Masken fallen, so daß Lebenslügen und Selbsttäuschungen in einem längeren Prozeß mehr und mehr verschwinden. Unsere Erfahrung zeigt, daß Menschen, die in diesem Sinne mit sich umgehen, zunächst sehr hart mit sich selbst konfrontiert werden, daß hinterher aber immer der Akt der Befreiung steht, und am Ende ist da ein Mensch mit gesunder Selbstachtung, mit einem gesunden Selbstbild und einem gesunden Selbstwertgefühl. Die Aussöhnung mit uns selbst zieht eine Aussöhnung mit der (Um-)Welt nach sich.

Literaturverzeichnis

Castaneda, Carlos: *Eine andere Wirklichkeit,* Frankfurt 1975

Dyer, Wayne W.: *Der wunde Punkt,* Reinbek 1977

Fischle-Carl, Hildegund: *Fühlen, was Leben ist,* Stuttgart 1977

Flach, Frederic F.: *Depression als Lebenschance,* Reinbek 1978

Jampolski, Gerald G.: *Wenn deine Botschaft Liebe ist,* München 1985

Janov, Arthur: *Gefangen im Schmerz,* Frankfurt 1981

Krantzler, Mel: *Der Weg aus dem Scheidungsschock,* München 1977

Lauster, Peter: *Lassen Sie sich nichts gefallen,* Düsseldorf 1976

Lowen, Alexander: *Lust,* München 1970

Meueler, Erhard: *Wie aus Schwäche Stärke wird,* Reinbek 1987

Misseldine, Hugh W.: *In dir lebt das Kind, das du warst,* Stuttgart 1979

Mummert, Ingo: *Schöpferische Lebensmitte,* Düsseldorf 1977

Pieper, Josef: *Lieben – Hoffen – Glauben,* München 1986

Riemann, Fritz: *Grundformen der Angst,* München 1984

Rupert, Lay: *Vor uns die Hoffnung,* Olten 1974

Ropp De, Robert S.: *Das Meisterspiel,* München 1982

Schellenbaum, Peter: *Abschied von der Selbstzerstörung,* Stuttgart 1987

Selye, Hans: *Streß,* München 1974

Xylander, Ernst von: *Vom Umgang mit schwierigen Menschen,* München 1958

ders.: *Vom Umgang mit sich selbst,* München 1958